巴基斯坦研究丛书

四川大学巴基斯坦研究中心
教育部人文社会科学重点研究基地四川大学南亚研究所
陈继东 晏世经/主编

南亚区域合作发展前景研究

NANYAQUYUHEZUO FAZHANQIANJING YANJIU

陈继东 晏世经 等著

巴蜀书社

四川省哲学社会科学2009年规划项目研究成果

教育部人文社会科学重点研究基地重大项目

目 录

序 …………………………………………………………（1）

第一章 南亚区域合作发展现状 ………………………（1）

第一节 南亚区域合作发展的历史回顾 ………………（2）
一、南亚区域合作的产生背景 ……………………（2）
二、南盟的成立和主要规定 ………………………（4）
三、对南盟发展历程的总体评估 …………………（6）

第二节 南亚区域的贸易合作 …………………………（8）
一、关税水平降低 …………………………………（8）
二、区内贸易有一定增长 …………………………（12）
三、区内贸易比重较低 ……………………………（18）
四、区内贸易强度变化不明显 ……………………（21）
五、区域贸易商品结构依然不合理 ………………（28）
六、南亚自由贸易区建设已经起步 ………………（31）

第三节 南亚区域的投资合作 …………………………（33）
一、吸引外资有所增加 ……………………………（33）
二、印度在区域投资合作发展中的作用关键 ……（36）

第四节　南亚区域的双边、次区域及国际合作……………（40）
　　　一、南亚区域的双边合作…………………………………（41）
　　　二、南亚次区域合作………………………………………（49）
　　　三、南盟下的国际合作……………………………………（53）
第二章　影响南亚区域合作发展的因素………………………（57）
　第一节　影响南亚区域合作的经济因素……………………（58）
　　　一、高关税与贸易保护制约了区域内贸易的扩大………（58）
　　　二、南亚各国贸易结构互补性差，制约了南亚各国间
　　　　　贸易的开展………………………………………………（62）
　　　三、出口市场上的竞争不利于开展区域合作……………（68）
　　　四、基础设施条件的缺乏限制了区域投资与贸易的发展
　　　　　………………………………………………………………（70）
　　　五、其他限制因素…………………………………………（73）
　第二节　影响南亚区域合作发展的非经济因素……………（75）
　　　一、南亚区域合作意识长期缺乏，缺少强有力的区域
　　　　　合作主导国家……………………………………………（75）
　　　二、各成员国之间的政治矛盾和争端严重阻碍了区域
　　　　　合作发展…………………………………………………（78）
　　　三、复杂的民族和宗教问题使区域合作的开展缺乏稳定
　　　　　的环境……………………………………………………（81）
　　　四、私营部门作用有限，难以在区域合作中发挥推动
　　　　　作用………………………………………………………（83）
　　　五、南亚各国对本地区合作信心不足，注重与区外的
　　　　　合作………………………………………………………（84）
第三章　南亚区域合作新态势…………………………………（86）

第一节　南亚区域合作新态势及其原因……………………（86）
　一、南亚区域合作新态势……………………………………（86）
　二、南亚区域合作新态势的原因……………………………（92）
第二节　南亚近期区域贸易评析与发展潜力………………（93）
　一、对南盟区内贸易现状的评估……………………………（94）
　二、制约南盟内贸易发展的经济因素………………………（96）
　三、对南亚经济合作潜力的再认识…………………………（104）

第四章　南亚自由贸易区建设……………………………（108）

第一节　南亚自贸区的启动…………………………………（109）
　一、《南亚特惠贸易安排（协定）（SAPTA）》为南亚
　　　自贸区奠定了基础………………………………………（109）
　二、域内双边自由贸易协定为南亚自贸区提供了实践
　　　经验………………………………………………………（113）
　三、南亚自贸区的艰难启动…………………………………（114）
第二节　南亚自贸区发展前景及面临的主要困难…………（121）
　一、南亚自贸区的发展前景…………………………………（121）
　二、南亚自贸区面临的困难…………………………………（124）

第五章　南亚区域能源合作………………………………（131）

第一节　能源安全和能源合作………………………………（131）
　一、能源安全…………………………………………………（132）
　二、能源合作…………………………………………………（140）
第二节　南亚国家间的双边能源合作………………………（144）
　一、印度与喜马拉雅山国家的水电合作……………………（144）
　二、孟加拉国与印度的双边能源合作………………………（151）
　三、南亚其他国家的能源合作………………………………（152）

第三节 南盟框架下的能源合作 (154)
一、南盟能源合作的历程 (154)
二、南盟能源合作的主要机制 (156)
三、南盟能源合作主要组织机构 (160)
四、南盟能源合作的主要构想和实践 (164)

第四节 南亚能源合作的影响因素 (172)
一、能源因素 (173)
二、政治因素 (176)
三、经济因素 (182)
四、其他因素 (188)

第五节 南亚能源合作的前景和对策 (192)
一、南亚能源合作的前景 (192)
二、南亚加强能源合作的对策 (195)

第六章 南亚区域合作的机制建设 (203)
第一节 南亚区域合作中的功能主义：实践及其局限 (203)
一、功能主义与新功能主义理论的缘起 (204)
二、功能主义在南亚区域合作的实践 (205)
三、功能主义在南亚区域合作中的局限性 (211)

第二节 南盟与观察员国的相互关系 (213)
一、南盟对观察员地位作用的定位 (214)
二、南盟成员国在扩大问题上的分歧 (215)

第七章 南亚区域合作的发展前景及面临的主要问题 (216)
第一节 南亚区域合作前景与面临的主要问题 (216)
一、南亚区域合作前景 (216)

二、南亚区域合作面临的主要问题……………………(218)
第二节　促进南亚区域经贸合作发展的对策…………(219)
　一、奉行开放的地区主义，加强与区域外国家和地区
　　　的联系……………………………………………(220)
　二、以政府为主导，搁置争议，集中力量推动区域合
　　　作发展……………………………………………(222)
　三、改善经济环境，推动经贸合作发展………………(224)
　四、完善贸易便利化措施，推动区域贸易发展………(227)
　五、完善南盟的建设，更为有效地发挥其领导作用
　　　……………………………………………………(228)
　六、拓展新的合作领域…………………………………(229)
　七、在区域合作中加强对自然资源的保护与合理利用
　　　……………………………………………………(232)

第八章　中国与南亚：区域合作态势、进程、对策………(234)
第一节　近年来中国与南盟贸易发展态势………………(234)
　一、中国与南盟贸易发展总体态势喜人………………(235)
　二、中国与印度的贸易扩大迅猛………………………(236)
　三、中国与巴基斯坦、孟加拉国、斯里兰卡的贸易续
　　　有发展……………………………………………(237)
　四、中国与其他四个南盟国家的贸易略有扩大………(240)
　五、中国与南盟各国贸易特点和需注意的问题………(243)
第二节　中国与南盟多边合作的机制与进程……………(247)
　一、中国与南亚关系向多边扩展………………………(248)
　二、南亚地区多边合作机制的功能障碍与缺失………(250)
　三、中国与南盟互动机制的构建与合作进程…………(254)

第三节　中国与南亚自贸区的关系……………………(261)
　一、中国应高度重视南亚自贸区……………………(261)
　二、平衡参与南亚次区域合作进程…………………(262)
　三、努力解决贸易顺差问题…………………………(262)
　四、中国与南亚各国应给予一定的政策扶持………(263)
　五、促进深层次经济领域的合作……………………(263)
第四节　对中国参与南亚区域合作相关问题的思考……(264)
　一、中国参与南盟的重大战略利益…………………(264)
　二、中国参与南盟合作正当时………………………(265)
　三、对参与南盟合作的思考和建议…………………(267)

序

南亚各国开展区域合作始于20世纪80年代，以成立区域合作组织——南亚区域合作联盟为标志。虽然后来南亚地区还出现了另外一些地区和次区域合作组织或协定，但都未能成为南亚地区起主导作用的区域合作组织。因此，本研究项目在分析南亚区域合作发展前景问题时，主要以南亚区域合作联盟作为分析对象。

南亚区域合作联盟（简称"南盟"）自1985年成立至今，取得一些进展，为今后的发展奠定了一些基础。总体看，其20多年的发展曲折、徘徊，原因是深刻和多方面的。既与印度和其他南盟国家政治外交关系起伏有关，尤其是印巴关系长期对立、紧张对南盟发展拖累很大，也有南盟各国间经济结构趋同、互补性不强等经济因素。进入新世纪后，面对经济全球化浪潮和方兴未艾的区域经济合作大趋势，经济发展步入高增长的印度及各南盟成员国，强烈希望推动南亚区域合作取得实质性进展，把南盟建成有活力的区域合作组织成为各国共识。

2005年举行的第十三届首脑峰会，是南盟发展的重要里程碑，南亚区域合作出现一系列新动向：

其一，南盟成员国加强合作的政治意愿明显增强。主要表现为南盟首脑峰会基本能顺利举行。继第十四届南盟首脑峰会于2007年在新德里举行、2008年8月第十五届南盟首脑峰会在科伦坡举行后，尽管2008年11月发生孟买恐怖袭击事件而影响印巴关系跌入冰点，南盟各国仍克服障碍，使第十六届南盟首脑峰会于2010年4月29-30日在不丹首都廷布举行。

其二，南盟合作领域拓宽，内容趋向务实。主要表现为南盟各国在教育、科技、文化、卫生领域合作项目逐步开展，议会、新闻、企业界、民间组织等领域交流与合作不断加强，将环境保护、能源、流行病防治等议题列入合作范围。2005年第十三届首脑峰会把扶贫作为未来10年合作重点领域，2006年为"南亚旅游年"。2006年8月南盟部长理事会同意下届峰会后举行南亚汽车拉力赛，成立南亚大学，设立南亚纺织和手工艺博物馆及地区网上医疗系统等提议，并确定2008年为南盟媒体年。推动在文化、艺术领域的合作。非传统安全合作成为新合作领域。2005年南亚海啸、地震，损失惨重，南盟各国一致同意成立南亚灾难处理中心，加强防灾、救灾合作。反恐也成为南盟合作内容之一。

其三，经济一体化建设取得突破性进展。1993年南盟提出区域贸易优惠安排（SAPTA），1995年实施，但进展不大。2004年各国就南盟自贸区（SAFTA）达成协议，2005年第十三届首脑峰会确定南盟自贸区协议于2006年1月1日生效，这是南盟历史上的重大事件，标志南亚经济联盟建设正式起步。

协议主要内容，一是南盟各国分为发展中国家和欠发展国家，按不同时间表，削减各国高额关税，使其降至5％以下。印度和巴基斯坦在2012年前达标，斯里兰卡在2013年达标，孟加拉国、不丹、马尔代夫、尼泊尔在2015年达标。二是南盟秘书处出台相关政策：建立税收补偿机制，对小国予以补偿；制订南亚双边与多边贸易规则；建立协调与解决贸易纠纷程序；设置特别项目，促进各国间开展直接贸易；敦促各国统一、简化入关手续，消除投资障碍；鼓励各国在通信与交通方面投资；敦促各国自由兑换货币、给予签证便利等。三是建立部长级专门会议，作为南盟自贸区（SAFTA）事务最高决策和管理机构，一年至少会晤一次；其下设专家委员会，作为执行和办事机构，至少每半年举行一次会议。四是提出2015年建立关税同盟、2020年建立经济联盟的发展目标。此外，在海关事务、建立南盟仲裁委员会、避免双重征税等问题达成协议。

南盟自贸区关税减让于2006年7月1日生效。2006年7月11日，南盟首次财长会议在伊斯兰堡开幕，就建立南盟发展基金（SDF），尤其是南盟减贫基金的有关操作模式进行讨论。南盟发展基金涉及社会、基础设施和经济发展三个领域，将提供优惠、非优惠和赠款三种形式的资金，其中用于减贫的资金达3亿美元。2006年7月31日的南盟外秘级常务委员会和8月1—2日的南盟部长理事会会议，审议了第十三届南盟首脑峰会以来各领域合作的进展情况，研究当前区域合作中存在的问题和矛盾，通过了南盟发展基金框架和路线图，批准成立南盟政府间金融工作小组。基金将注资3亿美元，印度同意出1亿美元，对外来资金持开放态度，努力实现南盟未来十年减贫的既定目标。

其四，南盟扩大成员并吸收区域外的国家或国际组织作为观察员国和对话伙伴，国际影响持续上升。

在2004年1月南盟第十二届首脑峰会上，南盟各成员国已意识到加强与区域外国家联系的重要性，同意吸收区域外国家和国际组织，如联合国计划发展署（UNDP），亚洲发展银行（ADB）等为观察员或对话伙伴。2005年11月南盟第十三届首脑会议吸收阿富汗为正式成员国，南盟扩大为8国。扩员后南盟的总面积约513.674万平方公里，人口14.673亿，国内生产总值6000多亿美元，成为全球重要的区域合作组织之一。同时，原则同意中国和日本为南盟观察员国，这是南盟迈出向开放式区域合作组织转变的关键一步。此外，伊朗于2005年2月22日表示愿意加入南亚区域合作，称伊朗加入可为南盟与西亚、中东地区的合作提供连接。2006年4月，美国和韩国提出成为南盟观察员国的要求，欧盟也表示有兴趣成为南盟观察员并提出正式要求。南盟还与联合国及下属组织和十多个区域合作组织建立了联系。2006年8月南盟部长理事会审议通过了观察员四指导原则，决定给予美、韩、欧盟观察员地位，并邀请上述国家和组织出席2007年4月3－4日在新德里举行的第十四届南盟首脑峰会。会后致信中、日、美、韩、欧盟，告知此决定。

南盟的上述新变化，标志着南亚区域合作取得重大进展：南盟由过去的封闭性区域合作组织，转变为开放性区域合作组织。这种变化含意深刻，使南亚区域合作今后有可能脱离过去20年徘徊曲折而无所作为的发展轨迹，取得较快发展。

然而，南亚区域合作仍面临不少困扰其发展的问题，主要是：

其一，"信任赤字"仍困扰区域合作。突出表现为印巴之间信任不足，和平进程仍很脆弱，2006年7月11日孟买发生爆炸事件后，印度单方面推迟与巴基斯坦的外秘级对话；而巴基斯坦把印巴经贸关系与克什米尔问题挂钩，印巴就南盟自贸区协定项下的关税减让问题发生争执,印度在 2006 年 8 月的南盟外长理事会上要求讨论这一问题,但无结果。会议决定该问题由商业部长讨论,在下届峰会前向部长理事会报告。2006 年 8 月 5 日,巴、印各驱逐一名高级外交官,使两国关系蒙上阴影。

其二,经济互补性差,经济一体化障碍重重。南盟区域内贸易额极小,仅 5%,南盟各国主要与区域外国家贸易,这种情况在吸收中、日、美、韩和欧盟为观察员国后,南盟各国与这些观察员国的贸易可能进一步扩大,对各成员国之间贸易扩大会产生影响。而南盟各国提出的"敏感产品目录"很长,印度有 800 种,其他国家在 1000 种以上,均为本国大宗外贸商品,这不利于扩大各成员国之间的相互贸易。

其三,机制建设有待进一步加强。南盟设有首脑会议、部长理事会、常设委员会及一系列专门和临时的委员会和机构,但大量文件、宣言并未落实。虽有常设秘书处,但职能和权威有限,一年预算仅 150 多万美元,经费紧张。南盟第十三届峰会提出,未来 10 年的工作重点之一是注重落实工作。上述问题对南亚区域合作发展前景将产生何种影响,值得关注。

尽管过去影响南盟较快发展的各种矛盾和问题仍然存在,但南盟扩员、吸收区域外国家和组织成为观察员国和对话伙伴,使南亚区域合作脱离区域封闭状态,进入开放状态下发展的新阶段,其发展前景不但取决于各成员国的立场和努力,也将受到来自区域外的各观察员国的强有力影响。特别是南盟 8 个成员国中只有印度具有较强的经济实力,而中、日、美、韩、欧盟等观察员国的经济、技术实力远高于正式成员国,对南盟各成员国也有重大影响力。南盟如何借助各观察员国的参与来化解现存问题,促进本身发展,观察员国的参与对南盟成员国相互关系与合作将会产生什么影响,各方互动对南亚区域合作发展的作用如何,都是值得研究的新课题。因此,研究南亚区域合作的发展前景问题,具有重要的学术价值。

研究南亚区域合作发展前景的实践意义重大,对我国相关决策有重大参考价值。南亚是发展相对滞后但极具市场潜力的地区,开展与南盟的合作对我国开发大西南、稳定西南边陲具有现实意义,也是实施"两洋"战略的重要一环。成为观察员国,表明我国与南盟关系取得突破性进展,为我国与南亚发展总体性关系提供了新的平台,巴基斯坦等部分南盟成员国已明确表示,希望我国成为南盟正式成员国。中国是南盟观察员中唯一毗邻南亚的国家,我们宜把握这一时机,继续本着"积极稳妥,循序渐进"方针,积极推进与南盟的务实合作。因此,急需对南亚区域合作的发展前景进行专门研究,在充分调研的基础上,尽早制定出对南盟总体合作纲要和框架,开拓与南盟合作的新局面。

综上,《南亚区域合作发展前景研究》以近期南盟新发展和我国成为南盟观察员国后的南亚区域合作为研究对象,评估南亚区域合作的发展前景,其学术价值重要,资政作用突出,对我国实施大周边外交和"走出去"战略具有重大现实参考意义和应用价值。是既非常需要而又缺乏系统研究的新课题。

为此,我们设计了《南亚区域合作发展前景研究》这一课题,于2006年8月申报教育部人文社科重点研究基地的重大项目并获批准。

本书是教育部人文社科重点研究基地的重大项目《南亚区域合作发展前景研究》的最终成果,也是四川省哲学社会科学2009年规划项目"巴基斯坦研究"的系列研究成果之一,全书分为四大部分:

第一部分即第一至三章，分析南亚区域合作的发展历程、影响区域合作的因素和最新发展态势，对南亚区域合作发展进行系统归纳总结；

第二部分即第四至六章，对南亚区域合作发展的重要方面，即南亚自贸区建设、南亚区域能源合作、南盟机制建设等进行专题性分析；

第三部分即第七章，分析南亚区域合作的发展前景；

第四部分即第八章，分析我国如何定位与南盟的关系和参与南亚区域合作的策略，提出笔者的看法，供有关方面参考。

本书写作的分工情况是：朱顾写第一、二章，晏世经写第三章，缪建春写第五章，龙兴春、兰江写第六章第一节，第七章第一节，其余各章节和序由陈继东撰写。陈继东、晏世经负责全书的统稿，修改和定稿。

需要说明的是，南亚区域合作正处于发展变化时期，尤其是印巴关系近年来的起伏变化，对分析南亚区域合作发展前景造成一定困难，本课题一再延后截稿时间，希望尽可能反映南亚区域合作的最新进展情况并加以分析、阐释，但鉴于结题时间的规定，不允许笔者再观察下去。因此，此稿只能写到目前这种状态，不成熟之处在所难免，以后的新进展、新变化，再以另外的适当形式进行研究。鉴于水平有限，不当之处敬请指正。

陈继东　晏世经　谨识
2010 年 10 月

第一章　南亚区域合作发展现状

南亚区域合作是在特定背景下产生的,至今已经过了25年的发展历程。近年来,南亚地区是世界上经济增长第二快的地区,然而,它仍然是世界上居住有贫困人口最多的地区。南亚地区土地面积占到了世界土地总面积的3.8%,但居住的人口占到了世界总人口数的22%。其中,有超过5亿的人口生活处于贫困阶段,其贫困人口占了世界总贫困人口的40%。世界银行将南亚地区的七个国家分成两类,马尔代夫和斯里兰卡属于较低的中等收入国家(Lower Middle-Income Countries,LMC),而其他五个南亚国家属于低收入国家(Low-Income Countries,LIC)。在南亚区域合作的大背景下,南亚各国正在通过不懈的经济改革来促进经济一体化发展,促进南亚地区经济的繁荣。

第一节 南亚区域合作发展的历史回顾

一、南亚区域合作的产生背景

南亚各国独立后，均采取积极措施努力发展民族经济。经过几十年的奋斗，在经济发展上都取得了可观的成绩：各国国内生产总值有了较大增长；经济发展速度得到了一定的提高；人均国民生产总值有所增加；生产结构发生了积极的变化，工业产值在各国 GDP 中所占的比重普遍有所上升；粮食生产已经基本上实现了自给，人均寿命有了显著提高。

但是，仅仅依靠南亚国家自身独立的发展，不仅没有缩小，反而拉大了与发达国家的差距。苏联对阿富汗的入侵，使美苏争夺直接威胁着南亚地区的安全与稳定，南亚各国开始认识到，除了自身的努力外，还需要双边的和地区性的合作来帮助解决许多与区域相关联的社会经济问题，才有可能以一个地区组织的身份，在世界上争取更大的发言权和更有利的国际地位，为地区发展提供更加和平与稳定的环境。加之 20 世纪 70 年代以来两次能源危机的爆发以及西方工业国家采取的保护主义措施和贸易歧视政策，使发展中国家经济状况更加恶化，进一步拉大了南北差距，这种情况促使发展中国家必须加强南南合作，特别是区域性的经济和政治合作来克服面临的困难。

外部环境的恶化，促使南亚各国领导人开始由向外部国家求援，转向在本地区寻求互助合作。1967 年成立的东南亚国家联盟,在区域合作方面经过近二十年的发展,在政治、经济、科学技术和文化交流等方面进行的卓有成效合作以及取得的举世瞩目成绩,被公认为是发展中国家进行区域合作的样板,其每一步进展、每一项成就,对南亚各国产生了极大的示范性作用,都在有形或无形之中给南亚各国领导人和有识之士以鼓舞和启示,激发南亚地区各国进行合作,以实现经济上集体自力更生的目标。

南亚各国从 20 世纪 70 年代中期开始,通过协商和对话,双边和多边关系有了一定程度的改善和发展。另外,南亚各国经过几十年的努力,各国经济都取得了较明显的发展,经济多元化的发展使得区域内各国之间的互补性大为增强,各国普遍认识到在一些个别国家难以发挥作用的领域进行合作的必要性,如水电资源的开发利用,共同处理环境问题和发展科技等领域,南亚进行区域合作出现了较为有利的条件。

在这些因素促使下,南亚各国为求得共同发展,逐步摒弃前嫌,排除不必要的内部干扰,开始进行区域合作。

南盟是在南亚小国的倡议和推动下成立的。1980 年 11 月,孟加拉国首先提出了南亚区域合作的建议。经磋商后,1981 年 4 月在科伦坡举行首次南亚七国外秘会议,确定了五个开展区域合作的领域。1983 年 8 月在新德里举行首届南亚七国外长会,正式接受《南亚区域合作宣言》(SARC),提出"全面行动计划"(IPA——Integrated Programme of Action)。当时正值南北谈判破裂,世界经济不景气,南亚国家经济状况恶化,而苏联入侵阿富汗,南亚安全受到威胁。斯里兰卡、尼泊尔、马尔代夫和不丹支持这一建议,希望建立南盟以提供一个共同应对不利国际和地区形势的合作平台,并借助南盟,通过集体的力量与印度博弈,解决它们在一对一情况下很难与印度解决的问题。但印度态度较为冷淡，疑虑南盟的建立是南亚其他国家为了联合起来对付自己。因此，成立南盟的建议几经周折，才于1985年12月被付诸实施。

二、南盟的成立和主要规定

在孟加拉国总理齐亚·拉赫曼的倡议和斯里兰卡、巴基斯坦的积极响应下，1985年12月6日至8日，南亚七国领导人在达卡会晤，共同商议加强南亚区域合作，成立南亚区域合作联盟的事宜。此次会议一致通过了《南亚区域合作宣言》和《南亚区域合作联盟宪章》，正式宣布成立南亚区域合作联盟。当时，拉吉夫·甘地刚出任印度总理，对参与区域合作及改善与南亚邻国关系的态度较为积极，这是南盟得以成立的关键所在。

在《南亚区域合作联盟宪章》中，各国表示，将进行区域合作，"本着友好、信赖和互相谅解的精神一道工作，探求解决共同问题的方法"。

《南亚区域合作联盟宪章》对进行南亚区域合作的目标具体确定了以下八个方面：（1）促进南亚各国人民的福利并改善其生活质量；（2）加速区域内的经济增长、社会进步和文化发展，并向每个人提供体面的生活和发挥他们全部潜力的机会；（3）促进和加强南亚国家间的集体自力更生；（4）为相互信赖、理解和正确评价彼此的问题做出贡献；（5）促进经济、社会、文化、技术和科学领域的积极合作与相互支持；（6）加强与其他发展中国家的合作；（7）就共同关心的问题加强在国际舞台上的合作；（8）

与具有类似目标和目的的国际和区域组织进行合作。这八点囊括了促进经贸合作、推动社会发展、加强地区共同利益合作以及与促进同区域外国家或经济组织联系等方面的内容，其根本的目的就在于通过区域合作的开展，通过各国之间的协调与沟通，削减关税水平，促进区域内贸易的发展，促进区域内的技术转让与投资合作，促进区域内经济市场信息的交流，减少对外部市场的过度依赖，为各国经济的发展创造更好的经济环境。并且通过区域合作的开展，通过各国间合作以及与区域外国家和国际组织合作的加强，促进南亚各国的经济发展、社会进步，最终实现南亚各国人民生活水平的提高与人民福祉的改善。

指导南盟工作的基本原则是：（1）各级决议应在协商一致的基础上做出；（2）不审议双边和有争议的问题；（3）联盟框架内的合作应基于尊重主权平等、领土完整、政治独立、不干涉别国内政和互利的原则；（4）此类合作不应取代双边和多边合作，而是对它们的补充；（5）此类合作不应与双边和多边义务相抵触。这些规定既是为了解除印度的顾虑，因为印度担心其他国家联合起来对付自己；又是为了消除各小国的疑虑，因为它们一直担心自己的国家主权、领土完整和政治独立能否真正得到印度的尊重。

南盟最高权力机关是首脑会议，每年举行一次；各成员国外长组成部长理事会，制定政策、研究区域合作的进展；由成员国外交秘书组成常务委员会，负责区域合作的协调检查工作。在尼泊尔首都加德满都成立秘书处，作为常设办事机构，秘书长负责秘书处工作，由各国轮流派人出任。南盟成立后，逐步建立项目（计划）委员会、技术委员会、行动（执行）委员会等多个专门委员会、理事会，负责各种专题合作事项。南盟合作经费由各成员国认缴，每年在常务委员会上宣布，每年的秘书处预算经审核批准后由各成员国分担。尼泊尔承担了设立秘书处的建房及设备等开办费用。

三、对南盟发展历程的总体评估

从1985年成立至2010年，南亚区域合作联盟已经走过了25个年头，南亚区域合作一直都在曲折中前进，在前进中困惑。

南盟自成立以来，通过多次规模不等、层次不一的谈判和磋商会议，增进了各国彼此间的了解与信任，在农业、卫生和人口活动等领域的合作取得了一定的成就。但由于对经济合作的不重视，直到1991年5月，成立由南亚各国商业或贸易秘书组成的贸易合作委员会，才使地区经济合作开始制度化发展。因此，经贸领域作为区域合作的核心领域在南亚区域合作中始终发展较为缓慢。区域经贸合作的发展促使了南亚地区各国关税的削减，推动了南亚地区向贸易自由化的发展，对南亚地区经济的发展起到了一定的推动作用，但是与其他区域组织相比较就能发现，南亚区域经贸合作的发展还是相当缓慢，取得的成果相当有限。

具体来说，南盟取得的合作成果主要包括：

一是南盟区域内贸易额较大增长。从1985年的10.887亿美元，增长为1993年的24.44亿美元，2004－2005年度仅印巴两国对南亚区内贸易额即达70亿美元，20年内增长了6倍多。与其他区域合作组织的成就相比并不算快，但仍是不可忽视的进展。

二是签署和实施《南亚特惠贸易安排（协定）》(SAPTA)。协定签署后，南盟完成了多轮贸易谈判，各成员国共降低了几千种商品的关税，减让幅度为10%至60%。虽然减让商品多为贸易量较小的商品，大宗商品未被列入减让清单，但仍有助于促进区域内贸易额的上升。

三是南盟各国就根除贫困、农业、旅游、交通通信、教育卫生、环境气象、文化体育、反毒反恐怖、妇女儿童等领域开展合作达成协议，逐步实施，并就粮食安全、反毒品和反恐怖问题签署了合作文件。

四是建立"南亚自由贸易区"(SAFTA)，从2006年初开始逐步削减区内关税，到2016年完全减免。

五是在南盟机制鼓励下，其成员国之间进行次区域合作。如，1997年4月，印度、孟加拉国、尼泊尔和不丹四国宣布成立次区域合作组织，定名为"南亚增长四角"(The South Asian Growth Quadrangle)。该组织旨在加强四国在诸如自然资源开发和利用、运输、通信、能源等特定项目上的合作，推动本地区经济全面发展。

然而，南盟的发展总体仍十分缓慢，主要表现为：一是首脑会议运行不畅，多次取消。按规定，南盟首脑会议应每年召开一次，可是南盟成立22年来，受各种因素影响，首脑会议只开过13次，2007年4月在印度新德里举行第14届首脑会议。二是区域内贸易额占南盟外贸总额的比重上升不多。1985年南盟成立时为2.49%，1994年上升为3.5%，目前这一比重仍未超过5%。三是"议而不决""决而不行"现象严重。大量"宣言""计划"未能落实、执行，流于清谈。

第二节 南亚区域的贸易合作

南盟的贸易合作发展主要体现在以下方面。

一、关税水平降低

南亚区域合作的开展推动了南亚各国关税水平的降低，刺激了区域贸易的发展。而这一进展主要得益于两大原因。

1. 特惠贸易协定的实施推动了关税的减让

南亚区域合作直到 20 世纪 90 年代初才开始触及经济一体化这个区域合作的核心领域，而最早的尝试，则是南盟秘书处进行的针对南亚地区贸易、生产和服务的研究。该项研究成果在 1991 年 7 月举行的第九次南盟外长会议中公布，促使各国在这次会议上同意成立一个经济合作委员会（Committee on Economic Cooperation—CEC）。1991 年 11 月，经济合作委员会召开会议并提出了《南亚特惠贸易安排（协定）》（South Asia Preferential Trade Agreemen，SAPTA）计划，在 1991 年 12 月科伦坡召开的南盟峰会上，各国同意设立政府间组织（Inter-Government Group-IGG）来验证特惠贸易协定计划的程序与可行性。1993 年 4 月，各国外长签署协议批准了特惠贸易协定计划，并在 1995 年 5 月新德里召开的南盟峰会上得到通过。该协议于 1995 年 12 月开始正式实施。可以说，特惠贸易协定的实施是南亚区域合作自 1985 年正式开展 10 年来取得的一项最重要的成果。

《南亚特惠贸易安排（协定）》从1995年开始实施以来，根据安排南亚各国先后成功进行了3个回合的关税减让，分别是1995年的SAPTA-1阶段，1997年的SAPTA-2阶段，以及1998年的SAPTA-3阶段。而原定于1999年开始的第四回合的关税减让谈判由于南亚地区不稳定的政局而没有顺利进行。

每一回合的关税减让都针对南亚地区的最不发达国家和欠发达国家进行了区别对待。最不发达国家（Least Development Countries，LDCs）包括有孟加拉国、不丹、尼泊尔与马尔代夫，而欠发达国家则是印度、巴基斯坦和斯里兰卡。针对最不发达国家，各国进行的关税减让幅度要高于对欠发达国家的减让幅度。另外，针对两类国家，各国关税减让涉及的产品种类也有所不同，针对最不发达国家涉及的商品品种更多。SAPTA-1阶段，各国提出的关税减让涵盖的贸易商品种类非常有限，仅有226种商品，占全部贸易商品品种的6%。在这一阶段，对非关税壁垒的削减并没有被涉及，而即便是涉及的商品，其关税削减的幅度相对于其原本高额的关税来说也是微不足道的。在这226种商品中，有100种是针对的最不发达国家。在SAPTA-2阶段，无论是关税减让所涵盖的商品范围还是关税减让的幅度都较之前一阶段有了较大的增加。在这个阶段，关税减让涉及了南亚各国1868种商品，而该阶段一个重要特点就是还加入了针对非关税壁垒的减让安排。接下来的SAPTA-3阶段则更进一步，关税减让涉及的商品种类达到了3456种。在前三个阶段共有5550种商品被纳入了关税减让计划中，其中有3449种是针对南亚地区最不发达国家的。本应在1999年实施的第四阶段关税减让谈判一直延迟到 2002 年 11 月才在加德满都进行，在该回合关税减让谈判中，SAPTA-4 涵盖的商品品种不仅包括有现有的贸易商品，同时还纳入了一些将来的潜在贸易商品。

表1-1 《南亚特惠贸易安排（协定）》三个回合各国提出的关税减让商品种类情况　　（单位：项）

国家	第一回合			第二回合			第三回合			总计
	对最不发达国家	对所有国家	总计	对最不发达国家	对所有国家	总计	对最不发达国家	对所有国家	总计	
孟加拉国	1	11	12	11	215	226	143	338	481	719
不丹	7	4	11	10	37	47	101	23	124	182
印度	62	44	106	514	390	904	1874	43	1917	2927
马尔代夫	0	17	17	3	2	5	0	368	368	390
尼泊尔	4	10	14	67	166	233	137	52	189	436
巴基斯坦	15	20	35	131	227	358	571	24	295	688
斯里兰卡	11	20	31	23	72	95	54	28	82	208
总计	100	126	226	759	1109	1868	2580	876	3456	5550

数据来源：南盟秘书处。

2. 印度关税减让商品种类多、幅度大，对区域经济一体化起到推动作用

在所有南亚国家中，印度对推动贸易自由化起到了很大的表率作用。在 SAPTA 前三个阶段关税减让涉及的共 5550 种商品中，印度一国就提出了 2927 种，占到所有商品种类数量的 52.7%。从关税减让的幅度来看，印度提出的针对区域贸易伙伴

国的关税减让幅度也最大,其中针对最不发达国家关税减让的幅度达到了25%-100%。在其他国家的关税减让幅度中,斯里兰卡提出的减让幅度也比较大,针对最不发达国家达到10%-75%。其他南亚国家提出的关税减让幅度就小得多了,针对最不发达国家仅7.5%-30%,针对欠发达国家仅7.5%-20%。[①]

表1-2 《南亚特惠贸易安排(协定)》三个回合各国提出的关税减让幅度情况(%)

	第一回合		第二回合		第三回合	
	对最不发达国家	对所有国家	对最不发达国家	对所有国家	对最不发达国家	对所有国家
孟加拉国	10	10	10	10	10,15	10
不丹	10,13,15	15	15	10	10,18,20	10
印度	50,100	10,25,30,50,90	25,30	10,15,25,40	50-100	10,20
马尔代夫	7.5	7.5	15	10	5,10	5,10
尼泊尔	10	10	15	10	10,15	10
巴基斯坦	15	10	15	10	30	20
斯里兰卡	10,15	10,20	10,50,60	10	10,30,50	10

数据来源:南盟秘书处。

因此,如图1-1所示,南亚区域合作的开展推动了南亚各国关税水平的降低,刺激了区域贸易的发展。其中,孟加拉国的平均关税水平由1990年的94%降低到2005年的16.8%,印度由

[①] S K Mohanty, Regional Trade Liberalisation under SAPTA and India's Trade Linkages with South Asia: An Empirical Assessment, RIS Discussion Papers, RIS-DP # 48/2003.

1990年的81.8%降低到2005年的16%，巴基斯坦由1990年的64.8%降低到2005年的14.3%。

图1-1 南盟主要国家平均关税税率情况（%）

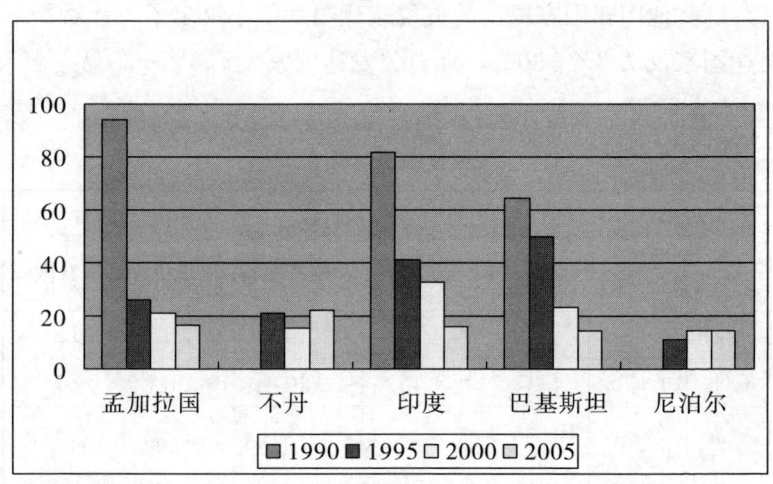

数据来源：世界银行。

二、区内贸易有一定增长

南盟区内贸易持续增长，主要表现为以下方面。

1. 区内贸易额有所上升，其增速超过区外贸易的增长速度

在南亚区域合作的大背景下，南亚各国在20世纪90年代均进行了较大规模的经济改革，逐步从封闭走向开放，虽然目前南亚区域内贸易的水平还很低，但在20世纪的最后十年还是有较大增长，特别是区域内贸易的增长速度快于南亚地区与区域外国家和地区贸易的增长速度。经过笔者的计算，南盟1990到2004

年区域内贸易平均年增长率达到了16.1%，高于同期东盟（12.6%）、欧盟（7.1%）和美国（9.2%）。进一步来讲，南亚区域内进口的增长略快于区域内出口的增长，1991到2004年区域内进口年平均增长率为17%，略高于同期的区域内出口年平均增长率15.4%。①

关税降低促进了区内贸易的发展，从表1-3可以看到，南盟区内贸易向上的发展趋势，特别是进入2000年以来，区内贸易增长率每年都保持在10%以上，区内贸易总额增长迅速。

表1-3 南盟各国区内贸易发展情况 1990-2004　　　（单位：百万美元）

	1990	1991	1992	1993	1994	1995	1996	1997	1998	1999	2000	2001	2002	2003	2004
孟加拉国	318	335	428	535	653	1234	1191	971	1381	1217	1146	1391	1295	1717	2008
不丹	0	0	0	0	0	0	0	0	0	0	0	0	0	0	0
印度	584	717	913	919	1151	1744	1848	1870	2070	1880	2244	2556	3076	4422	5108
马尔代夫	24	33	38	40	51	58	72	85	90	97	103	110	117	130	152
尼泊尔	95	120	129	109	127	162	531	549	615	339	386	422	635	924	1096
巴基斯坦	34	339	501	367	379	421	532	453	640	502	535	560	457	656	1045
斯里兰卡	254	368	479	487	575	646	756	740	761	772	897	870	1189	1526	2081
南盟	1619	1913	2487	2457	2935	4265	4929	4669	5558	4806	5311	5910	6769	9374	11491

数据来源：贸易方向统计年鉴，IMF。

从1990至2000年的统计数据可以看到，南亚各国对本地区

---

① 计算所使用的数据来自《贸易方向统计年鉴》，IMF。

的贸易，无论是进口还是出口都有较大的增长，个别国家的贸易额甚至翻了四番。与此同时，还应该注意到，在20世纪90年代后半期，南亚区域内贸易在保持增长势头的同时，开始表现出不稳定的状态。从表1-4中可以发现，1997年和1999年南亚地区贸易出现了一些波动，贸易量较前一年都有明显的下降。除马尔代夫之外，其他南亚国家在这段时间的区域内贸易无论是进口还是出口都有所减少。

表1-4 20世纪90年代南亚各国的双边贸易差额情况（单位：百万美元）

国家	伙伴国	1990	1995	1996	1997	1998	1999	2000
孟加拉国	全球	-1984	-3367	-3638	-3235	-3548	-3832	-3403
	南亚	-197	-1068	-1069	-807	-1175	-1042	-967
	不丹	-7	-4	-5	-4	-5	-3	-4
	印度	-148	-958	-997	-759	-1124	-974	-895
	马尔代夫	0	0	0	0	-1	-1	-1
	尼泊尔	5	6	-6	-10	-4	-4	-3
	巴基斯坦	-47	-112	-53	-29	-44	-60	-58
	斯里兰卡	0	0	-8	-5	-5	0	-6
印度	全球	-6177	-3947	-3730	-5769	-5718	-6461	-5426
	南亚	390	1346	1452	1280	1546	1533	1638
	孟加拉国	282	881	774	608	973	877	804
	不丹	0	-4	-7	-2	-3	-4	-4
	马尔代夫	5	12	51	7	31	36	42
	尼泊尔	25	80	109	76	177	186	214
	巴基斯坦	-2	33	102	165	-80	26	100
	斯里兰卡	80	344	423	426	448	412	482

续　表

国家	伙伴国	1990	1995	1996	1997	1998	1999	2000
马尔代夫	全球	−86	−307	−243	−179	−279	−338	−166
	南亚	−11	−36	−49	−63	−64	−73	−118
	孟加拉国	0	0	0	0	0	0	1
	印度	−7	−31	−36	−41	−39	−40	−46
	巴基斯坦	−1	−1	−1	−1	−2	−2	−2
	斯里兰卡	−3	−4	−12	−21	−23	−31	−71
尼泊尔	全球	−236	−429	−988	−1243	−990	−920	−947
	南亚	−37	−102	−383	−349	−292	−312	−356
	孟加拉国	−7	−7	−5	1	4	2	3
	印度	−29	−93	−375	−344	−294	−311	−357
	巴基斯坦	−1	−3	−2	−4	−5	−1	−1
	斯里兰卡	0	1	−1	−2	3	−2	−1
巴基斯坦	全球	−1796	−3470	−2851	−2979	−875	−1858	−1893
	南亚	102	83	−53	−3	190	101	−137
	孟加拉国	65	118	73	48	71	78	104
	不丹	0	−1	1	0	0	0	0
	印度	3	−42	−171	−109	49	−47	−122
	马尔代夫	1	1	3	0	2	1	1
	尼泊尔	1	2	6	3	7	1	0
	斯里兰卡	32	5	35	55	61	68	−120
斯里兰卡	全球	−741	−680	−651	−653	−1288	−1633	−1229
	南亚	−115	−444	−538	−500	−534	−486	−517
	孟加拉国	1	6	10	9	9	7	6
	印度	−98	−437	−519	−516	−501	−463	−542
	马尔代夫	1	−3	2	10	22	32	60
	尼泊尔	0	−1	1	−3	0	2	1
	巴基斯坦	−19	−9	−32	0	−64	−64	−42

资料来源：贸易方向统计年鉴，IMF。

注：IMF 并没有关于不丹的贸易方向统计情况。

2. 南亚各国双边贸易不平衡现象比较严重

从 1990 至 2000 年，南亚地区大多数国家在区域贸易中都长期处于贸易逆差地位，并且这种逆差不断地扩大，有的达到了 1990 年逆差额的 4 至 10 倍之多。印度在区域贸易中始终是处于贸易盈余地位，巴基斯坦除了在 20 世纪 90 年代后期几年出现过贸易逆差外，多数年份也是处于贸易盈余地位。而其他南亚国家，孟加拉国、马尔代夫、尼泊尔和斯里兰卡在区域贸易中都长期处于贸易逆差地位，但各国的逆差情况大有不同。马尔代夫和尼泊尔的逆差虽然同期增加了近 10 倍，但是由于其最初的贸易逆差很小，因此扩大后逆差仍然不高。而斯里兰卡虽然在 20 世纪 90 年代后期长期处于区域内贸易的逆差地位，但逆差逐年呈下降趋势，尽管 2000 年斯里兰卡贸易逆差有所上升，但仍然低于 1996 年的逆差水平。

对印度来说，南亚地区已经逐步发展成为一个重要的贸易对象。印度对南亚地区的出口占到了其外贸总出口的 3% 到 6%，而从南亚地区的进口则仅占其总进口的约 0.8%。印度长期保持着对南亚地区的贸易盈余地位，尤其是对斯里兰卡和孟加拉国，印度的贸易优势地位非常明显，而对尼泊尔和马尔代夫则相对盈余较少。然而，印度对不丹的贸易却处于逆差地位。1994 年以前，印度一直保持着对不丹的贸易优势，但这一情况随着接下来几年不丹对印度出口的增加而改变。

巴基斯坦对南亚地区的出口占其外贸总出口的 3% 到 5%，而从南亚地区的进口占其外贸总进口的 2% 到 4%。在南亚地区，巴基斯坦最重要的贸易出口对象国是孟加拉国、斯里兰卡和印度，巴基斯坦对南亚地区的出口有超过 95% 都是面向这三个国家。1996年,巴基斯坦从印度的进口占到了巴基斯坦从整个南亚地区进口的72.5%,但随着双边关系的变化,2000年这一比例下降到了42.8%。印度与巴基斯坦贸易情况的恶化使得巴基斯坦增加了从斯里兰卡的进口,加强了与斯里兰卡的贸易联系。总体来看,巴基斯坦在多数年份中对南亚地区的贸易是处于贸易盈余的地位。巴基斯坦在南亚优惠贸易协定项下提前给予尼泊尔部分商品较为优惠的关税减免,2003-2004年度,巴尼的双边贸易大幅增长,达到了8000万美元。

孟加拉国的区域内出口占到了其外贸总出口的2%到3%,而相应的区域内进口占到了外贸总进口的7%到17%。孟加拉国与南亚大多数国家的贸易都呈现出不平衡状态,处于逆差地位,孟加拉国区域内贸易形成的逆差占到了其全球贸易逆差的10%到33%,在这一时期,孟加拉国的区域内贸易逆差增加了2倍。

斯里兰卡在地区贸易中对区域内进口的依赖大于对区域内出口的依赖,区域内的出口仅占到了整个斯里兰卡外贸总出口的2%到4%。与南亚地区其他欠发达国家相比,斯里兰卡从区域内进口更多,但是近年来这种依赖关系正在不断减弱。斯里兰卡在南亚地区的最大贸易伙伴是印度,其他重要贸易伙伴还包括了马尔代夫、巴基斯坦、孟加拉国和尼泊尔。随着斯里兰卡区域内进口的减少,斯里兰卡的贸易不平衡状况有所缓解。在斯里兰卡与其他南亚国家的双边贸易中,斯里兰卡对马尔代夫和孟加拉国长期处于盈余,而对其他南亚国家则长期处于逆差情况。

马尔代夫经济的发展高度依赖于区域内的贸易。马尔代夫外贸总出口的13%到25%对象都是南亚地区,而进口的10%到21%都是来自于南亚地区。马尔代夫最重要的贸易伙伴是斯里兰卡，并且贸易逆差近年来不断上升。马尔代夫对印度也有很强的依赖，其国内的很多需求都要通过从印度的进口来满足，因此在20世纪90年代后期马尔代夫对印度有很高的贸易逆差。另外，马尔代夫与巴基斯坦的贸易情况并没有随着区域合作的开展有明显的改观，依然处于较低的水平。

随着1996年尼泊尔与印度新一期贸易与过境条约的签订，尼泊尔对南亚地区的经济联系大大加强。尼泊尔区域内的出口占其外贸总出口的比重从1995年的9.3%到了1998年上升到了36.5%，而从区域内进口占整个外贸总进口的比重也从1995年的17.5%到2000年也上升到了33.1%。尼泊尔最重要的贸易伙伴是印度，其次是孟加拉国和斯里兰卡。尼泊尔与南亚其他国家经济联系的加强使其贸易不平衡状况越发显著，对印度长期处于贸易逆差地位，而且每年逆差都不断扩大。

三、区内贸易比重较低

区内贸易比重主要是指一定时期内，区域一体化组织、区域贸易集团内部各成员国相互之间形成的贸易额所占到区域内各成员国对外贸易额总和的比重。对区域经济一体化贸易效应的研究，最常用的也是最基本的方法，就是考察区内贸易比重的变化，从中可以反映区域贸易合作是否成功地实现扩大区域内部贸易的目标。

南盟区内贸易比重较低，主要表现在以下方面。

1. 与其他区域合作组织相比，南亚区域内出口占区域总出口比重较低由于南亚各国间存在大量非法过境贸易，我们很难收集到南亚地区区域内贸易的准确统计数据，但是从可以收集到的统计信息中我们可以发现南亚地区的区域贸易量是很小的，特别是与其他的地区合作集团相比。

图1-2　区域内出口占区域总出口的比重情况（%）

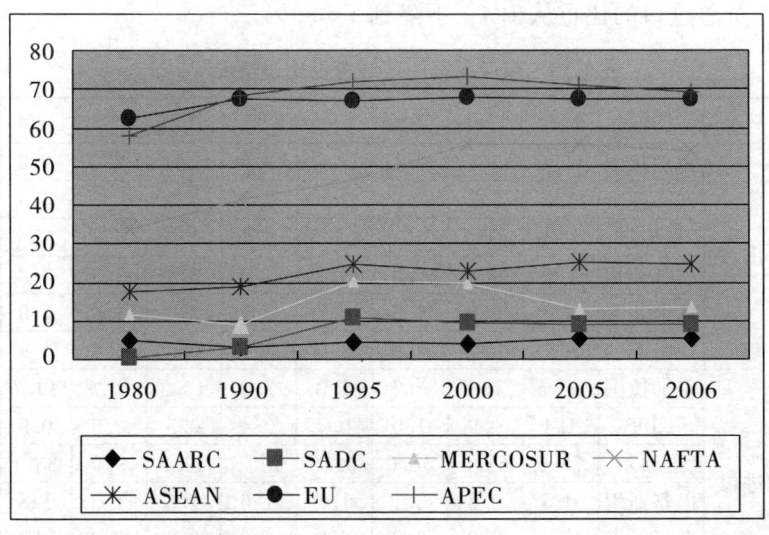

数据来源：UNTAD。

图1-2对几个有代表性的地区合作组织的区域贸易情况做了比较，主要通过区域内出口占整个地区出口的比重情况来进行说明。可以看出，南亚地区各国的区域内出口占地区总出口的比重最低。这个比重从1970年的3.7%到1990年下降到3.1%，然后又缓慢上升到1999年达到4.9%，2006年达到5.6%，但仍然低于其他地区合作组织。

2. 南亚区域贸易比重增长缓慢，区域内进出口贸易占各国

外贸比重低

从表1-5中还可以发现这样一个显著的趋势,即印度与南盟其他国家的贸易顺差不断扩大。印度对南盟除巴基斯坦外所有国家的出口持续增长,对区域内出口占其总出口的比重从1970年的3.9%上升到1999年的5.5%,而同期从区域内的进口占其外贸总进口的比重从1.4%下降到了0.9%。

表1-5 南亚各国的区域贸易比重情况(%)

	国家	1970	1975	1980	1985	1990	1994	1995	1999
出口	孟加拉国	n.a	2.4	9.1	7.7	3.6	2.3	2.6	2.2
	印度	3.9	3.7	3.5	2.9	2.7	3.9	5.0	5.5
	尼泊尔	61.9	81.1	38.1	38.5	6.9	4.6	8.7	27.7
	巴基斯坦	1.5	6.8	6.3	5.3	4.0	3.2	3.3	3.3
	斯里兰卡	3.2	9.0	6.8	3.7	3.1	3.5	4.4	4.9
	南亚	3.7	5.1	4.8	4.0	3.1	3.5	4.4	4.9
进口	孟加拉国	n.a	7.9	3.7	1.3	7.0	13.3	17.7	14.7
	印度	1.4	0.9	1.0	0.7	0.4	0.5	0.6	0.9
	尼泊尔	73.6	62.0	48.0	32.5	11.5	19.2	9.9	33.4
	巴基斯坦	0.5	2.8	2.1	1.7	1.6	1.6	1.3	1.8
	斯里兰卡	12.4	6.9	6.3	6.3	6.6	9.0	10.3	13.8
	南亚	3.3	3.2	2.3	1.7	1.8	3.1	3.6	4.3
贸易总量	孟加拉国	n.a	6.9	4.9	3.0	5.9	9.3	10.1	8.5
	印度	2.7	2.0	1.9	1.5	1.4	2.1	2.8	3.2
	尼泊尔	70.3	67.0	45.7	34.4	10.0	13.8	9.3	30.6
	巴基斯坦	0.9	4.1	3.5	2.9	2.6	2.3	2.3	2.6
	斯里兰卡	8.1	7.8	6.5	5.2	5.1	6.3	6.5	8.2
	南亚	3.5	3.9	3.2	2.6	2.4	3.3	4	4.6

n.a=Non-availability of data

数据来源:根据IMF贸易方向统计年鉴计算。

四、区内贸易强度变化不明显

以下从"贸易强度"指标的角度来看南亚区域经贸合作的情况。贸易强度可以用来考察国与国之间的贸易关系紧密程度,以及区域一体化中贸易一体化的发展程度。该值越大,表明双边贸易的密集度越高,贸易一体化的程度也就相应较高。

在这里,笔者引用了 Davinder Kumar Madaan 的 *SAARC Trade Intensity and India* 一文中对 1975 至 1998 年南盟成员国出口强度和进口强度的计算来进行说明。

双边贸易强度(Trade Intensity Index)是 Frankel 和 Rose 在 1998 年提出的概念[①],可以更有效地分析贸易一体化对宏观经济波动同步性的影响,它的计算公式是:

$$ST_{ijt} = (X_{ijt} + M_{ijt}) / (X_{it} + M_{it} + X_{jt} + M_{jt})$$

我们用 ST_{itj}(Share of International Trade)表示 i 国和 j 国的双边贸易强度。它是两国双边进出口贸易额($X_{ijt} + M_{ijt}$)与两国各自的进出口贸易总额之和($X_{it} + M_{it} + X_{jt} + M_{jt}$)的比值。$X_{ijt}$ 表示 i 国对 j 国的出口,M_{ijt} 表示 i 国从 j 国的进口,X_{it}、M_{it}、X_{jt}、M_{jt} 分别表示 i 国的出口总额和进口总额、j 国的出口总额和进口总额。

---

① Frankel, Jeffrey A. and Rose, Andrew K. *The Endogeneity of the Optimum Currency Area Criteria*. The Economic Journal, July 1998, 108, pp. 1009—1025.

1. 南亚区内进、出口贸易强度变化小

首先来看出口强度。①表 1-6 显示了南盟区域内各国的出口强度指标。从中可以看到，在南盟成立前的时期，尼泊尔的出口强度最高，这很大程度上是取决于尼泊尔与印度的关系，其次是马尔代夫、孟加拉国、斯里兰卡、巴基斯坦和印度。

在南盟成立后，区域内的各国出口强度情况发生了变化。不丹和马尔代夫的出口强度在这一时期最高，特别是从 1989 年尼泊尔与印度之间发生贸易过境争端后。不丹的大部分出口都是面向印度，对巴基斯坦和孟加拉国也有一定的出口。马尔代夫的出口强度高主要是取决于对斯里兰卡的大量出口，其次它与印度和巴基斯坦也有很好的贸易关系。除了不丹和马尔代夫外，在南盟成立后的时期，尼泊尔的出口强度依然很高，其次是印度、巴基斯坦、斯里兰卡与孟加拉国。值得注意的是，在南盟成立后，除印度外的基本上所有南亚国家的出口强度都较南盟成立前有所下降。印度的增长幅度也不大，从南盟成立前的 2.67 上升到南盟成立后的 3.45。这要归功于印度庞大的国内市场、相对完善的经济结构，以及占南亚地区 76% 的人口和 73% 的国土面积。即便如此，印度的出口强度仍然低于南亚地区的平均出口强度 3.54。在南盟成立前，印度的出口强度是南亚各国中最低的，而到了南盟成立后，孟加拉国的出口强度最低。

---

① 出口强度指标也可用来表示两国 j 国与 i 国双边贸易强度。如 j 国对 i 国贸易的出口强度 Eji 可以通过用 j 国外贸总出口中 i 国所占的比重，比上 i 国外贸进口占减去 j 国外贸总进口后的全球贸易总进口额的比重来计算：$Eji = (Xji/Xj)/[Mi/(Mg-Mj)]$。Xji 表示 j 国对 i 国的出口，Xj、Mi 分别表示 j 国的全球总出口和 i 国的全球总进口，Mg 表示全球贸易总进口，Mj 表示 j 国的总进口。如果该项指标为 0，则表明两国之间不存在贸易关系。如果 j 国出口强度大于（或小于）100，则表明 j 国向 i 国的出口大于（或小于）j 国出口在全球贸易中的比重。

表1-6 南盟区域内出口强度指标（1975—1998）[①]

	年份	孟加拉国	不丹	印度	马尔代夫	尼泊尔	巴基斯坦	斯里兰卡	南盟
南盟成立前（1997—1985）	1975	1.97	n. a.	2.85	27.21	59.60	5.36	7.18	3.92
	1976	4.89	n. a.	3.21	7.72	73.39	5.61	8.57	4.59
	1977	8.15	n. a.	3.05	19.48	30.88	6.59	8.10	4.45
	1978	9.91	n. a.	3.58	8.25	28.61	4.06	5.76	4.29
	1979	7.04	n. a.	3.58	20.36	36.97	5.52	5.67	4.48
	1980	7.14	n. a.	3.14	21.90	31.16	5.18	5.84	4.16
	1981	6.32	n. a.	2.19	14.72	42.82	4.19	6.74	3.67
	1982	5.68	n. a.	1.30	8.54	37.93	4.09	5.62	2.49
	1983	5.77	n. a.	1.51	10.97	31.65	1.80	4.30	2.13
	1984	8.17	n. a.	2.72	11.39	34.54	2.38	3.22	3.27
	1985	5.40	n. a.	2.27	12.20	27.06	3.73	2.99	3.09
	平均	6.40	0.0	2.67	14.79	39.51	4.41	5.82	3.69
南盟成立后（1986—1998）	1986	4.79	n. a.	0.65	15.42	41.93	2.37	10.64	2.72
	1987	5.74	n. a.	0.67	13.66	25.31	2.13	9.12	2.48
	1988	6.96	n. a.	0.63	14.06	23.97	2.46	10.53	2.75
	1989	5.62	n. a.	0.35	12.30	15.20	2.21	7.64	2.17
	1990	8.50	8.57	0.51	15.32	14.29	2.03	8.67	2.33
	1991	9.09	5.20	0.60	17.53	24.44	1.74	12.42	3.13
	1992	12.35	3.65	1.01	17.24	21.22	1.80	14.81	3.72
	1993	13.57	3.58	0.53	17.76	19.69	1.77	11.86	3.64
	1994	14.53	13.71	0.58	18.29	19.13	1.63	11.23	3.57
	1995	19.59	23.14	0.63	14.56	19.38	1.63	12.63	4.24
	1996	17.36	14.30	0.58	17.05	36.17	2.81	13.72	4.37
	1997	14.43	n. a.	0.52	8.59	30.21	2.19	12.21	4.08
	1998	17.73	n. a.	1.13	9.38	32.13	2.45	12.13	4.79
	平均	11.56	10.31	0.65	4.70	24.85	2.10	11.35	3.38

数据来源：IMF，《贸易方向统计年鉴》（1980—1998各期）。

[①] Davinder Kumar Madaan，SAARC Trade Intensity and India。

对南亚各国出口强度进行分析不难发现，南亚各国对区域内的出口强度均大于1，从这里可以看到南亚地区市场对南盟各国的重要意义。尤其是对尼泊尔、不丹和马尔代夫这些南亚小国来说，南亚区域市场尤其重要。如果把注意力集中在表格中南盟总体出口强度指标上的话，就会发现，这一指标从南盟成立前的3.69降低为南盟成立后的3.54。因此可以说，南盟的成立、南亚区域合作的开展并没有对区域内出口强度的变化以及出口贸易的发展带来非常积极的影响。

再来看区域内进口强度。[1]表1-7显示了南盟成立前与南盟成立后一段时期内的南亚地区各国进口强度指标。我们可以发现，尼泊尔是南亚地区唯一一个在南盟成立前后期都保持了区域内很高进口强度的国家，南盟成立前其平均进口强度为57.95，南盟成立后为24.85。尼泊尔如此高的进口强度表明了其对区域内进口的强烈依赖，相同情况的还有马尔代夫与不丹，其他的南亚国家则对区域内进口的重视则相对较低。

从表1-7中可以看到，孟加拉国与斯里兰卡在南盟成立后，其区域内进口强度较南盟成立前有大幅上升，其中孟加拉国增幅最大，从南盟成立前的6.16上升为南盟成立后的11.56。其他南亚国家则不然，尼泊尔、不丹、马尔代夫与印度的进口强度在南盟成立后都呈下降趋势，而南盟各国的平均进口强度也从南盟成立前的3.48下降为南盟成立后的3.38。另外可以看到，无论是南盟成立前还是成立后，印度的区域进口强度都是很低的，南

---

[1] 进口强度指标同样也可以用来表示j国与i国的双边贸易强度，如果该项指标为0，则表明两国之间不存在贸易关系。如果j国进口强度大于（或小于）100，则表明j从i国的进口大于（或小于）j国进口在全球贸易中所占的比重。

盟成立前为 1.12，南盟成立后下降为 0.65，甚至在很多年份中这一指标低于 1。从这里也可以看出，南亚地区对印度的进口而言，吸引力不大。

表 1-7　南盟区域内进口强度指标 (1975-1998)[①]

	年份	孟加拉国	不丹	印度	马尔代夫	尼泊尔	巴基斯坦	斯里兰卡	南盟
南盟成立前 (1997-1985)	1975	10.95	n. a.	1.11	0.0	75.47	3.57	9.06	4.12
	1976	10.03	n. a.	1.32	39.79	83.80	3.59	12.52	4.32
	1977	7.09	n. a.	0.91	24.41	64.09	7.05	12.99	4.30
	1978	6.07	n. a.	0.80	51.25	60.75	5.10	12.79	3.96
	1979	5.18	n. a.	0.87	50.29	69.50	3.78	16.91	3.99
	1980	5.52	n. a.	1.60	35.04	71.87	3.48	9.74	3.83
	1981	7.44	n. a.	2.08	10.86	65.32	2.99	8.23	3.86
	1982	3.67	n. a.	1.01	37.01	31.21	2.39	6.40	2.26
	1983	2.98	n. a.	0.78	9.61	30.62	2.25	8.32	2.09
	1984	4.14	n. a.	0.93	12.37	40.08	2.83	9.53	2.95
	1985	4.65	n. a.	0.92	13.47	44.75	2.17	8.69	2.55
	平均	6.16	0.0	1.12	25.83	57.95	3.57	10.47	3.48

---

① Davinder Kumar Madaan, SAARC Trade Intensity and India.

续　表

	年份	孟加拉国	不丹	印度	马尔代夫	尼泊尔	巴基斯坦	斯里兰卡	南盟
南盟成立后(1986—1998)	1986	4.79	n. a.	0.65	15.42	41.93	2.37	10.64	2.72
	1987	5.74	n. a.	0.67	13.66	25.31	2.13	9.12	2.48
	1988	6.96	n. a.	0.63	14.06	23.97	2.46	10.53	2.75
	1989	5.62	n. a.	0.35	12.30	15.20	2.21	7.64	2.17
	1990	8.50	8.57	0.51	15.32	14.29	2.03	8.67	2.33
	1991	9.09	5.20	0.60	17.53	24.44	1.74	12.42	3.13
	1992	12.35	3.65	1.01	17.24	21.22	1.80	14.81	3.72
	1993	13.57	3.58	0.53	17.76	19.69	1.77	11.86	3.64
	1994	14.53	13.71	0.58	18.29	19.13	1.63	11.23	3.57
	1995	19.59	23.14	0.63	14.56	19.38	1.63	12.63	4.24
	1996	17.36	14.30	0.58	17.05	36.17	2.81	13.72	4.37
	1997	14.43	n. a.	0.52	8.59	30.21	2.19	12.21	4.08
	1998	17.73	n. a.	1.13	9.38	32.13	2.45	12.13	4.79
	平均	11.56	10.31	0.65	4.70	24.85	2.10	11.35	3.38

数据来源：IMF，《贸易方向统计年鉴》(1980—1998各期)。

从对南亚各国出口强度与进口强度的分析，可以发现一个很有意思的情况：印度从南盟成立前到南盟成立后，出口强度呈现出上升趋势，而进口强度呈下降趋势，其进口强度不仅大大低于其他南亚国家，甚至还长年低于1，而出口强度在南盟成立后高于孟加拉国、巴基斯坦和斯里兰卡。究其原因，印度相对完善的国民经济体系与较强的经济实力，使印度完全有能力满足其他南亚国家的进口需求，而其他南亚国家却没有能力来满足印度的进口需求。正是因为如此，印度在与其他南亚国家的贸易往来中总是处于长期的贸易顺差地位。

2. 南亚国家区域总体贸易强度变化不大，其中南亚小国总体贸易强度高于大国

表1-8反映了南盟区域内得贸易强度变化，从中也可以看到，南亚区域合作开展以来，各大国的区域内贸易强度并没有明显变化，只有印度对其他南亚国家的出口强度有明显增强，而尼泊尔、马尔代夫这些小国的贸易强度因进口的增长也有所增强。

表1-8 南亚国家区域内贸易强度指标

	1990	1991	1992	1993	1994	1995	1996	1997	1998	1999	2000	2001	2002	2003	2004
孟加拉国	6.1	7.0	7.9	8.0	8.6	12.0	10.4	8.4	11.3	8.4	7.3	8.7	8.5	9.0	8.1
不丹	n.a	n.a	n.a	n.a	n.a	n.a	n.a	n.a	n.a	n.a	n.a	n.a	n.a	n.a	n.a
印度	1.4	2.1	2.3	2.0	2.2	2.5	2.4	2.2	2.5	2.0	2.2	2.3	2.5	2.7	2.3
马尔代夫	12.8	16.5	17.7	16.9	18.0	13.4	17.8	18.4	19.3	18.6	20.5	21.6	21.3	18.6	15.3
尼泊尔	12.0	17.0	16.6	11.3	12.3	13.9	27.8	24.3	30.0	17.0	20.6	25.5	35.0	38.8	36.5
巴基斯坦	2.7	2.4	3.2	2.1	2.2	2.0	2.2	2.0	2.3	2.4	2.5	2.7	1.9	2.2	2.6
斯里兰卡	5.7	7.8	8.2	6.7	7.4	7.3	7.7	6.7	6.3	6.8	7.7	9.7	10.7	11.7	
南盟	2.5	3.2	3.7	3.1	3.3	3.8	3.6	3.4	3.5	3.5	3.6	3.8	4.0	4.1	3.7

数据来源：IMF贸易方向统计，IMF世界经济展望数据库。

总体来说，南亚区域合作的开展与南盟的成立，并没有使区

域内贸易强度增长，南盟各成员国进行对外贸易更多的还是面向南亚区域外的国家，特别是面向西方发达国家，经济互补性的欠缺是导致这种局面产生的一个重要因素。

五、区域贸易商品结构依然不合理

对外贸易商品结构（Foreign Trade Commodity Structure）是指一定时期内一国进出口贸易中各种商品的构成，即某大类或某种商品进出口贸易与整个进出口贸易额之比，以份额表示。一国对外贸易商品结构，可以反映出该国的经济发展水平、产业结构状况、科技发展水平等。为便于分析比较，世界各国和联合国均以联合国《国际贸易商品标准分类》（SITC）公布的国际贸易和对外贸易商品结构进行分析比较。

根据标准国际贸易分类（SITC）的统计数据，在过去的20年里，南亚地区内贸易的主要产品是农产品和初级材料。如1998年，食品类的商品出口占到了巴基斯坦区域内出口的60%，印度的41%，斯里兰卡的35%，尼泊尔的34%。而初级材料的出口占到了孟加拉国区域内出口的60%。相比起来，南亚各国同世界上其他地区的贸易产品则主要为工业制造品。

虽然食品类产品在南亚区域贸易中占到了很大的比重，但在不同的时期其波动较大。造成大幅波动的原因主要在于，各国对诸如大米、蔬菜、水果、豆类、洋葱、土豆和糖类等食品的进口需求，会随着国内供给的变化而变化，而国内供给的变化，会影响到各国对该类商品的进口政策。南亚国家通常采取灵活的政策

表 1-9 南亚区域贸易以及区域外贸易商品情况（1981—1998）[①]

	食品、牲畜		饮料、烟草		初级材料		矿物、燃料		肉类蔬菜		化工品及材料		制造品		机械、运输设备		混合制造品		武器	
	SA	POW	SA	POW	SA	POW	SA	POW	SA	POW	SA	POW	SA	POW	SA	POW	SA	POW	SA	POW
印度																				
1981	10.2	26.6	0.9	3.4	7.2	10.1	14.6	0.0	0.0	0.3	9.3	4.4	22.8	33.2	31.4	7.6	3.0	14.2	0.2	0.2
1990	11.0	14.0	1.5	0.8	8.3	9.8	0.9	2.9	0.0	0.3	7.7	7.4	40.9	37.4	26.0	7.4	2.6	18.3	0.9	1.6
1995	21.5	15.7	1.0	0.9	3.7	5.1	1.5	1.1	0.1	0.5	11.3	9.8	41.2	38.6	15.7	8.0	2.5	18.4	1.6	1.9
1998	41.1	15.0	0.6	0.6	2.4	4.1	2.0	0.4	0.1	0.5	11.1	9.3	25.3	38.5	13.3	6.9	2.6	22.3	1.5	2.4
巴基斯坦																				
1995	20.6	8.8	0.0	0.1	25.3	10.9	0.2	1.3	0.0	0.0	1.6	0.4	48.5	54.7	1.8	0.3	1.6	23.2	0.3	0.3
1997	33.9	11.5	0.0	0.0	9.5	4.3	2.1	1.0	0.0	0.0	3.4	0.3	45.7	56.4	1.7	0.2	2.6	25.7	1.0	0.3
1998	63.2	13.2	0.0	0.1	4.9	2.3	0.1	0.3	0.0	0.0	1.8	0.7	26.3	54.0	1.4	0.4	1.7	28.7	0.6	0.1
孟加拉国																				
1981	43.8	15.4	0.0	0.3	24.7	16.5	0.0	1.3	0.0	0.0	6.7	0.6	23.1	64.9	0.2	0.6	0.3	1.1	1.3	0.7
1990	27.4	14.2	0.6	0.1	44.2	6.8	0.6	1.3	0.0	0.0	16.4	1.1	9.1	33.9	0.6	0.9	0.6	41.6	0.3	0.1

---

① Nihal Pitigala, What Does Regional Trade in South Asia Reveal about Future Trade Integration? World Bank Policy Research Working Paper 3497, February 2005.

续 表

年份	食品,牲畜	饮料,烟草	初级材料	矿物,燃料	肉类,蔬菜	化工品及材料	制造品	机械,运输设备	混合制造品	武器
1998	29.0	0.0	59.6	1.7	0.5	0.2	24.7	0.9	7.9	11.4	2.2	1.1	1.7	77.4	0.1	0.2

斯里兰卡

年份	食品,牲畜	饮料,烟草	初级材料	矿物,燃料	肉类,蔬菜	化工品及材料	制造品	机械,运输设备	混合制造品	武器
1981	65.2 45.0	0.2 0.4	16.2 19.0	14.6 14.2	1.2	0.3	3.6	1.2	3.6	0.3	1.8	1.9	0.8	15.7	0.1
1990	38.7 33.1	0.0 0.3	38.5 7.8	0.9 1.5	8.9	0.4	3.0	1.0	13.5	1.8	1.1	36.3	0.0	4.2
1995	41.4 19.7	0.3 1.2	36.5 4.2	0.0 0.7	4.6	0.1	5.8	0.9	15.5	7.8	1.8	2.3	1.8	53.4	0.0	1.9
1998	35.3 16.1	0.4 0.7	22.4 2.3	0.1 0.5	2.6	0.1	4.1	0.8	23.5 14.4	4.6	5.6	5.9	60.3	0.3

尼泊尔

年份	食品,牲畜	饮料,烟草	初级材料	矿物,燃料	肉类,蔬菜	化工品及材料	制造品	机械,运输设备	混合制造品	武器
1981	65.4 42.9	0.0 0.0	19.6 18.7	0.0 0.0	3.7	2.2	5.7	3.4	5.3	25.9	2.0	0.1	3.8	0.2	1.2
1990	62.0 11.3	0.1 0.3	24.9 4.0	0.0 0.0	1.9	0.8	2.0	0.5	7.5	51.8	0.0	0.0	1.7	31.0	0.0	0.3
1998	34.2 3.0	0.0 0.0	0.2 1.0	0.0 0.0	0.8	0.1	0.0	0.0	0.1	53.6	0.1	0.2	39.0	65.0	3.4

不丹

年份	食品,牲畜	饮料,烟草	初级材料	矿物,燃料	肉类,蔬菜	化工品及材料	制造品	机械,运输设备	混合制造品	武器
1981	0.0 72.7	0.0 0.0	0.0 0.9	6.4 0.3	38.9	1.7	37.3	4.0	16.3	3.3	1.1	4.5	85.2	0.0	0.0
1995	15.7 20.4	7.5 9.7	11.2 14.5	25.7 33.3	0.0	0.0	20.4 26.5	18.9 24.4	0.0	0.5	1.2	0.0
1998	28.3 3.8	1.5 0.0	6.5 9.9	4.5 37.1	0.0	0.0	5.3	1.2	53.2 217.7	0.6	15.1	14.9	0.0	0.3

注：SA—South Asia 南亚区域贸易；ROW—Rest of the World 南亚区外外贸易。

数据来源：世界银行 WITS 数据库。

来保持食品这类最基本商品的国内价格稳定，因此，当国内供给不足时会鼓励进口，而当国内供给充足时，则会采取保护主义来限制该类商品的贸易进口。①

表1-9从贸易商品的角度显示了南亚区域内的贸易以及对区域外贸易的情况，各类商品在贸易中所占的比重，以及从1990年到1998年的发展趋势。从表中可以看到，南亚区域贸易的畸形发展。印度与巴基斯坦是南亚地区仅有的两个工业制成品出口占到区域贸易相当比重的国家。特别是印度，在很多工业制成品领域都有出口的能力，其出口的工业制成品主要包括有摩托车、棉纱、机械产品、纺织品以及服装等。印度在很多工业制成品领域都有比较优势，足以满足南亚其他国家对相关产品的进口需求，其他国家可以通过从印度的进口来替代从西方发达国家的进口。

六、南亚自由贸易区建设已经起步

在《南亚特惠贸易安排（协定）》的制定和实施过程中，南盟各国都积累了相当的谈判经验，了解贸易自由化的进程是一个可以驾驭的过程，从而有助于消除南盟国家因恐惧贸易自由化而产生的抵触情绪。2004年南盟第十二届首脑峰会的一项重要成果，是与会南亚七国首脑签署了《南亚自由贸易协定框架条约》，这意味着酝酿十多年的南亚自由贸易区计划正式开始实施。该协

---

① Nihal Pitigala, *What Does Regional Trade in South Asia Reveal about Future Trade Integration?* World Bank Policy Research Working Paper 3497, February 2005.

议的最终目的，是通过关税减让等措施建立起南亚自由贸易区，从而促进并加强缔约国之间的经贸合作。

《南亚自由贸易协定框架条约》从南亚地区各国的经济发展情况出发，认真考虑了一些"最不发达国家"的国家状况，严格遵照世界贸易组织等国际经济组织的原则，提出了推动南亚自由贸易区建设的四项具体任务：（1）削减直至取消阻碍该地区各国之间贸易发展的壁垒，为商品的跨境贸易创造便利；（2）在充分考虑该地区各国经济发展水平的前提下，推动建立公平的竞争环境；（3）建立有效的机制来实施和较好地发挥自由贸易协定的作用，建立有效的争端协商解决机制；（4）为更进一步的地区合作以及统一地区货币（建立南亚经济联盟）创建框架，使各国从区域贸易中得到更多的好处。[1]

根据自由贸易协定，南亚七国从2006年1月开始逐步降低关税，其中尼泊尔、孟加拉、马尔代夫和不丹等四个该区域最不发达国家拥有十年的过渡期，最终将关税降至0%—5%的水平，并完全取消非关税壁垒；而印度、巴基斯坦和斯里兰卡等三个发展中国家则必须在七年的过渡期内实现这一目标。在该项协议中，缔约国还提出了一系列针对该地区最不发达国家的优惠措施，并愿意为这些国家提供诸如解决国际收支困难等相关问题的帮助。南亚各国设想，由区域贸易自由化起步，该地区最终走向一个拥有统一货币的高度整合经济体。2006年3月，南亚自由贸易协定得到了南亚区域合作联盟7个成员国的批准，开始正式

---

[1] "Agreement on South Asian Free Trade Area" (SAFTA), January 04, 2004, Islamabad. Article—3, http://www.saarc-sec.org

实施。2008年召开的第十五届南盟首脑会议通过了阿富汗加入南亚自由贸易区的协议。

第三节　南亚区域的投资合作

南亚区域投资合作续有发展，但不平衡，主要表现为以下方面。

一、吸引外资有所增加

1. 区域外FDI投资增加，但比重仍然很低

南亚地区由于生产能力的欠缺，地区资源难以充分发掘，加之基础设施的严重落后，导致对国外直接投资的吸引力不足，使得南亚地区成为世界上资金最缺乏的地区之一。

从20世纪90年代起，南亚地区为了创造好的条件来吸引外国直接投资，各国纷纷进行了较大力度的改革。然而，南亚地区在全球直接投资流动中仍然处于边缘角色，仅有一小部分跨国公司选择将该地区作为生产基地并且向世界上其他地区出口。在吸引并利用外国直接投资这个方面，东亚与东南亚国家大大领先于南亚地区。从对FDI流动的定义上可以看出，东道国经济发展的水平，城镇化的程度，政治的稳定，基础设施的配套情况，地缘因素以及东道国与母国在文化上的异同等因素，都是影响FDI流动的重要方面，南亚地区在这几个方面都不占优势。

图 1-3　1980—2006 年南盟吸收 FDI 情况　　（单位：百万美元）

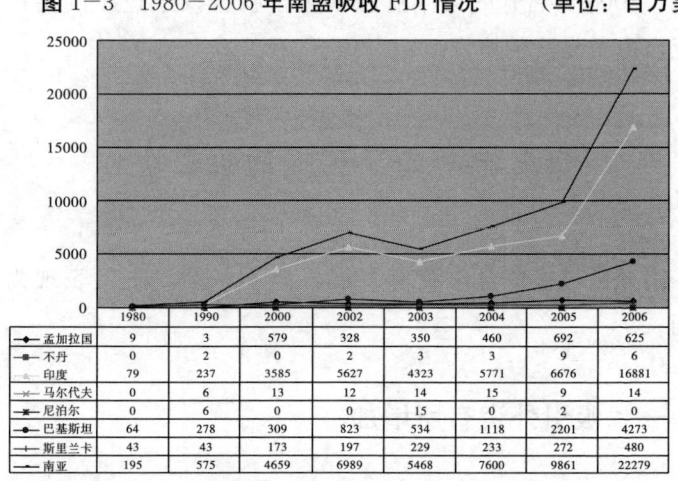

图 1-4　世界各地区吸引 FDI 占 GDP 比重情况（%）[1]

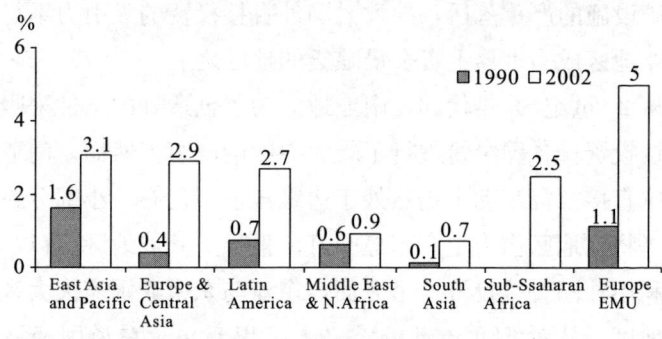

图表来源：世界银行，《2004 世界发展指标》。

---

[1] South Asia Regional Integration, *Harmonizing Regulatory Mechanisms*: *Options for Deepening Investment Integration in South Asia*, The World Bank/International Monetary Fund 2004 Annual Meetings, Program of Seminars, October 1, 2004, Washington, D. C.

正是由于这些原因，如图1-3和图1-4所示，南亚地区吸引到的区域外FDI数量虽然逐年上升，但是数额仍然很少，并且吸引到的FDI占到GDP的比重仍然很低，在2002年只占到0.7%左右，在所有发展中地区中仍处于最低的水平。

2. 区域内FDI投资发展缓慢

南亚地区不仅来自区域外的FDI流动很少，区域内的FDI流动水平也很低。以2002年1月到2004年6月共30个月的统计数据来看，在南亚地区的总共1232项FDI项目中，只有31项是来自区域内各国相互间的投资，仅占到2.5%，其他的绝大多数FDI项目仍然是来自发达的西方国家，比如来自美国的有561项，英国151项，德国64项，日本52项，法国39项。[1]

与南亚地区相比，东南亚国家的区域内投资占总体吸引到的外资比重是南亚地区的3倍以上。在4458项FDI项目中，有339项属于区域内投资项目，比例达到了7.6%。[2] 从图1-5中我们可以看到，与东盟相比，南盟区域内FDI投资不仅数量少，而且增长幅度也不大。因此，南亚地区在区域内投资方面还需要大大加强。

---

[1] Mark Andrew Dutz, *Harmonizing Regulatory Mechanisms: Options for Deepening Investment Integration in South Asia*.
[2] Seekkuwa Wasam Hirantha, *From SAPTA to SAFTA: Gravity Analysis of South Asian Free Trade*

图 1-5 1995-2002 年南盟与东盟区域内 FDI 投资情况

（单位：百万美元）

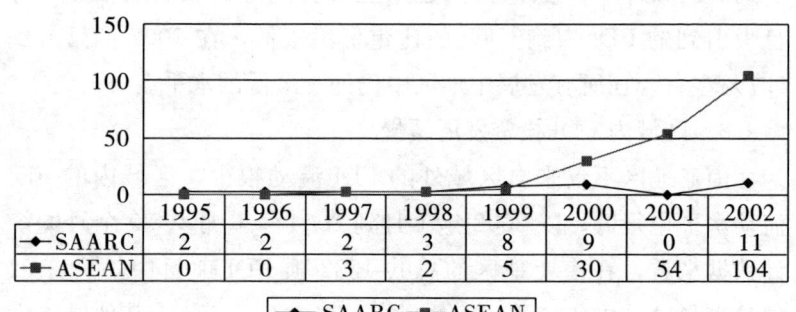

数据来源：UNCTAD。

二、印度在区域投资合作发展中的作用关键

对南亚地区自身而言，加强各国相互之间的投资合作，合资企业和进行技术转让具有十分重要的意义，因为这可以大大加速它们的工业化进程。在南亚区域各国之间积极兴办合资企业是各国吸引 FDI 的一个最直接的手段，同时也有助于区域内资源的充分利用以及技术的转移，有助于各国合作的开展。西方国家拥有高水平的技术条件，可以支持大规模的生产，而南亚地区并不拥有这样的技术条件，只能更多进行基于当地初级原材料的小规模加工生产。因此，南亚地区各国间的相互投资关系多是建立在生产返销关系上，母国利用东道国丰富的原材料进行加工生产并最终将制成品返销回国内。这样的投资生产不仅有利于改善东道国的生产能力，同时也促进了东道国出口的发展。

实践证明，在南亚区域各国之间兴办合资企业和进行技术转让，比与西方的跨国公司打交道更为有利和节省开支，因为在这些国家之间兴办合资企业和进行技术转让，由于技术对路、规模适中，因而较符合他们的资源禀赋，能较好地利用当地的种种条件和采用当地原料。这些合资企业一般较少依赖进口资本货物和原料，所以花费的外汇较少。同时，这样兴办的合资企业和进行的技术转让还可以促进和补充各国之间的贸易。通常可以发现，通过这种区域内投资生产形式，可以有效地改善各南亚伙伴国之间的贸易不平衡状况，尤其是那种有返销安排协议的合资企业，更可以改善东道国因可出口商品有限而造成的经常性贸易失衡。

从过去几年的情况可以看到，南亚各国均从区域内相互投资中不同程度地获益，这也是南亚地区开展区域合作，实施贸易自由化的成果之一。同时，区域内投资关系的加强，各国间经济联系的加强也在一定程度上有利于缓解政治上的紧张局面。

印度与多个南亚国家建立了投资合作关系，对区域经贸合作影响重大。

南亚区域经济合作主要表现为印度同其他国家的双边经济关系，如商业贸易关系、发展援助和贷款关系、联合办企业、开展工程承包和咨询服务等，因此，南亚地区的区域内投资关系多表现为印度对其他国家的投资。

在南亚各国中，印度不仅是在幅员、人口和自然资源方面处于绝对优势的大国，而且经过几十年的努力，印度相对来讲拥有了较强的经济实力和较高的经济发展水平，已经建立了一个门类较为齐全的工业体系，整个经济结构比较完整，科学技术也比较先进，工业基础相当雄厚，农业也基本解决了粮食问题，而且是世界上拥有高级科技人员数量排名第三位的国家。在南亚地区，印度是南盟成员国中唯一有能力对其他成员国提供少量技术转让、提供援助和在各国兴办合资企业的国家。印度在建立和经营工业企业方面积累了相当丰富的宝贵经验。他们的经验和技术可以通过兴办合资企业向南亚各国进行转让。印度和其他南亚国家兴建合资企业的潜力十分巨大。印度与南亚各国之间无论是为满足当地的需要或者是为了扩大出口，都可以建立大量的合资企业。印度企业所包含的技术，特别是"中间技术"比较适合其他南亚国家的国情，其他南亚国家也非常希望从印度得到适用于本国的"中间技术"、资本货物和经济援助，加速自己的经济发展。所以，在南亚区域内举办合资企业和进行技术转让的活动中，印度起着关键性的作用。

另外，印度与南亚各国建立合资企业，由于语言、文化、社会环境和行政结构的相似和接近，远比在其他地区要方便得多，有着很大的优越性。印度的企业和政府机构通过合资企业、技术合作、成套包建项目和咨询出口及双边援助，向南亚国家转让了一定数量的技术和咨询服务，但这种转让主要集中在尼泊尔、斯里兰卡、不丹和孟加拉国。在过去十多年里，印度在孟加拉国、尼泊尔和斯里兰卡建立了多个合资企业。这些企业在南亚地区为促进各国多样化生产的发展起到了重要作用。

斯里兰卡是南亚地区第一个在全国范围内实行经济自由化改革的国家。目前，斯里兰卡吸引外资的体制和政策都较之南亚地区其他国家更为灵活自由，几乎国内的所有经济部门都对FDI开放，允许外资有很高的持股率，对合资企业与投资母国之间的资金往来没有设置任何障碍。从20世纪90年代后半期开始，印度与斯里兰卡建立了较为紧密的经济关系。在1997年，两国签署了名为《投资保护协议》(Investment Protection Agreement)的重要协议。1998年,两国又签署了《双边自由贸易协定》(ISFTA)。较好的双边关系营造了良好的经济环境,许多印度企业进入斯里兰卡市场,对斯里兰卡投资,在斯里兰卡设立生产机构。据统计,大约有90余家印度企业在斯里兰卡设立了合资企业,进行生产研发工作。这些合资企业给斯里兰卡带来的总投资达到1.09亿美元。这些企业分布在多个行业部门,涉及纺织、水泥、钢铁、轻工、橡胶与塑料、制药、农业、乳业、食品加工与计算机软件等。印度的Tata、Hero、Godrej以及Inforsys等大型企业都在斯里兰卡建立了自己的工厂。目前,印度已经成为斯里兰卡的第三大投资国,其对斯里兰卡的投资在过去十年达到了约4亿美元。

根据1996年印度与尼泊尔签署的《贸易与过境条约》(Trade and Transit Treaty),尼泊尔可以零关税地向印度出口制成品。为了开发并占领印度北部市场,很多印度企业向尼泊尔进行投资,在尼泊尔设立生产基地。两国之间的零关税贸易促使了很多印度企业在尼泊尔的投资。据统计,在尼泊尔的214家国外企业中,印度合资企业就占了72家,这些印度企业带来的投资金额基本上达到了所有在尼泊尔进行投资的外国企业总投资金额的53%。[①]

印度与孟加拉国的投资关系近年来日益密切。由于孟加拉国

---

① S K Mohanty, *Regional Trade Liberalisation under SAPTA and India's Trade Linkage with South Asia*: An Empirical Assessment, RIS Discussion Papers, RIS-DP # 48/2003, Research and Information System for the Non-Aligned and Other Developing Countries.

丰富的天然气资源，不少印度企业被吸引到这个国家来从事多个产业的合资生产，尤其是需要消耗大量能源的产业，如陶瓷的生产等。印度第二大联合企业塔塔集团在孟加拉国投资20亿美元，利用孟加拉国丰富的天然气资源来建造1000兆瓦的天然气电站、肥料工厂以及钢铁加工厂，将印度的资金与孟加拉国的自然资源有效地结合了起来，并且为当地提供了大量的就业机会，推动了当地的生产发展。两国投资生产关系的加强不仅有利于促进孟加拉国的出口贸易，而且也有利于扩大孟加拉国向世界上其他国家和地区出口的能力。

印度与不丹签署有返销协议，印度在不丹合资建立了一些水力发电企业，并且从不丹进口电力。正是这种原因，印度对不丹始终处于贸易赤字地位，在不丹的经济发展中扮演着重要的角色。2003年，不丹对印度的水电出口占到了不丹全国收入的45%，以及GDP的30%。[①]

第四节　南亚区域的双边、次区域及国际合作

在南亚区域合作大背景下，为了不使一个国家的停滞状态阻碍其他国家的进步，南盟在南盟宪章中说明，任何两个或两个以上成员有权申请对提议各方均有益的次区域计划方案。在南亚区

---

① South Asia Regional Integration, India Country Note, *South Asia Regional Economic Cooperation: Private Sector Perspectives*, The World Bank/International Monetary Fund, 2004 Annual Meetings, Program of Seminars, October 1, 2004, Washington, D. C.

域经贸合作进展缓慢的时候，区域内各国之间的双边、多边以及次区域合作，特别是印度与其他国际之间的双边贸易自由化却取得了很大进展，各国间签署了多项双边或多边贸易协定，积极开展国际合作。

一、南亚区域的双边合作

南亚各国之间的双边贸易协定是在南亚多边合作架构下的双边贸易措施，这一措施在南亚多边自由贸易条件尚未成熟，但双边自由贸易条件已经成熟的情况下，尽可能地深化了区域经济合作。印度与斯里兰卡，印度与尼泊尔，印度与不丹，巴基斯坦与斯里兰卡之间都签署了贸易协定，建立了紧密的双边经济关系。另外，印度与孟加拉国以及其他南亚国家之间关于建立自由贸易区的谈判也在进行中。双边自由贸易的实施帮助有关国家加深对自由贸易的了解与认识，消除对自由贸易的恐惧心理，为南亚自由贸易的顺利启动打下了良好的理论和实践基础。因此，成员国之间的双边贸易不但无损多边自由贸易机制的建立，反而对多边自由贸易的形成起到了促进作用，所以，南亚各国对区域内双边自由贸易措施一直保持欢迎鼓励的态度。

1. 印度与斯里兰卡的双边合作发展

从 1990 年到 1996 年，印度对斯里兰卡的出口增加了 5.56 倍，而斯里兰卡对印度的出口也大大增加，到 1995 年，印度取代日本成为斯里兰卡最大的进口国。在此基础上，印度与斯里兰卡于 1998 年 12 月签订了《印度与斯里兰卡自由贸易协定》(Indo-Sri Lanka Free Trade Agreement)，协定规定，在三年内，印度将完全免除从斯里兰卡进口的 1000 种商品的关税，对从斯里兰卡进口的另外 500 种商品减免 50％的关税；斯里兰卡将完全免除从印度进口的 600 种商品的关税。① 2000 年生效的印度与斯里兰卡自由贸易协定大大促进了两国的双边贸易发展。斯里兰卡对印度的出口由 2001 年的 0.71 亿美元增长到 2002 年的 1.68 亿美元，2003 年达到 2.45 亿美元。而印度对斯里兰卡的出口也从 2001 年的 6.04 亿美元增长到了 2002 年的 8.31 亿美元，2003 年达到 10.93 亿美元。②

印度与斯里兰卡的自由贸易协定虽然没有关于投资方面的内容，但是印斯自由贸易关系的建立还是带动了橡胶产品、陶瓷产品、电子元件、木制品、农产品和其他一些耐用消费品相关产业的直接投资。如今有 37 个投资项目已经开始实施，涉及金额达到 1.45 亿美元。印度的 Tata、Hero、Godrej 以及 Inforsys 等大型企业都在斯里兰卡建立了自己的工厂。

此外，印度与斯里兰卡的自由贸易协定还使斯里兰卡成为了吸引外国直接投资的热门地区，很多国外投资者都把它视为进入庞大的印度市场的门户。仅在自由贸易协定开始生效的 2000 年 1 月至 2001 年 1 月，斯里兰卡就吸引到 41 个来自国外的投资项目。

随着印度与斯里兰卡政治关系的稳定发展、印度和斯里兰卡

---

① 赵伯乐主编，《当代南亚国际关系》[M]，中国社会科学出版社，2003 年 4 月第 1 版，第 212 页。

② South Asia Regional Integration, India Country Note, *South Asia Regional Economic Cooperation: Private Sector Perspectives*, The World Bank/International Monetary Fund, 2004 Annual Meetings, Program of Seminars, October 1, 2004, Washington, D. C.

的经贸关系得到进一步发展，印度与斯里兰卡的自由贸易协定如今已经升级成为《印度与斯里兰卡全面经济合作伙伴协议》(Indo-Lanka Comprehensive Economic Partnership Agreement)。

除了贸易、投资自由化以外，服务自由化也被纳入了其中。印度与斯里兰卡在科技和信息领域也广泛开展合作，斯里兰卡欢迎印度信息技术公司在该国设立软件中心，而科技方面的合作主要是在气象预报领域。另外，印度还向斯里兰卡提供最新设备和卫生数据，培训斯里兰卡的技术人员。两国的科研人员也有不定期的学术交流活动。另外，斯里兰卡银行在印度设立了办事机构，两国之间也增辟了直达民航线路。2003年斯里兰卡从世界银行获得2亿美元援助，用于开展电子政务和培养数字化人才，为来斯里兰卡的印度公司提供电信基础设施。印度与斯里兰卡自由贸易协定的成功，成为南亚地区类似双边合作的典范。

2. 印度与不丹的双边合作发展

根据印度和不丹1949年签署的《永久和平友好条约》，印度与不丹建立了特殊的密切外交关系。1954年，印度和不丹签订了贸易协定，建立了自由贸易关系，随后阶段性的双边条约又加强了两国的贸易关系。不丹将近90%的进口和出口都是与印度进行。因此，印度是不丹最大也是最重要的贸易伙伴，甚至不丹与第三国进行贸易都要经过印度的批准。除了在关税问题上有些分歧外，印度与不丹之间签署的各项贸易和过境条约都是互利互惠的。不丹主要出口电力、矿产品、石膏、煤炭、白云石、水泥、碳化钙、铁矿石等，木制品与农产品也是不丹对印度的主要出口产品。而印度是不丹的主要进口国家，对不丹主要出口燃料、日用消费品以及机械产品等。

在印度的帮助下，不丹建设了很多大型水力发电工程，并根据印度与不丹签署的返销协议，向印度出口电力。在旺曲河（the Wangchu）或奈德克河（the Raidek River）上的楚卡（Chhukha）水利工程由印度按60％的赠款和40％的贷款援建，于1986年建成投产。输电线路架设到了首都廷布点和印度。印度承购所有剩余电量。关税已经上调了4次，而此项工程项目不到25亿卢比的投资成本到1993年已经完全收回。现在，它每年大约给不丹王国贡献15.5亿卢比的收入，达到全部预算收入的45％，10年间增长率提高了7％。这些水利工程提供的丰富的廉价能源还带动不丹很多工业建设和工厂的生产，如不丹碳化工有限公司（Bhutan Carbide& Chemicals Limited）、不丹铁合金有限公司（Bhutan Ferro Alloys Limited）等。印度东部如西孟加拉邦、阿萨姆邦、锡金地区等都可以从楚卡水利工程获得廉价的水电能源。正是这种原因，印度对不丹始终处于贸易赤字地位，在不丹的经济发展中扮演着重要的角色。2003年，不丹对印度的水电出口占到了不丹全国收入的45％，以及GDP的30％。[①]

另外，利用丰富的电力能源，不丹大力发展诸如硅铁、电石（碳化铁）和水泥等以矿产为基础的高能耗工业，还可以大大地丰富南亚区域市场。印度与不丹的合作还推动了不丹电信公司与印度TCIL公司在移动通信和网络领域的合作。

总之，印度与不丹的经济合作不仅加强了两国的贸易关系，

---

① South Asia Regional Integration, India Country Note, *South Asia Regional Economic Cooperation: Private Sector Perspectives*, The World Bank/International Monetary Fund, 2004 Annual Meetings, Program of Seminars, October 1, 2004, Washington, D. C.

还促进了两国投资关系的加强,并为南盟地区各国利用相互的比较优势建立合作关系树立了典范。1990年,印度和不丹签订了新的贸易和过境条约,条约说明印度和不丹依然是自由贸易,并简化了过境手续和所需的文件。另外,将不丹的对外贸易过境点增至13个,使不丹与孟加拉国和尼泊尔等第三国的贸易能够进一步扩大。

3. 印度与尼泊尔的双边合作发展

1996年,印度与尼泊尔签署了新一期的《印度与尼泊尔贸易与过境条约》。在该条约中,自由进入印度市场的尼泊尔产品中包含的印度原料的百分比由65%降至55%,尼泊尔商人向印度出口的申请手续从原来的两年缩短到限定4个月内完成,并将这一出口手续的有效期延至5年。根据贸易条约,印度向尼泊尔提供不互惠待遇和定量限制,即所有尼泊尔制造的商品除了包含酒精的饮料、烟草制品、无尼泊尔或印度品牌标志的香水和化妆品外,其他商品入关一律免除关税。出口商必须向进口商品国家提供的商品原产地证明规定,也被大大简化了,只要任何一个被授权的尼泊尔商会出具证明,就可以获准优先进入印度。

印度对来自尼泊尔的小规模工业生产的产品通常免征关税和附加税,同样,尼泊尔也同意对来自印度的进口商品减税10%—20%,有吸引力的商品可减税40%—110%。

贸易过境运输协定使尼泊尔边境口岸有15条公路可以抵达加尔各答和哈迪亚,开展国际贸易,如果需要,也可以直达孟买和康德拉港。尼泊尔在与印度边境沿线还拥有22个可以从事边境贸易和国内运输的进出口口岸。条约的签署大大促进了尼泊尔向印度的出口,根据尼泊尔中央银行的统计,1998—1999年度尼泊尔的外贸出口额较 1996-1997 年度增长了 32%，达到 5.34 亿美元，其中对印度的出口从 1996-1997 年度的 0.92 亿美元增加到 1.92 亿美元，尼泊尔对印度的出口占到尼泊尔外贸出口的 36%。据统计，在尼泊尔的 214 家国外企业中，印度合资企业就占了 72 家，这些印度企业带来的投资金额达到所有在尼泊尔进行投资的外国企业总投资金额的 53%。①2002 年，两国又续签了双边贸易协定。

除经贸合作外，印度与尼泊尔在其他方面也开展了充分的合作。印度是有望进口尼泊尔多余能源的可靠市场。1996 年初，两国签署了共同开发马哈卡利河的条约。这项被誉为尼印之间"在水利开发工程方面的第一个平等互利的条约"规定，两国分享班贾什瓦尔水电工程的水量和其他利益，对半分享马哈卡利河水电工程的利益，共同负担建设费用。此外，尼泊尔雨季可以从印度修建的德纳格布尔水电工程中获得 1000 万立方/秒的水量，在旱季则可获得 300 立方/秒，另外还无偿获得 7000 千瓦/小时的电力。②另外，根据 1997 年两国签署的印度向尼泊尔开放电力市场的电力贸易协定，尼泊尔获得经过印度领土通往孟加拉国出海口的边境通道。

4. 巴基斯坦与斯里兰卡的双边合作发展

2005 年 2 月，巴基斯坦与斯里兰卡签署了自由贸易协定，

---

① S K Mohanty, *Regional Trade Liberalisation under SAPTA and India's Trade Linkage with South Asia: An Empirical Assessment*, RIS Discussion Papers, RIS-DP ♯ 48/2003, Research and Information System for the Non-Aligned and Other Developing Countries.
② 杨翠柏，"南亚区域经济合作的现状与前景"[J]，《当代亚太》1997 年第 4 期。

并于 2005 年 6 月开始执行。斯里兰卡与巴基斯坦的自由贸易协定从深度和广度上扩大现有的两国贸易基础。最近几年，双边贸易呈现下降趋势：1997—1998 年和 1998-1999 年双边贸易额分别为 1.3932 亿美元和 1.3904 亿美元，2001-2002 和 2002-2003 年双边贸易额分别为 1 亿美元和 1.14 亿美元。2003-2004 年度两国双边贸易额有所增长，达到 1.46 亿美元，其中，斯里兰卡向巴基斯坦的出口同比增长了 26.32％，巴基斯坦向斯里兰卡的出口同比增长 27.63％。两国贸易商品已逐步由茶叶、纺织品和槟榔叶等少数传统商品，扩大到轻型工程机械设备、化肥、钢材、轮胎和橡胶等商品。①

巴基斯坦对斯里兰卡的主要出口商品有：纺纱、蔬菜、水果、干鱼、药品、水泥、鞋、皮革等。巴基斯坦作为世界第三大茶叶进口商，每年从斯里兰卡进口 500 万公斤茶叶，此外，斯里兰卡近 90％的槟榔叶出口到巴基斯坦。

斯里兰卡与巴基斯坦的自由贸易协定对双边特定商品进出口给予免除关税或优惠关税待遇。据此条款，斯可向巴出口香料、橡胶及制品、椰子、纸和纸制品、甘蔗、木制家具、生丝、丝纱、铜制品、珠宝首饰等；巴可向斯出口柑橘、苹果、枣椰、果汁、大米、马铃薯、焊管、钢铁制品、摩托车和自行车及配件等。此外，巴基斯坦还承诺向斯里兰卡提供 1000 万美元出口信贷用于购买巴基斯坦的产品。

斯里兰卡是巴基斯坦商品前景广阔的市场，其潜力尚未得到

---

① 中华人民共和国驻斯里兰卡民主社会主义共和国大使馆经济商务参赞处，http://lk.mofcom.gov.cn/

认识和重视，当前以消费商品为主的贸易形式应向资本货物和工业领域商品贸易转变。巴基斯坦具有生产多品种工程产品的能力，过去数年已经生产和在国内外销售数量可观的工程产品，其价格颇具竞争力。斯里兰卡先后有 2 个灌溉项目使用了由巴基斯坦重型机械公司设计、制造和安装的 27 个大坝闸门。巴机床厂还向斯供应了拖拉机配件。斯私营领域也从巴进口了水表、风扇、空调和其他电器。巴铁路部门在 1999－2000 年向斯提供了 40 辆宽轨铁路货车，2001 年 8 月双方还签订了向斯提供价值 3000 万美元铁路客车项目协议。同时，两国自由贸易协定的签订，将促进斯里兰卡向巴基斯坦的出口，对斯里兰卡最大的两个工业即服装和茶叶的出口有帮助，特别在纺织品方面，斯里兰卡得到了更多的向巴基斯坦出口的机会。根据协议，斯里兰卡的工程、汽车和农业产品项目市场也将向巴基斯坦的出口商开放。

巴基斯坦和斯里兰卡存在巨大的合作机会，巴基斯坦可以在斯里兰卡设立生产、信息技术、工程服务、银行、保险、旅游及其他合资企业。另外，两国双边贸易协定的实施也将有助于两国在南亚区域合作方面加强合作。

除上述四个南亚地区双边合作外，巴基斯坦与尼泊尔、斯里兰卡与尼泊尔、印度与孟加拉国、巴基斯坦与孟加拉国、孟加拉国与斯里兰卡、斯里兰卡与马尔代夫的双边自由贸易协定也都在谈判或者筹划之中。这些国家间双边合作有力地补充了南亚经济一体化的发展进程，对推动南亚自由贸易的发展起到了重要的作用。

二、南亚次区域合作

次区域经济合作是20世纪80年代末、90年代初出现在东亚地区的一种经济现象,尚处于发展阶段,它是包括三个或三个以上国家的、精心界定的、地理毗邻的跨国经济区,通过利用成员国之间生产要素禀赋的不同来促进外向型的贸易和投资。

在南盟的支持下,南亚地区也建立了一些次区域合作的组织,如包括印度、斯里兰卡、孟加拉国与尼泊尔的南亚增长四角,以及跨越南亚与东南亚地区的环孟加拉湾国家经济合作组织等。

1. 南亚增长四边形模式

南亚增长四边形模式(South Asian Growth Quadrangle-SAGQ)包括尼泊尔、不丹、孟加拉国和印度东部和东北部地区的11个邦,该次区域合作的设想最初于1997年被提出,其目的在于,通过在一些工程项目上的合作来创造一个促进区域经济快速增长的环境。合作的项目涉及领域包括:交通运输与通信、能源、自然资源的优化与持续利用、贸易与投资的促进、旅游和环境保护,而收益方面主要体现在贫困问题、就业问题的好转,社会福利的提高与人民生活水平的改善。亚洲开发银行十分看好这个次区域合作组织,在其报告中这样写道:

"在亚洲地区约9亿生活在贫困线以下的人口中,有近5亿都属于南亚增长四边形模式四个国家,尤其是孟加拉国,印度东部各邦包括比哈尔邦和北方邦东部,以及尼泊尔。这一地区无疑是世界上贫困人口最大的聚集区。……但换一个角度,这一严峻挑战也是一个商机。……该地区蕴藏有丰富的自然资源：尼泊尔和不丹潜在的水力发电能力；西孟加拉邦与比哈尔邦的煤炭资源；孟加拉国阿萨姆与特里普拉地区的烃资源。这一切都使这一地区成为世界上最大的廉价能源贮藏地之一。此外，该地区还拥有大量的非能源性矿产资源、森林资源，牲畜以及海运资源，并且还有良好的港口运输网络，包括吉大港、蒙格拉港、加尔各答港和海尔地亚港。世界上又有多少个地区能像该地区这样将如此多的优势集中在一起呢？"[1]

自从20世纪90年代初开始，该地区各国开始全方位地实施以市场为导向的经济改革。这为在该地区加大投资创造了较好环境。因此，所有的这些现在存在并可随时使用的潜在因素，可以将这个世界上最穷的地区转变成为引领世界经济增长的极富有活力的地区。另外，从地缘政治上讲，该区域作为连接南亚与东南亚、东亚地区经济交往的门户，还具有重要的战略意义。因此，亚洲发展银行对于该地区发展转变的长期性以及经济一体化的潜力给予了强烈的关注。

为支持次区域经济合作的发展，亚洲开发银行2001年推出了南亚次区域经济合作计划（South Asia Sub-regional Economic Cooperation (SASEC) Program），在交通与通信、能源与电力、自然环境、旅游、贸易、投资与私有部门合作五个领域为这四个国家提供技术支持。

---

[1] Speech By a senior official of the ADB, *Yoshihiro Iwasaki at the First Private Sector Forum on South Asian Sub-regional Economic Cooperation*, Kolkata, 28—29, November, 2000. (http://www.adb.org/Documents/Speeches/2000/sp2000003.asp).

南亚次区域经济合作计划的施行情况比较顺利。2003年，亚洲开发银行专门拨款45万美元为南亚次区域合作下的旅游合作提供技术援助。在亚洲发展银行的大力支持下，一些基础设施建设和改善民营企业运营环境项目已在南亚增长四角启动，包括从印度北部一直穿越印度南部再连通孟加拉国的公路建设，以及连接印度与孟加拉国，穿越尼泊尔东西部的高速公路建设工程。[1]

2. 孟加拉湾国家经济合作组织

孟加拉湾国家经济合作组织（Bangladesh – India – Myanmar – Sri Lanka – Thailand Economic Cooperation – BIMSTEC）成立于1997年，囊括了印度、孟加拉国、斯里兰卡、缅甸和泰国5个国家，后来不丹和尼泊尔也以观察国的身份加入，形成覆盖人口大约13亿，GDP约1.3万亿美元的跨越南亚与东南亚国家的次区域合作组织。

它是第一个将南亚地区和东南亚地区联结起来的正式区域组织，使印度的东向政策和泰国的西向政策结合起来，被公认为东盟和南盟之间的桥梁。

孟加拉湾国家经济合作组织涉及的合作领域广泛，包括贸易与投资、技术交流、旅游、运输与通信、能源以及水产业等。它的宗旨是，通过特定的合作项目，相互支持，形成互补，为孟加拉湾区与各国经济的快速发展创造良好的环境氛围。它力图运用

---

[1] South Asia Regional Integration, India Country Note, *South Asia Regional Economic Cooperation: Private Sector Perspectives*, The World Bank/International Monetary Fund, 2004 Annual Meetings, Program of Seminars, October 1, 2004, Washington, D. C.

有效的协作机制，最大限度提高次区域各国主要产业的生产能力。

孟加拉湾国家经济合作组织国家为印度提供了广阔的市场，但至今该组织内部贸易和投资的潜力还没有得到充分的发挥和利用。2003年，印度与该组织成员国的贸易额仅60亿美元，大约占印度全球贸易的3.5%—4%。[①]

除尼泊尔和缅甸外，其他成员国之间的贸易还有很大的扩展空间。各成员国在航空运输、短途水运以及国家间的高速公路运输建设上还需要加强合作。

由于受到亚洲金融危机和各成员国经济发展的制约，孟加拉湾国家经济合作组织发展缓慢，直到近年来才取得了一些进展，通过了实现区域内贸易自由化的框架协议，行动计划也正在向前推进。2004年2月，各成员国签署了《孟加拉湾国家经济合作组织合作框架协议》，于2005年12月敲定《孟加拉湾国家经济合作组织自由贸易框架条约》，并于2006年初在七国经济贸易部长会上签署。此外，关税合作、贸易融资、电子商务以及人员交流方面的合作也在商讨之中。

2005年底在达卡举行的孟印缅斯泰经济合作组织外长会议，确定了2006年7月1日正式实施自由贸易协定。该自由贸易协定包括三部分：货物贸易、服务贸易及投资。最后签订的自由贸易协定在框架条约基础上增加了新的区域合作议程，在贸易和投资、技术、能源、交通和通信、旅游、农业和渔业六大内容基础

---

① Jayanta Roy, *South Asian Regional Trade Agreements: Perspective, Issues and Options*. Presented at the International Trade Roundtable "The WTO at 10 years—The Regional Challenge to Multilateralism", Brussels, Belgium, June 27, 2005.

上增加了消除贫困、农业、文化合作、灾难管理、公共健康和人与人的交往几大领域,另外还关注了经济的快速增长与环境的协调、打击恐怖主义和区域内跨国犯罪等问题。

三、南盟下的国际合作

虽然南盟各成员国在许多重大国际问题上存在分歧,但在全球性的问题上则有共同的观点和要求,如要求打破国际经济旧秩序、建立新的有第三世界国家积极参加的国际经济和贸易体系,要求取消或降低贸易保护主义壁垒,要求停止军备竞赛,尤其是核军备竞赛,禁止使用化学武器等。[①]

1. 在世界贸易组织中开展合作,保护自身利益

国际贸易在世界贸易组织(WTO)所制定的规则下快速扩展,南亚各国有必要在WTO机制下建立合作关系来全面地理解与贯彻WTO的种种贸易规则。在国际多边组织或机构中,单独的国家总是难以取得足够能力的讨价还价的对话地位,尤其是对于弱小的国家。在谈判桌上,几个国家联合或者合作无疑将提升自己的对话地位,增强谈判的力量。

近年来,随着贸易自由化的发展,各国关税水平逐步下降,非关税壁垒成为很多发达国家贸易保护的措施。欧盟、美国和日本是南亚国家孟加拉国、印度、巴基斯坦和斯里兰卡的主要出口对象,对这三个地区的出口占到它们外贸出口的50%以上。而

---

① 高鲲、张敏秋,《南亚政治经济发展研究》[M],北京大学出版社,1995,第339页。

在1998年,南亚对这些地区的出口超过94%受到了非关税壁垒的影响。1998年4月,南亚区域合作联盟商务委员会在伊斯兰堡召开会议,一致同意南亚七国建立合作关系,在WTO设立联合机构来处理涉及南亚地区的经贸问题,与发达国家和地区进行谈判。

在国际贸易反倾销、反补贴领域以及国际劳务和环境标准问题上,南亚各国为争取合理的国际地位和条件展开了一系列的合作。在1998年日内瓦WTO第二轮会议前夕,南盟七国共同签署了宣言。在1999年西雅图第三轮WTO会议以及2001年第四轮WTO会议中,南盟各国都表明了共同的态度。南亚地区采用统一的标准与策略,不仅提升了南亚地区在国际舞台上的地位,而且保护了各个国家的利益。

2. 与国际机构进行合作,推动南亚社会全方面发展

南亚区域合作联盟与很多国际机构建立了良好的合作关系。南盟与几个联合国机构签署了合作《谅解备忘录》,建立了MOU机制,这些机构包括:联合国开发计划署(UNDP)、联合国贸易与发展会议(UNCTAD)、亚太经社会(ESCAP)、联合国儿童基金会(UNICEF)以及联合国禁毒署(UNDCP)。南盟还与科伦坡计划(Colombo Plan)、欧盟委员会以及国际电信联盟(International Telecommunication Union)建立了合作关系。例如,2001年南盟与联合国妇女发展基金(UNIFEM)建立了谅解备忘录(MOU)机制,共同建立南盟性别发展数据库,以推动南盟地区性别歧视的消除。在儿童健康和发展方面,南盟与联合国儿童基金会(UNICEF)开展了广泛的合作,于1993年签署了谅解备忘录,双方在信息交流与具体措施执行的监督上

进行了紧密的合作；南盟与世界卫生组织建立了谅解备忘录机制，在疾病防控方面与世界卫生组织进行了广泛的合作；2004年，南盟与联合国艾滋病计划署（UNAIDS）建立了谅解备忘录机制，在艾滋病防控方面开展合作；与联合国人口基金（UNFPA）建立了谅解备忘录机制，在人类行为的研究以及人类健康等领域开展合作等。

3. 在国际贸易交往中开展合作，争取有利的贸易条件

南亚国家在诸如茶叶、黄麻和大米等商品出口方面相互竞争，与此同时，它们都进口大量的食油和其他商品。因此，南盟国家在国际贸易领域也开展了国际合作，如联合销售、联合购买以及海外交易，在与南亚地区外进行的国际贸易中取得较好的贸易条件。

一是联合销售。

印度和斯里兰卡在世界茶叶市场上占有 45％的份额，面对世界上其他茶叶出口国的竞争，在它们比较牢固占领的市场，如中东地区，两国进行联合销售。两国还建立了联合企业以促进印度产的 CTC 型混合茶和斯里兰卡产的传统茶叶的出口。印度和孟加拉国是南亚地区黄麻和黄麻制品的主要生产和出口国，两国在面对黄麻和黄麻制品价格下降的不利国际条件时制定了共同的黄麻销售战略，并分别向国际黄麻组织（IJO）捐款 4 万和 2.5 万美元，在美国开展了促进黄麻销售的活动。

二是联合购买。

南亚各国每年要进口大量相同的商品，如印度、孟加拉国和巴基斯坦每年要进口大量不同种类的食油；印度和巴基斯坦每年要进口炼钢用的煤和焦炭；大多数南亚国家要进口大量化肥、机

器设备、化工产品等。南盟各国在联合购买方面进行合作,可以享受到优惠的条件。

三是海外交易。

印度的国家贸易机构如国家贸易公司(STC)、矿产金属贸易公司(MMTC)等,利用其在海外的联系和市场情报,扩大了南盟贸易。例如,国家贸易公司从第三国向孟加拉国供应食糖,向尼泊尔供应水泥和白报纸等。[1]

此外,面对气候变暖可能导致的海平面上升、冰川融化,以及越来越多的旱灾、水灾和风灾,南盟各国在应对气候变化方面也展开合作,分享应对重大自然灾害的经验,并在有关气候变化的国际谈判中口径一致,共同敦促发达国家无条件提供资金和技术。

---

[1] 王宏纬,《南亚区域合作的现状与未来》[M],四川大学出版社,1993年,第117页。

第二章 影响南亚区域合作发展的因素

理论上讲，一个地区组成贸易共同体或者关税同盟后，对每一个成员国而言，都会在一定程度上在生产方面产生贸易创造效应和贸易转移效应，其社会经济福利效应要看贸易创造效应和贸易转移效应对比之后的净福利。对于全部由发展中国家组成的区域贸易体来说，由于经济落后国家自身的经济困难和出口竞争力较弱，加之各成员国之间产业结构差异不大，产品相互竞争性大于其互补性，再加上彼此资金的缺乏和基础设施不足等原因，使得经济相对落后的发展中国家间经济合作所产生的社会经济效应和贸易扩大效应并不明显。

事实上，南亚区域合作联盟是由发展中国家，有的甚至是最不发达国家组成，南盟各国的国内生产总值、人均国内生产总值和贸易总额分别相当于东盟的 6.9%、10.8%和 4%。因而，普遍低下的生产力水平决定了南亚各国贸易主要局限于初级产品，其贸易互补性较差，贸易不平衡现象严重。与此同时，南盟还缺乏较为有效的解决诸如关税与非关税壁垒等政策措施，如此等等。

为了充分发挥南亚各国间相对比较优势，整合并提高生产力水平，发挥其相对的规模经济效应，必须清楚认识影响和制约南亚区域合作进一步发展的一系列因素，主要可从经济、非经济两个方面来寻找影响南亚区域经贸合作发展的制约因素。

第一节 影响南亚区域合作的经济因素

我国有学者认为："南亚区域合作联盟（SAARC）的运作，将把区域合作置于坚实的基础上，对加速南亚各国的经济和社会发展步伐起重要作用，还会促进各国家和集体的自力更生目标的实现，以及推动本地区和世界的和平、进步和稳定事业。"[1]但南盟通过近20年的发展并没有真正实现其最初的愿望，尤其是高关税与贸易保护限制了南亚区域贸易规模和贸易不平衡的扩大。

一、高关税与贸易保护制约了区域内贸易的扩大

亚洲发展银行基于联合国贸易和发展会议（UNCTAD）的统计数据研究表明，1980至1984年巴基斯坦的进口关税税率平均为80.6%，孟加拉国为74.7%，印度为71.5%，斯里兰卡为41.2%。各国除了正常关税外，还要对进口商品征收附加税以及进口许可证税。另外，南亚各国还存在着较多的非关税壁垒，孟

---

[1] 王宏纬，《南亚区域合作的现状与未来》[M]，四川大学出版社，1993年第一版，第342—343页。

加拉国、印度与斯里兰卡都对一些重要商品的进口采取了配额等的非关税壁垒措施来控制进口。①

尽管在世界经济全球化、区域一体化浪潮影响下，南亚各国自20世纪90年代以来，为推动贸易自由化、经济一体化不断削减关税，经过了南亚特惠贸易协定SAPTA-1至SAPTA-3三个阶段的关税减让安排，但由于南亚地区还存在其他一些贸易保护措施，使得其关税仍然长期保持着较高的水平。南亚最大的三个国家，印度、巴基斯坦、孟加拉国的关税水平仍然高于东南亚国家。

高额的关税直接影响了区域内贸易的发展。例如，巴基斯坦每年要从肯尼亚进口15万吨茶叶，虽然印度茶叶的价格更便宜，也更受欢迎，但过高的关税和陆路交通的封锁造成的运输成本的增加（运往巴基斯坦的印度茶叶不得不走海运绕道科伦坡、新加坡、迪拜后，才到达卡拉奇），降低了印度茶叶在巴基斯坦的竞争力，现在每年印度出口到巴基斯坦的茶叶不足4万吨。②

如图2-1所示，在过去20年中，南亚地区的平均关税税率呈持续下降趋势，但与世界上其他地区相比仍然处于较高水平。

再看表2-1，以1997年全球贸易分析模型（GTAP）的统计数据为例，图表显示了几个南亚主要国家的一些最主要的进口商品的进口关税税率（制造品、服装与纺织品）。

---

① K. K. Bhargava, I. N. Mukherjee, Bimal Prasad, Charan D. Wadhva, *South Asia: Towards Dynamism and Cooperation*, Indian Council for Research on International Economic Relations, New Delhi, 1994, P. 4.

② 刘小雪，"南亚自由贸易区：落后地区的融合"[J]，《世界知识》2004年3期。

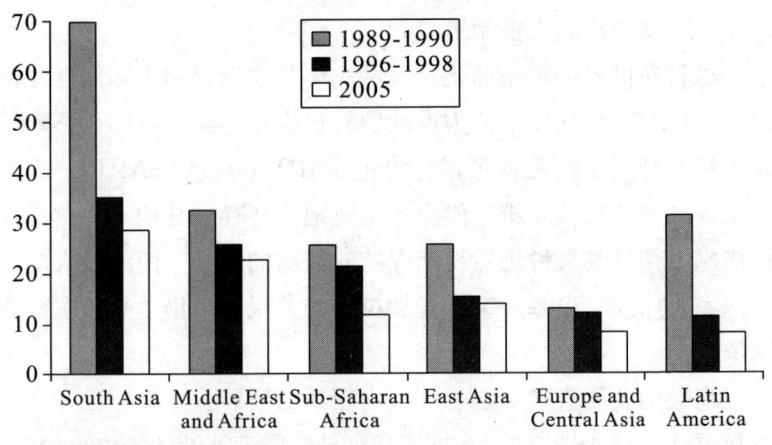

图 2-1　全球区域组织平均进口关税税率情况（%）①

图表来源：世界银行。

表 2-1　南亚部分国家主要商品进口关税税率情况（%）

进口国	产品	印度	斯里兰卡	孟加拉国	其他南亚国家	NAFTA	欧盟	东盟
印度	工业制成品	0.0	29.9	31.5	35.0	26.1	22.4	25.5
	服装、成衣	0.0	40.0	40.0	14.7	37.7	36.3	40.0
	纺织品	0.0	36.2	40.0	37.6	37.9	35.2	37.8
斯里兰卡	工业制成品	16.4	0.0	12.0	9.4	13.7	15.7	15.1
	服装、成衣	35.0	0.0	35.0	34.6	32.6	33.2	34.9
	纺织品	20.7	0.0	30.3	22.0	31.5	28.9	27.2

---

① Jayatilleke S. Bandara and Wusheng Yu, *How Desirable is the South Asian Free Trade Area? — A Quantitative Economic Assessment*. SJFI Working Paper no. 16/2001.

续 表

进口国	产品	印度	斯里兰卡	孟加拉国	其他南亚国家	NAFTA	欧盟	东盟
孟加拉国	工业制成品	17.5	14.4	0.0	17.5	11.8	13.9	21.0
	服装、成衣	10.2	0.0	0.0	10.2	31.3	35.2	34.4
	纺织品	10.4	34.8	0.0	10.4	31.7	31.6	27.5
其他南亚国家	工业制成品	27.2	1.0	39.0	7.0	33.6	40.8	39.7
	服装、成衣	30.2	2.3	65.0	2.3	57.1	57.8	39.0
	纺织品	21.5	8.1	64.6	5.0	56.0	52.7	44.2

数据来源：GTAP 数据库，图表中数据为 1997 年数据。

印度对许多工业制成品和初级产品的进口都严格设限，实行广泛的数量限制。因此，无论是从南亚地区还是从世界上其他地区，该类商品的进口量都非常小。在制造品进口上，印度仍然保持着较高的保护水平，其进口税率约在 25%－30%，其服装和纺织品的进口税率也基本上超过了 35%。

与印度相比，斯里兰卡和孟加拉国在制造品进口上的贸易保护程度不及印度，但对纺织品和服装的进口仍然征收了高额的关税。其他南亚国家，尤其是巴基斯坦，在很多领域的贸易保护程度甚至超过了印度。

20 世纪 90 年代南亚各国开展的贸易改革降低了贸易保护水平，但对地区内的贸易出口刺激作用非常有限，只有印度的区域内出口无论是从数额上还是从产品种类品种上都有扩大，其出口的产品领域扩大了 33%，展现出了多元化的出口特征。[①]

[①] Nihal Pitigala, *What Does Regional Trade in South Asia Reveal about Future Trade Integration?* World Bank Policy Research Working Paper 3497, February 2005.

然而，南亚特惠贸易协定达成后，有分析认为，印度因减让进口关税而可能增加的进口产品价值是 138.8 亿卢比，而其他成员国减让的进口关税可能导致印度能出口 43 种商品的价值达 280.0 亿卢比。可见，尽管印度减让关税的商品最多，但是也不能使印度与其他南盟国家保持贸易平衡，反而加大了差额。因此有人认为，特惠贸易协定的最大受益者是印度。①

二、南亚各国贸易结构互补性差，制约了南亚各国间贸易的开展

贸易互补性是区域贸易一体化能否获得成功的一个重要因素。由于历史上遭受西方殖民统治，缺乏工业基础，南亚各国独立后长期执行进口替代的工业化政策，即发展以进口替代为目的的工业。南盟各国无论是在农业还是制造业部门，专业化程度都比较低，生产结构的类似不利于区域内贸易的发展。

在农业方面，南盟各国的生产多集中在少数几种主要农产品上。这些农产品既是农业收入的主要来源，又是绝大多数农业劳动力赖以维生的领域，同时也决定了各国的贸易形态。在工业方面，主要是对当地生产的原料的加工，除了印度发展了一定规模的资本工业外，其他南亚国家均以传统轻纺工业、以农业为基础的加工制造业，以及不同程度的中间产品工业为主，导致大部分南亚国家工业结构比较类似，互补性很有限。

---

① 张敏秋，《南亚区域合作联盟——一个步履蹒跚的区域合作组织》[J]，《国际政治研究》，1998 年第 4 期。

南亚各国的进口需求根据各国经济实力与工业发展水平的不同而不同，进口需求随着各国经济发展与工业化进程不断变化。

由于印度相对先进的工业基础，它可以提供出口的商品相对来说是多样化的。既有初级产品，也有制造业产品和资本商品，很大程度上可以满足南亚其他国家的进口需求。而由于经济发展的需要，印度进口需求量最大的是工业制成品与半制成品，而南亚其他国家基本上不具备这类商品的出口能力，即便有也缺少比较优势，在质量和标准上无法满足印度的需要。印度从本区域进口占较大比重的通常都是初级产品，但这些产品的进口在印度的外贸总进口中也只占到了很小的比重。比如，糖类的进口占到了印度区域内进口的70%，但从印度的全球进口来看，糖类的进口只占到了0.4%。

对斯里兰卡和孟加拉国来说，虽然印度和巴基斯坦能够在很大程度上满足他们的进口需求，但由于在一些原材料上的质量和规格差异，印度与巴基斯坦并没有完全将在这些商品上具有的比较优势转化为对斯里兰卡和孟加拉国的出口。而对尼泊尔来说，50种主要商品的进口占了尼泊尔外贸总进口的92%，但这50种商品中，有超过70%的商品种类，南亚其他国家都不具有比较优势，因此无法充分满足尼泊尔的进口需求。[①]

如果南亚各国的出口商品种类能够与区内其他国家的进口需求相匹配，即形成互补，将有利于区域贸易安排的成功，否则将限制区域一体化的效果。因此，南亚国家普遍认为，印度是南亚

---

① Nihal Pitigala, *What Does Regional Trade in South Asia Reveal about Future Trade Integration*? World Bank Policy Research Working Paper 3497, February 2005.

自由贸易区的最大受益者,忧心其国内产业因贸易自由化而受到冲击。

南盟所有成员国与印度贸易都呈逆差,其中2004－2005年度南盟其他成员国与印度贸易总逆差由2002－2003年度的22亿美元上升到34亿美元。因此,南亚小国给贸易自由化附加了许多限制性条款,如漫长的关税减让日程、庞大的敏感商品目录、要求补偿财政收入损失等,这些都减缓了南亚贸易自由化进程,增大了出现波折的可能性。

如上所述,南亚区域内贸易量很小、南亚各国的出口商品种类类似,除印度以外,多数南亚国家的出口产品种类都较为集中,商品集中程度高。换句话说,少部分商品的出口占据了这些国家外贸出口的较大比重。这样,由这些国家组成的区域贸易一体化的成功与否就在很大程度上取决于这些国家的那一小部分商品的进出口情况。这会限制地区贸易的发展。

例如,尼泊尔的大豆与蔬菜(85.7%)、大米(11%)的区域内出口占尼泊尔区域出口的95%以上;孟加拉国的区域出口产品主要是纺织品类(46.6%)与茶叶(21.7%);而巴基斯坦的区域出口产品主要集中在精糖类(42.4%)与棉纱类(12.5%)。[①]

以下引用全球贸易分析模型(GTAP)1997年的数据来进行具体分析,以下图表反映了南亚各国的主要出口商品。

如图2－2所示,制造品出口占了整个印度外贸总出口的

---

① Nihal Pitigala, *What Does Regional Trade in South Asia Reveal about Future Trade Integration*? World Bank Policy Research Working Paper 3497,February 2005.

41%，而纺织品出口占到14%。对于斯里兰卡和孟加拉国来说，服装出口则占了主导地位，分别占到两国外贸总出口的36%与47%。而对于其他南亚国家如巴基斯坦来说，主要的出口产品也是纺织品与服装类商品。在多数南亚国家，纺织品与服装行业领域是备受贸易保护的，虽然斯里兰卡在经济改革中对这一行业部门进行了开放，但是其他南亚国家并没有这样做。印度除了在与斯里兰卡的自由贸易协定中同意采取配额向斯里兰卡有限开放纺织品与服装市场外，强烈反对在任何形式的地区贸易协定中开放纺织品与服装市场，甚至长期反对将纺织品与服装类商品纳入南亚特惠贸易安排的关税减让的商品目录之中。

另外，南亚各国主要的贸易对象也非常接近，北美自由贸易区（NAFTA）与欧盟（EU）在南亚各国的外贸交往中占到了很大的比重，而与南亚地区的贸易则相对比重小得多。例如，印度外贸出口的80.3%，斯里兰卡出口的97%，以及孟加拉国出口96.8%都面向北美自由贸易区与欧盟的国家，而对南亚本地区其他国家的出口就很少。

图2-2 南亚各国主要出口商品

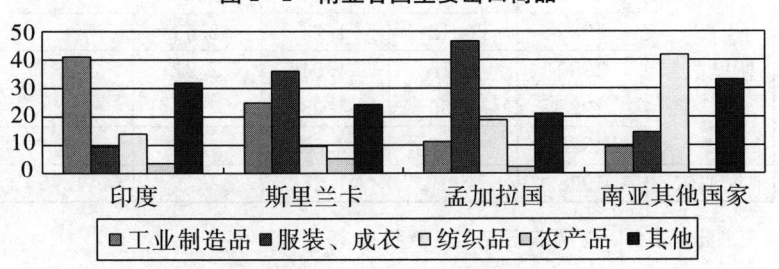

数据来源：GTAP数据库。

表 2-2　主要南亚国家的贸易互补指数情况[1]

进口国	出口国				
	年度	孟加拉国	印度	巴基斯坦	斯里兰卡
印度	1975	0.04	—	0.16	0.10
	1980	0.04	—	0.23	0.70
	1990	0.19	—	0.34	1.04
	1995	0.18	—	0.50	0.17
	1997	0.47	—	0.42	—
	1998	1.59	—	0.37	0.76
巴基斯坦	1975	0.12	0.07	—	1.07
	1980	0.98	0.07	—	6.89
	1990	0.16	0.39	—	8.11
	1995	0.23	0.83	—	4.91
	1997	0.52	1.45	—	—
	1998	2.51	1.55	—	8.17
孟加拉国	1975	—	0.43	4.48	0.10
	1980	—	1.13	3.68	0.24
	1990	—	1.2	3.23	0.36
	1997	—	4.12	0.54	—
	1998	—	3.21	8.25	1.05
斯里兰卡	1975	0.33	0.64	12.02	—
	1980	0.12	1.24	2.63	—
	1990	1.18	1.64	2.81	—
	1995	0.39	1.98	—	—
	1998	0.97	2.65	4.12	—
尼泊尔	1998		1.28		1.75

数据来源：世界银行 WITS 数据库。

---

[1] Nihal Pitigala, *What Does Regional Trade in South Asia Reveal about Future Trade Integration?* World Bank Policy Research Working Paper 3497, February 2005.

表2-2显示了主要南亚国家的贸易互补指数。①互补性指数可以表示出区域一体化中各国进口与出口的匹配情况，它表明一个国家出口与另一个国家进口的匹配程度。总体来看，南亚地区的各国间互补指数是很低的。但也有例外，斯里兰卡和巴基斯坦在一段时间内贸易互补性曾稳定上升，印度与孟加拉国之间也有这样的一段时期。

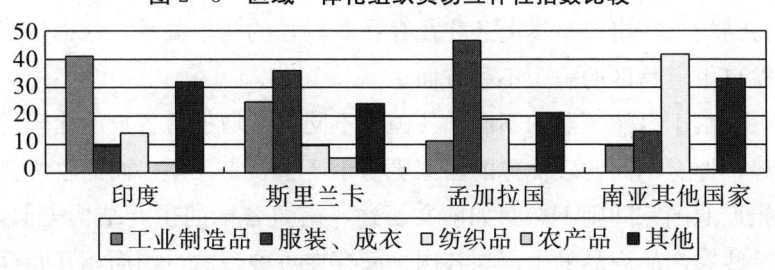

图2-3 区域一体化组织贸易互补性指数比较

数据来源：世界银行WITS数据库。

图2-3显示了南盟与其他区域一体化组织贸易互补指数的比较情况，与其他诸如欧盟、北美自由贸易区等区域一体化组织相比，南亚地区各国间很低的互补性不利于南亚自由贸易区的建立。南亚各国进口与出口结构的不匹配，使各国仍将继续依赖区域外的进口来实现工业化以及经济增长，依赖外部市场来发展其贸易出口。这些限制因素都大大影响到了南亚地区贸易协定乃至

---

① 贸易互补性指数（Complementarity Index of Trade）。所谓"贸易互补指数"是指，一国的出口结构是否与其他国家或地区的进口结构相吻合，如果吻合程度越相似，贸易互补指数越大，表示该国在此区域的贸易利益越高。互补性指数可以表示出区域一体化中各国进口与出口的匹配情况，它可以表明一个国家出口与另一个国家进口的匹配程度。该指数从0到100不等，但该指数等于0时表示商品的出口不与其他国家的进口相匹配，该指数为100时则表示较好的匹配关系。互补性指数越高，则区域贸易一体化取得成功的机会就越大。

建立自由贸易区可能带来的积极效应。

因此,南亚地区双边贸易互补性的欠缺以及各国比较优势的相似,成为限制区域贸易增长的主要因素。

三、出口市场上的竞争不利于开展区域合作

南亚各国不仅在对外贸易中缺少互补性,由于各国相似的贸易结构,在出口市场上还往往存在着较强的竞争关系,这也是建立自由贸易区的一个不利方面。

由于自然禀赋的不同,各国在不同的领域拥有各自的比较优势,拥有不同比较优势的国家更易于产生贸易关系。而比较优势相近的国家间则不然。如前文所述,南盟各国的生产结构类似,有些农产品商品的生产在各国之间存在重叠现象,因而相互间存在着竞争,如茶叶和黄麻等。在工业领域,由于实施进口替代政策,致使它们不仅在消费品生产,而且在资本货物生产方面也出现重叠现象,因而也存在着相互间的竞争。

表 2-3 南亚主要国家的贸易竞争情况[1]

	印度	巴基斯坦	孟加拉国	斯里兰卡	尼泊尔
出口额排名前 50 位的商品所占比重(%)	62.5	99.0	98.0	90.0	80.0
所有出口中发生竞争的商品比重(%)	32.1	82.7	89.8	77.1	73.9

数据来源:世界银行,WITS 与 SIMA 数据库。

---

[1] Nihal Pitigala, What Does Regional Trade in South Asia Reveal about Future Trade Integration? World Bank Policy Research Working Paper 3497, February 2005.

南盟各国的比较优势集中在初级产品以及原材料加工产品上，而在资本密集及高附加值产品上不具有优势。表 2-3 显示了南亚几个主要国家在对外贸易中的竞争情况，它是根据这几个国家在 1998 年外贸出口中出口额最大的前 50 种商品以及各种商品相应的显性比较优势指数（RCA）[①]综合得来的。从中可以看到，除印度外，其他几个南亚国家在出口市场存在着强烈的竞争。例如，孟加拉国约 90% 的出口商品种类与区域内其他国家的出口商品种类相似；巴基斯坦出口的约 83% 与区域内其他国家要产生竞争，斯里兰卡与尼泊尔的出口也分别有 77.1% 和 73.9% 要与区域内其他国家产生竞争。印度、斯里兰卡和孟加拉国在茶叶出口上，印度和孟加拉国在黄麻和黄麻制品出口上，印度和巴基斯坦在地毯、棉织品等出口上，都在竞争着相同的市场。本来它们可以得到更多的好处，但实际上往往因为相互竞争，试图战胜对手，扩大市场份额而压价出售，导致了外汇收入的减少。因此，出口商品的相似使这几个国家的出口在第三国市场上总会产生相互之间的竞争，不利于贸易规模的扩大。

从具体商品来看，如成衣，由于南亚地区的民族服饰具有浓厚的地方色彩，有传统的工艺基础，成本低，南亚各国都把它发展成为一大出口商品。现在，成衣是斯里兰卡、孟加拉国、尼泊尔三国的"最大单项出口品"，是印度、巴基斯坦、马尔代夫三

---

① 显性比较优势（Index of Revealed Comparative Advantage，RCA）通常是指将一个特定国家的出口结构余世界出口结构相比较，用来分析某国对世界各国的比较优势，即某种产品在一国或地区的总出口中的比例与这种产品在世界市场商品总出口中的比例之比，如果这个比率大于 1，说明此类产品在该国的出口份额超过了该产品在世界上的出口份额，则表明该国在此类商品生产上具有比较优势；反之，如果小于 1，说明此类产品在该国的出口份额低于该产品在世界上的出口份额，表明该国在此类商品生产上不具有比较优势。

国的"主要出口品"。还有诸如珍宝首饰,已经被斯里兰卡和印度发展成为各自的"主要出口品"。又如,大部分南亚国家都有捕捞和养殖水产品的条件,近年都加强了水产品的生产和出口。现在,鲜鱼和甲壳纲动物是马尔代夫的"主导出口品",是孟加拉国、巴基斯坦、斯里兰卡的"重要出口品",印度也在努力增加出口。其他还有如水果、蔬菜、花卉等,也正在成为一些南亚国家新开发的出口品。类同的出口导致在国际市场上的竞争,削弱了合作的可能性。①

南亚各国不仅在出口方面存在着严重竞争,在进口方面也有类似情况。虽然各国所需的进口商品有很大区别,但是印度、巴基斯坦、孟加拉国和斯里兰卡进口的一半以上是工业设备、燃料、机器等,因此,在进口方面也难以协调。事实上,正是由于各国长期以来不考虑相互间的比较利益、市场机会和规模经济,也很少考虑是否可以较低廉的价格从其他渠道获得这些货物而盲目建立制造工业,导致了生产能力过剩,工业生产的普遍效率低下,并增加了各国对进口原料和零部件的依赖。②

四、基础设施条件的缺乏限制了区域投资与贸易的发展

在世界银行多期的投资环境评估报告中都强调,南亚地区吸

---

① 张敏秋,《南亚区域合作联盟——一个步履蹒跚的区域合作组织》[J],《国际政治研究》,1998年第4期。
② 王宏纬,《南亚区域合作的现状与未来》[M],四川大学出版社,1993年,第21页。

引外资的一个很重要的障碍就是基础设施条件的不足,包括能源电力供给不足,以及交通运输、通信、金融服务等方面的不足。以印度为例,2003年的投资评估报告中称,在印度的生产商平均每个月要面临电力短缺约17%,而在马来西亚,这一比率仅为1%,在中国也低于5%。印度的电力成本比马来西亚高出74%,比中国也高39%。有企业进行了这样的比较,在巴基斯坦,每年由于电力供应不足引起生产无法正常进行而导致的损失,占到了企业全部经营收入的5.6%,而这一比率在中国为2%。接通一条新的固定电话线路,在巴基斯坦需要等上6到7个星期,这比在中国等待的时间长3倍还多。在孟加拉国,73%的大型企业和54%的乡镇企业都抱怨电力系统的缺乏是影响他们正常生产经营的最大障碍。另外,63%的被调查对象认为,公路状况不好是影响正常生产经营活动的主要因素,提出融资困难的有56%,提出交通运输条件不好的有42%。[1]

南亚地区各成员国地理上接近这一优势也在很大程度上由于各国较差的公路状况和运输条件以及高昂的水运运费而大打折扣。南亚区域内没有任何横贯整个次大陆各国的铁路运输体系。南亚各国国内与国家间的铁路都存在着轨道宽度不统一的问题,造成货物与旅客的多次转车,运输成本高且事故频繁。高速公路还处于起步阶段,有待进一步发展。机场和港口作业效率低下,出口货物长期装不了船,严重影响出口交货。南盟地区运输的集装箱化只达到适合集装箱化运输货物容积的三分之一。这一状况

---

[1] Mark Andrew Dutz, Harmonizing Regulatory Mechanisms: Options for Deepening Investment Integration in South Asia.

极大地阻碍了南盟地区的国际贸易。

另外，南亚地区国家间过境运输的不便也大大影响了区域内贸易以及国际贸易的发展。南亚地区所有国家都与印度接壤，而它们之间互不相邻，也就是说，如果没有印度的过境许可，其他国家之间发展双边贸易将不得不面对高昂的运输成本。

以印度、孟加拉国和尼泊尔为例，尼泊尔需要通过印度才能到达孟加拉国的港口，而印度通过孟加拉国与其东北部地区联系会更为便捷。由于印孟之间尚未签署集装箱运输协议，由印度北部制定运往达卡的集装箱载运货物必须先运至孟买，然后由海路经科伦坡或新加坡运至吉大港，再由铁路运到目的地达卡。这种运输方式劳神费时，代价昂贵而且经常发生延误，如沿这条路线运送一个20吨的标准集装箱，需花费1800至2000美元，而直接经由陆路运输只需花费500至600美元。印孟两国如能同意授予对方过境权，将能极大地缩短运输距离，降低运输成本。如能允许印度国内任何一条线路经由西里古里入境，孟加拉国内有限的延伸路程全部改成宽轨，从印度西孟加拉邦到阿尔塔拉的运输距离就能缩短四分之一。随着印度过境货物量的增加，一些无偿馈赠援助也会源源不断而来。同样，如果孟加拉国和尼泊尔的过境贸易运输路线允许改由罗汉布尔至拉克绍尔方向行进，尼泊尔货物进能进入吉大港，利用港口设施，孟尼双方均能获益。如图所示，南盟各国进行货物进出口所消耗的平均时间、成本和所需办理的材料以及所需获得的签字都较之中国、越南等亚洲其他国家和美国等发达国家更为长、高昂和烦琐，这严重限制了区域贸易的发展。

南盟国家与其他国家进出口贸易程序比较

	出口贸易				进口贸易			
	所需材料	获得签字	时间（天）	费用（$）	所需材料	获得签字	时间（天）	费用（$）
孟加拉国	7	15	35	902	16	38	57	1287
印度	10	22	27	864	15	27	41	1244
尼泊尔	7	12	44	1599	10	24	37	1800
巴基斯坦	8	10	24	996	12	15	19	1005
斯里兰卡	8	10	25	797	13	15	27	789
南盟平均	9.4	19.1	27.3	886	14.5	25.6	38.6	1197
中国	6	7	20	335	12	8	22	375
马来西亚	6	3	20	481	12	5	22	428
泰国	9	10	23	848	10	10	22	1042
越南	6	12	35	701	15	15	36	887
日本	5	3	11	789	7	3	11	847
美国	6	5	9	625	5	4	9	625
德国	4	1	6	731	4	1	6	750

五、其他限制因素

限制南亚区域经贸合作进展缓慢的经济因素还有以下这些：

一是商品统一标准以及售后服务的缺乏。质量控制的欠缺，出口商售后服务的不足都限制了区域贸易的扩大。此外，尤其对于耐用消费品来说，产品规格、包装乃至生产流程缺乏统一的标准也大大影响了区域贸易的扩大。一个南亚国家进口的某项产品与另一个南亚国家出口的产品可能属于同一类别，但是由于在规格上大小不相同，实际上成为两种产品。另外，在健康、安全以及环境标准方面，产品标准的不统一使得南亚各国本国产品的出口受到极大的限制。因此，在南亚各国供应充分的商品中，各国从地区内的进口数量仍然有限，这主要在于各国生产的商品规格标准并不统一。

二是信息不足。由于信息不灵和信息不对称的情况，南亚各国不清楚区域内其他国家的商品供给情况，甚至互相不了解对方的出口潜力，因此也无法确定相互的需求情况。同时，各国同行业间欠缺沟通。根据世界银行的统计，南亚地区的国际长途电话中只有7％面向区域内部，而东亚地区71％的国际长途电话都是在区域内部进行，这充分反映出南亚地区信息交流的局限。为了克服这个障碍，各国有关机构如工商联合会等有必要经常交换工商情报。各国还有必要建立专门的机构，负责收集和传播这方面的信息和情报。这种工作需要长期做下去。南盟工商业联合会（SAARC Chamber of Commerce）的成立也就是为了给各国提供更多的市场信息和商机。

三是资金的限制。南盟章程规定，对联盟的活动采取成员国自愿捐款的原则，并规定可由常务委员会或经它批准从适当的来源争取外来资金。南亚各国都面临资金不足，贸易逆差严重的现状，多靠外国的援助或贷款来弥补，其中孟加拉国、巴基斯坦、斯里兰卡每年接受大量的外援以支持国民经济发展计划，而外援往往附有条件，受援国无法用援款或贷款购买其他南亚国家的产品，不丹、尼泊尔等国家还依靠印度的援助，不可能拿出大量资金投入区域合作项目。资金来源没有可靠的保证，束缚了区域合作的扩大和深入发展，如能解决售前信贷问题，当可促进区域内贸易发展。

四是商品供应的不稳定性。这在茶叶、大米、棉花等农产品方面表现比较突出。由于气候等方面的原因，这些商品在供应方面波动很大。另外，由于各国国内人口以及收入变化所引起的国内需求的变化，常常造成可投入到市场上的初级产品供应量的不稳定。

从南亚自由贸易区的长期发展来看，一个持续的、快速增长的地区经济是问题的关键。毕竟，在一个聚集了世界一半贫困人口的地区，人们掌握的可贸易商品实在是太少了。南亚各国对外贸易落后的根源，在于落后的经济发展水平。各国不仅需要开放的政策，还需要将促进贸易与促进经济增长的政策结合起来，才能实现经济发展与贸易增长的良性互动。

第二节 影响南亚区域合作发展的非经济因素

除了上述经济因素外，南亚区域合作的非经济因素也很多，主要表现在以下方面。

一、南亚区域合作意识长期缺乏，缺少强有力的区域合作主导国家

南亚地区之所以被称为没有地区特点的地区，缺乏地区观念和内聚力是重要原因。[1]

---

[1] 高鲲、张敏秋，《南亚政治经济发展研究》[M]，北京大学出版社，1995年3月第1版，第340页。

对于区域合作,每个国家都有自己的疑虑与保留,这些疑虑都集中在印度身上,问题是如何在"平衡的相互依赖"基础上建立起联系,就是"怎样在地区经济合作的过程中防止南亚工业较为发达的国家成为其他国家工业化的威胁"。

由于印度在人口、国土、资源和国力等方面在南亚占有绝对优势,常以大国或"老大哥"自居,推行地区霸权主义,在政治上加深了邻国,特别是南亚各小国的恐惧。导致一部分邻国不愿意与印度在经济上过多交往,更不愿发展较深的依赖关系,主要就是怕受后者的控制。而印度也对各国怀有戒心,怕它们联合起来对付自己。

由于政治上的分歧,印度和它的南亚邻国都倾向于与其他区域发展关系。巴基斯坦倾向于与西亚各国亲近,与伊朗、土耳其等国成立了经济合作组织。尼泊尔曾长期实行与中印同样友好的政策,后来又加紧实施外贸方面多元化。孟加拉国长期在南亚与东南亚之间起桥梁作用,在维持与印度良好关系的同时,积极发展与亚洲其他国家的双边关系。斯里兰卡也曾多次提出加入东盟的申请,与许多国家建立了密切的贸易往来。印度则于1991年提出了旨在加强与东南亚国家关系的"东向政策",大力推动与东盟的关系发展。

一个强有力的地区领导国家对区域内国家合作的顺利发展非常重要。从欧盟和东盟成功的经验中可以看到,一个区域性地区合作组织的发展壮大,离不开该区域少数核心国家的带头作用。如果没有法国和德国的冰释前嫌、积极合作,欧盟难以达到今天的成就。如果没有美国的牵头,北美自由贸易区也无法想象。

对于南亚地区而言,印度地处南亚次大陆的中央,占据了该大陆的大部分。南亚地区各国在地理上呈现出以印度为中心的放射性分布,除了两个岛国马尔代夫和斯里兰卡外,其余国家巴基斯坦、孟加拉国、尼泊尔和不丹都与印度接壤,而它们之间又互不相邻(巴基斯坦与阿富汗相邻)。这种地理格局不仅使南亚各国间的关系成了印度与其他南亚国家间的关系,而且使其他南亚各国彼此难以相通。再加上印度在南亚地区政治、经济上的核心地位,因此可以说,南亚地区的经济联系是以印度为中心进行的,南亚区域合作以及南亚区域贸易的加强主要是依靠南亚各国与印度贸易进出口的加强。在南亚地区,印度在南盟的角色无可替代,印度对南亚区域合作的态度也将严重影响到区域合作的开展。无论是在地缘政治上还是在人力、军力、国力方面,南亚都是一个以印度为中心和占有绝对优势的地区。因此,正如有人所形容的那样,"印度是该地区的超级大国,巴基斯坦和孟加拉国是重要的中等国家,斯里兰卡和尼泊尔是贫弱的小国,不丹和马尔代夫是'微型国家'"。[①]

  正是由于印度在南亚地区举足轻重的地位,对于南盟多数成员而言,要想推动南亚的地区合作,离开印度是无法想象的。印度在经济合作方面的积极态度使南亚这"一池死水"稍微活了起来。但是,在发展睦邻友好合作关系,在政治上、意识形态上正确对待西方世界,促进亚太各国间和亚欧之间平等交流和互利合作等方面,印度在南盟中所起的积极作用,与马来西亚、新加坡在东盟中所起的作用相比,还是有差距的。

---

  ① 美国《亚洲概况》[J],1985年4月号,第387页。转引自马加力,"南亚区域合作联盟剖析"[J],《南亚研究季刊》1986年6期。

如果印度对邻国是友善和平等的,那么它的强大和力量将成为地区合作的坚实基础。关键在于印度能否摆正自己的位置。印度以南亚老大自居,往往将自己的利益置于他国之上,把自己的意志强加于他国。印度对邻国的这种政策以及由此造成的邻国对它的不信任,是南盟难以实现有效合作的症结。另外,印度本身似乎缺乏足够的承担义务的责任心。发展中国家的地区主义探求很大程度上是为了巩固民族国家身份,发展民族国家,增加国家福利,提高民众生活水平。[①]印度也不例外。由于其他南亚国家都是贫穷落后的小国,地区主义的发展必然要求印度提供大量的公共产品。对于经济还不发达的印度来说,自然会担心区域合作的发展会影响到自身利益。

在2007年的南盟第十四届首脑峰会上,印度宣布向所有成员国单方面开放市场,这无疑是印度由政治大国迈向经济大国的重要步骤,也是印度积极推进南盟一体化外交的关键性举措。但是从做出承诺到具体实施仍然有一个漫长的过程。

二、各成员国之间的政治矛盾和争端严重阻碍了区域合作发展

经济合作不完全取决于政治和战略上的缓和,但是,在政治或战略冲突的气氛中,它就不可能得以发展。[②]南亚国家间的政

---

① 肖欢容,《地区主义:理论的历史演进》[M],北京广播学院出版社2003年版,第21页。
② 拉贾拉巴·潘达,《南亚地区合作的发展情况》[J],《南亚战略态势》,时事出版社,1986年12月第1版,第15页。

治冲突常常干扰正常的贸易活动。

南亚各国政府为了维持其既有利益，长期坚持将国家间政治争端的解决作为国家间正常关系建立的前提。南亚区域经济合作停滞不前，一个很重要的原因就是作为该地区两个核心国家的印度和巴基斯坦关系的长期冷淡和对抗。

由于众所周知的历史原因，自1947印巴分治以来，印度和巴基斯坦之间的政治关系就非常脆弱，印巴冲突是南亚地区主义发展的最大障碍。在过去多年中，南亚地区的经济合作实际上成了印巴双方政治角逐的"人质"和"牺牲品"。[①]

作为半个多世纪的老对手，印巴两国在领土、宗教、历史等方面存在着深刻而错综复杂的矛盾。在过去相当一段时间，巴基斯坦政府始终坚持认为，克什米尔问题是巴印关系的核心，克什米尔问题如果得不到满意的解决，巴印之间的政治经济关系都无法正常化。因此，克什米尔问题成了印巴开展经济合作的关键障碍。两国之间为此爆发了三次战争，每年将约22%的国家预算用于军事力量的扩充，严重影响了经济发展。虽然自南盟成立以来，印巴之间没有再发生过像前三次印巴战争那样规模的全面战争，双边关系在20世纪80年代、90年代有所缓和。1989年拉·甘地访问了巴基斯坦，这是印度总理30年来对巴基斯坦的第一次访问。1999年2月的"巴士外交"，更是使两国对改善双边关系充满了希望。但1998年5月的核试验、1999年5月的卡吉尔冲突和2001年12月印度议会遇袭事件使得两国关系再度紧

[①] 孙翔宇，"南亚自由贸易区，急欲摆脱'外交绑架'"[J]，《国际先驱导报》2004年1月15日。

张。由于双方实力对比严重失衡以及在克什米尔问题上的分歧，印巴两国要消除这种地区内部的威胁观念，建立互信非常困难。

这种脆弱的政治关系导致的一个结果，就是南盟主导下的区域合作几乎寸步难行。印巴两国是南盟中相对发展较好的国家，它们本可以对地区发展做出更多贡献，然而它们却一直为两国关系紧张而困扰。"印度担心南盟成为一个反对印度的论坛，而巴基斯坦则担心印度将把南盟发展成为它控制下的一个集团。"①两国对南盟的种种疑虑也严重影响了南盟的健康发展。自1998年以来，一年一度的南盟首脑峰会共推迟过四次，而几乎每次推迟的原因都与印巴关系紧张有关。根据印度工商业联合会的估计，印巴之间的正规贸易每年仅有2.3亿美元，而非正规贸易却日益繁荣，达到了15亿美元。专家相信，如果两国关系能够正常化，那么两至三年内印巴两国的贸易将达到40亿美元。②近年来，尽管印巴双方为改善关系已经采取了诸如建立核互信和边防热线电话等措施，使双方经贸、交通、旅游、教育、文化和体育等合作有很大发展，但克什米尔问题短期内仍无法解决，也就很难促进南盟经济一体化进程快速发展。

印度与其他南亚国家也存在着一些矛盾与争端，从而影响到正常的贸易活动。孟加拉国曾经因为恒河河水争端等问题而拒绝印度经过孟加拉国的领土向印度东北部各邦运输产品，印度则不

---

① 孙建波，《南亚区域合作联盟的历史与未来》[J]，《南亚研究季刊》，2003年第一期。
② Sonu Jain, *South Asia Regional Integration*, *India Country Note*, *South Asia Regional Economic Cooperation*: *Private Sector Perspectives*, The World Bank/International Monetary Fund 2004 Annual Meetings, Program of Seminars, October 1. 2004, Washington, D. C.

允许不丹和尼泊尔经过本国领土向孟加拉国出口商品。1989年，由于贸易和边境运输协定的续签问题，印度对尼泊尔实施了贸易报复。印度与巴基斯坦、孟加拉国之间政策的不协调和政治上的不信任，导致贸易关系受到影响，印度同这两个国家的贸易往往通过第三国如新加坡、迪拜进行转口贸易，这样做既增加了成本开支，又使国家的税收流失，同时助长了规避法律法规的不法行为。目前，南盟各国将 GDP 的近 2.7% 都用于军费开支和维护国内秩序的稳定，影响了区域合作的开展。南盟宪章禁止各级会议讨论双边争议或冲突问题，尽管暂时将争执搁置起来，使得南盟取得了一定的发展，但是这些双边争议或冲突却是其进一步发展不可逾越的障碍。

政治分歧和争端阻碍了南亚经济合作的发展，更大程度的经济一体化取决于地区和平与稳定。南亚国家必须认识到，它们只有消除分歧，解决争端和增进互信，才能真正在南亚地区实现多方位的经济合作。

三、复杂的民族和宗教问题使区域合作的开展缺乏稳定的环境

地区合作的成功还取决于成员国的政局稳定，一个不稳定的国家不仅在国家发展上会严重受阻，而且在对本地区的外交政策上也会是多变的。[①]在任何一个国家里，如果发生民族暴乱而又

---

① 拉贾拉巴·潘达，《南亚地区合作的发展情况》[J]，《南亚战略态势》，时事出版社，1986年12月第1版。

无法控制的话，为多边合作进行的努力就会付诸东流。

由于历史上的原因，南亚地区各国在其各自的疆域内都是多民族、多语言和多宗教的，还有跨越国家的民族、宗教和语言集团。南亚国家并不是严格按照民族划分的，同一个民族或种族往往分布在不同的国家，并在地域上相连，在某个国家是少数民族，但在另一个国家可能是主体民族。印度有大大小小 300 多个民族，其中人口最多的印度斯坦族仅占全国人口的 46.3％。与民族相对应的是众多的语言。在印度，被列为官方语言的就有 15 种。

与民族问题相联系的是宗教问题。印度是世界上宗教信仰最复杂的国家之一。目前，印度有 80％以上的居民信仰印度教，其次是信仰伊斯兰教、基督教、锡克教、佛教和耆那教的居民。其他南亚国家的情况也大体如此。印度有 1 亿多穆斯林，孟加拉国居住着 25 万讲乌尔都语的比哈尔人，尼泊尔居住着大量的印度移民，在不丹则有几十万尼泊尔人。[1]特别对于印度来说，印度境内的穆斯林多于巴基斯坦的穆斯林，印度的尼泊尔人多于尼泊尔本国的尼泊尔人，印度的泰米尔人多于斯里兰卡的泰米尔人，印度的孟加拉人尽管信奉印度教，但人数和孟加拉国的孟加拉人一样多。无论是立足于本国少数民族立场来处理与邻国的关系，还是着眼于同邻国的关系来处理本国的少数民族问题，印度都面临着很大的挑战。[2]

---

[1] 孙士海，《南亚的政治、国际关系及安全》[M]，中国社会科学出版社，1998 年版，第 12 页。

[2] 赵伯乐主编，《当代南亚国际关系》[M]，中国社会科学出版社，2003 年 4 月第 1 版，第 207 页。

由于种族的聚合力和宗教的敏感性，任何一个国家种族宗教集团之间的微妙平衡被突然打破，都会波及其他国家，形成连锁反应。而一国内部的民族问题也容易因民族认同感而超越国界，影响到国家间的关系。跨国民族关系紧张或发生冲突，都会使一个国家害怕其邻国借此干涉其"内部事务"。

因此，南亚地区充满了潜在的、跨国的民族紧张和冲突。印度国内的教派冲突、东北部地区的分裂武装势力活动，尼泊尔的反政府游击队，斯里兰卡的泰米尔伊拉姆猛虎组织以及巴控克什米尔穆斯林反抗组织的跨界暴力活动，都常常让南亚局势很不安宁，让投资者望而却步。国家内部民族和宗教的冲突会影响经济和社会的发展，而国家间的民族与宗教冲突则使得共同的合作愿望很难形成，阻碍了地区合作的发展。

四、私营部门作用有限，难以在区域合作中发挥推动作用

在区域经济合作中，许多经济部门存在着经济互补性和比较优势，因此，私营部门往往拥护并大力推动区域经贸合作的实行。在区域自由贸易的情况下，私营企业不仅可以将剩余的产品销售到邻近的国家或地区，还可以从邻近的国家或地区进口所需的产品和人力资源，因而可以节省企业的时间，减少企业的运输成本，从而增加企业的获益。

然而在南亚地区，各国私营部门在国家经济政策的制定和执行中所能够发挥的作用相当有限。政府和官僚凭借强大的权力和对社会经济的管制，控制着大量的财政资源，严重影响着私营部

门的利益。国家财政预算、贸易政策、税收政策、货币政策和其他一些经济政策都由独断的官僚来制定,而不顾私营部门的利益。导致私营部门要花费大量的时间与资金用于对政府的游说,来争取对不合理政策的修订与完善。同样,很多重要法规法律的制定也没有征求私营部门的意见而完全由官僚制定。南亚各国政府的独断行为削弱了私营部门、市场力量在经济发展中的推动力量,使私营部门在区域一体化发展中无法发挥应有的积极作用。

五、南亚各国对本地区合作信心不足,注重与区外的合作

南亚地区各国尤其是印度,把区域合作的主要注意力放在与区域外国家和地区的合作,减弱其参与本地区合作的热情。目前,南亚区域合作中各成员国经济发展水平较低,参与国际分工合作范围较小,对外贸易依存度相当低,区域贸易一体化进程缓慢,各成员国政治上的分歧制约了区内经贸合作的开展,所以,大多数成员国都积极发展与区外国家或地区组织的经贸合作。

根据世界银行的统计,2005年,印度在南盟区域内的贸易额只占其对外贸易总额的1.9%,巴基斯坦为5.7%,孟加拉国为9.1%,尼泊尔由于对印度的依赖,区域内贸易占到46.5%。因此,南盟各国主要还是侧重发展同区外国家和地区的经济往来。如孟加拉国、印度、斯里兰卡和泰国和缅甸组成"孟印缅斯泰经济合作组织"(BIMST-EC),"环印度洋经济合作组织"(IOR-ARC)包括南亚、东南亚国家和非洲东部一些国家,孟加拉国、尼泊尔、不丹和印度北部组成次区域合作组织

（SAGQ），"恒河－湄公河合作组织"包括印泰缅柬老越六国，还有一系列南亚国家与区外地区和国家的双边互惠贸易安排，等等。

印度把区域合作的重点放在与东盟国家的合作，同时也积极推动环印度洋合作，本来这与南亚区域合作并不矛盾，甚至可以起到良好的促进作用，然而不幸的是，无论是"环印度洋地区合作组织""孟印缅斯泰经济合作组织"，还是"恒河－湄公河合作组织"，都无一例外的将巴基斯坦排除在外。印度所传递出的信息很简单：印度将要大力推动区域经济一体化，并尽可能争取巴基斯坦的加入，但如果有必要，也可以将巴基斯坦排除在外。[1]这充分表明了印度对于推动区域经济合作发展的坚定决心，并已经做好了两手准备。印度这种将巴基斯坦孤立化、边缘化的企图与做法有损其大国形象，显然不利于在南亚地区建立起码的信任，使南亚更加四分五裂，最终是有害于南亚区域合作。

南亚各国与区域外国家或地区建立的这些区域合作及双边贸易安排，在促进南亚各国的经济、社会、文化和科技领域内的相互合作、发展以及维护南亚地区的和平与稳定中发挥了积极的作用，但各国与区域外国家和地区开展合作的高涨热情也从另一方面反映了各国对本地区区域合作的失望，这也导致了各国推动南亚区域合作的乏力。

---

[1] C. Raja Mohan, *Looking beyond SAARC*, on Online edition of India's National Newspaper, Sep 15, 2003, http：//www.hinduonnet.com/thehindu/thehindu/2003/09/15/stories/2003091503641100.htm.
王宏纬主编，《南亚区域合作的现状与未来》[M]，四川大学出版社，1993年6月第1版，第110页。

第三章 南亚区域合作新态势

2005年举行的第十三届首脑峰会,是南盟发展的重要里程碑,南亚区域合作出现一系列新动向,对其未来发展影响深远。本章拟对此进行分析。

第一节 南亚区域合作新态势及其原因

近年来南亚区域合作出现一系列新态势,原因深刻。

一、南亚区域合作新态势

南亚区域合作新态势主要表现为以下方面。
1. 南盟成员国加强合作的政治意愿明显增强
主要表现为南盟首脑峰会基本能顺利举行。继第十四届南盟首脑峰会于2007年在新德里举行后,第十五届南盟首脑峰会于2008年8月2日上午在科伦坡开幕,来自8个成员国和7个观察员国的近千名代表参加了会议。

会议讨论并通过了涉及反恐、消除贫困、能源和环境保护等多项内容的《科伦坡宣言》。本届会议的重点是地区经济合作问题,同时还就粮食安全、能源、反恐、贸易和文化等多方面问题进行了讨论。峰会于3日闭幕。《宣言》称,南盟各国领导人对南盟各国在各个领域的合作进展表示满意,同时强调应该继续巩固和推进南盟各个项目和机制的执行。南盟各国首脑一致认为,各国应加强合作,促进地区经济、社会和文化等多方面的发展,提高南亚地区人民的生活水平,为地区和平、稳定与进步做出应有贡献。与此同时,各国首脑还强调,南亚地区间合作进程必须要真正做到以人民为中心。他们还特别提出要让所有的南盟机制都遵守南盟宪章,切实改善人民生活,为人民谋福利。

南盟各国外长在闭幕仪式上签署了关于建立南盟发展基金协议、刑事司法互助协议、关于阿富汗加入南亚自由贸易区协议以及关于建立南亚区域标准组织的协议。本届首脑峰会还同意澳大利亚和缅甸成为南盟观察员。

尽管2008年11月发生孟买恐怖袭击事件而使印巴关系跌入冰点,印度中止了与巴基斯坦的全面对话,但南盟各国仍克服障碍,顾全地区合作大局,使第十六届南盟首脑峰会于2010年4月28—29日在不丹首都廷布举行。来自南盟8个成员国的国家元首或政府首脑出席了本次会议,中、美、欧、日、韩、伊朗、毛里求斯、缅甸和澳大利亚等9个观察员的代表团出席了会议。此次会议凸显出一些鲜明特点。[1]

---

[1] 周戎,《南盟首脑会议呼吁绿色发展》[J],光明日报2010年5月3日。

一是对 25 年来南盟经验教训的总结,归结为三大方面,即:落实宣言内容比发表宣言更重要,机制发挥作用比建立机制更重要,印巴和解是南盟持续发展的关键。

二是强调南盟必须在区域内建立"低碳中心",应对气候和环境的影响。峰会期间,所有成员国首脑都提到了气候和环境变化对南盟国家生存和发展的威胁。

三是加速南盟成员国共同发展的愿望日益强烈,强调制定区域经济合作南盟贸易联盟—关税联盟—货币联盟的路线图。这次首脑会议确定了建立南亚大学的蓝图,并决定于 2010 年 8 月"试开学"。负责这个项目的首席执行官称,南亚大学将设立在印度新德里,主要以招收南盟国家学生为主,预计在五年内将招收 1000 名学生,100 名研究生。本次会议还特别设立了南盟发展基金,并决定加速南盟食品银行和南盟自由贸易区的推进。

四是强调南盟未来的发展,很大程度上要取决于观察员成员国对南盟发展和各成员国团结的支持力度。一些南盟小国热情邀请区域外观察员国家和国家集团参与,更积极地参与南盟发展事务。例如,中国外交部副部长王光亚在峰会开幕式上发表题为"深化友谊、拓展合作、共谋发展"的讲话。表示中国愿在尊重南盟国家愿望的基础上,本着平等、互利、共赢的精神,与南盟开展对话交流,拓展务实合作,为推进南盟合作进程、促进南亚和平发展做出贡献。伊朗代表表示伊朗愿意成为南亚、西南亚、中亚和高加索这四个不同地区的经济桥梁。日本代表表示,日本坚持发展南亚经济必须是低碳经济。韩国和澳大利亚代表也表达了两国与南盟建立长期伙伴关系的重要性。美国政府派遣助理国务卿(司长)出席会议,并在会议结束前发表了简短讲话。

总体看，此次首脑会议反映出与会各成员国要求合作和共同发展的迫切愿望。

2. 南盟合作领域拓宽，内容趋向务实

南盟各国在教育、科技、文化、卫生领域合作项目逐步开展，议会、新闻、企业界、民间组织等领域交流与合作不断加强，环境保护、能源、流行病防治等议题列入合作范围。2005年第十三届首脑峰会把扶贫作为未来10年合作重点领域，2006年为"南亚旅游年"。2006年8月南盟部长理事会同意，2007年4月的第十四届峰会后提出举行南亚汽车拉力赛，成立南亚大学，设立南亚纺织和手工艺博物馆及地区网上医疗系统等提议，确定2008年为南盟媒体年，推动在文化、艺术领域的合作。非传统安全合作成为新合作领域。2005年南亚海啸、地震，损失惨重，南盟各国一致同意成立南亚灾难处理中心，加强防灾、救灾合作。反恐也成为南盟合作内容之一。2006年7月11日的南盟首届财长会议就建立南盟发展基金（SDF），尤其是南盟减贫基金的有关操作模式进行讨论。南盟发展基金涉及社会、基础设施和经济发展三个领域，将提供优惠、非优惠和赠款形式的资金，其中用于减贫的资金达3亿美元。2006年7月31日的南盟外秘级常务委员会、8月1－2日的南盟部长理事会会议审议十三届峰会以来各领域合作进展情况，研究当前区域合作中存在的问题和矛盾，通过了南盟发展基金框架和路线图，批准成立南盟政府间金融工作小组。基金将注资3亿美元，印度同意出1亿美元，对外来资金持开放态度，努力实现南盟未来十年减贫的既定目标。

3. 经济一体化建设取得突破性进展

1993年南盟提出区域贸易优惠安排（SAPTA），1995年实施，但进展不大。2004年各国就南盟自贸区（SAFTA）达成协议。2005年第十三届首脑峰会确定南盟自贸区协议于2006年1月1日生效，这是南盟历史上的重大事件，标志南亚经济联盟建设正式起步。

协议主要内容：一是南盟各国分为发展中国家和欠发展国家，按不同时间表，削减各国高额关税，使其降至5%以下。印度和巴基斯坦在2012年前达标，斯里兰卡在2013年达标，孟加拉国、不丹、马尔代夫、尼泊尔在2015年达标。二是南盟秘书处出台相关政策：建立税收补偿机制，对小国予以补偿；制订南亚双边与多边贸易规则；建立协调与解决贸易纠纷程序；设置特别项目，促进各国间开展直接贸易；敦促各国统一、简化入关手续，消除投资障碍；鼓励各国在通讯与交通方面投资；敦促各国自由兑换货币、给予签证便利等。三是建立部长级专门会议，作为南盟自贸区（SAFTA）事务最高决策和管理机构，一年至少会晤一次；其下设专家委员会，作为执行和办事机构，至少每半年举行一次会议。四是提出2015年建立关税同盟、2020年建立经济联盟的发展目标。此外，在海关事务、建立南盟仲裁委员会、避免双重征税等问题上达成协议。

南盟自贸区关税减让于2006年7月1日生效。2006年7月11日，南盟首次财长会议在伊斯兰堡开幕，就建立南盟发展基金（SDF），尤其是南盟减贫基金的有关操作模式进行讨论。南盟发展基金涉及社会、基础设施和经济发展三个领域，将提供优惠、非优惠和赠款形式的资金，其中用于减贫的资金达3亿美元。2006年7月31日，南盟外秘级常务委员会，8月1－2日南盟部长理事会会议审议十三届峰会以来各领域合作进展情况，研究当前区域合作中存在的问题和矛盾，通过了南盟发展基金框架和路线图，批准成立南盟政府间金融工作小组。基金将注资3亿美元，印度同意出1亿美元，对外来资金持开放态度，努力实现南盟未来十年减贫的既定目标。

4. 实现由封闭向开放的转变

在2004年1月南盟第十二届峰会上，南盟各成员国已意识到加强与区域外国家联系的重要性，同意吸收区域外国家和国际组织，如联合国计划发展署（UNDP）、亚洲发展银行（ADB）等为观察员或对话伙伴。

2005年11月南盟第十三届首脑会议吸收阿富汗为正式成员国，南盟扩大为8国。扩员后，南盟的总面积约513.674万平方公里，人口14.673亿，国内生产总值6000多亿美元，成为全球重要的区域合作组织之一。同时，原则同意中国和日本为南盟观察员国，标志南盟迈出向开放式区域合作组织转变的关键一步。

此外，伊朗于2005年2月22日表示愿意加入南亚区域合作，称伊朗加入可为南盟与西亚、中东地区的合作提供连接。2006年4月，美国和韩国提出成为南盟观察员国的要求，欧盟也表示有兴趣成为南盟观察员国并提出正式要求。南盟还与联合国及下属组织和十多个区域合作组织建立了联系。2006年8月南盟部长理事会审议通过了4月常委会会议提出的观察员四指导原则，决定给予美、韩、欧盟观察员地位，会后致信中、日、美、韩、欧盟此决定，并邀上述国家和组织出席新德里峰会。

南盟的上述新变化，标志着南亚区域合作取得重大进展：南盟扩大成员并吸收区域外的国家或国际组织作为观察员国和对话伙伴，由过去的封闭性区域合作组织，转变为开放性区域合作组织。这种变化含意深刻，使南亚区域合作今后有可能脱离过去20年徘徊曲折而无所作为的发展轨迹，取得较快发展。

二、南亚区域合作新态势的原因

南亚区域合作近几年出现发展新态势，具有多方面的原因。

1. 政治外交方面的原因

自2004年初印巴开始和平进程以来，印巴关系紧张长期困扰南盟发展的局面逐步改变。即使在2006年发生孟买火车爆炸事件和印巴互逐外交官时，双边经贸往来也未受影响，两国关系呈现政、经分离趋势，在南盟事务和地区合作问题上，两国也不同程度地采取了新的"双赢"思维，促进南盟达成多种合作协议。

南亚国家区域合作意愿上升。受东盟、欧盟等成功区域合作组织影响，南亚国家合作紧迫感普遍增加，推进区域合作愿望日强。域内各国逐步改变重安全、轻发展的战略，重视经济建设，期望以区域合作带动自身发展。特别是印度，经济迅速发展，综合国力不断提升，自信心增强，对参与南亚区域合作态度发生转变，主动性上升，心态更趋务实。印巴关系改善，带动南亚地区总体形势趋于稳定，为整个南亚区域合作营造了良好环境。

2. 经济方面的原因

近年来，面对经济全球化浪潮和方兴未艾的区域经济合作大趋势，印巴等国锐意改革，扩大国际和地区合作，促进经济发展，取得了显著效果。2006-2007年度印经济增长约9.2%，连续两年经济增长超过9%。巴基斯坦经济增长连续多年达6%以上。经济发展步入高增长的印、巴等国强烈希望推动南亚区域合作取得实质性进展，以保持这种高增长势头。南盟其他国家经济发展也在加快。因此，把南盟建成有活力的区域合作组织，改变南盟发展缓慢现状，成为各国共识。

内外因相互作用，推动开放步伐。一方面，自20世纪90年代以来，南亚多国逐步推行以贸易自由化和对外开放为核心的经济改革，经济外向性增强。而南亚整体仍积贫积弱，渴望推进区域合作吸引外部资金、技术投入。另一方面，外部势力看重南亚巨大市场潜力和不断提升的战略地位，对南亚重视程度加强，纷纷以参与南亚区域合作为契机，在南亚投棋布子。此外，印巴之间隔阂未除，南盟合作不尽如人意，促使有些南亚国家在南盟框架外寻求跨区域合作，这也是南亚区域合作开放相对增加的重要动因。

第二节 南亚近期区域贸易评析与发展潜力

近年来，南亚区域经济合作续有发展，地区内贸易往来不断扩大，其所包含的内容远比5%的比重更为丰富。制约南盟内贸易发展的经济因素是地区经济合作发展所面临的重大挑战，需切实解决才能发掘地区合作的巨大潜力。

一、对南盟区内贸易现状的评估

南亚地区内贸易长期处于缓慢增长状态,总体水平很低。南盟各国之间贸易占其外贸总额的比重从 1986 年的 3.12% 增长为 1996 年的 4.5%,到 2006 年仅为 5.2%,提高有限(见表 3—1)。[①]

表 3—1　2006 年南盟各国外贸额与区内贸易　　　　(单位:亿美元)

	印度	巴基斯坦	孟加拉国	斯里兰卡	尼泊尔	阿富汗	马尔代夫	不丹	合计(%)
出口总额	1202.54	169.30	118.02	68.86	7.60	4.30	1.62	2.50	1574.74
进口总额	1748.45	298.25	160.86	102.58	21.00	29.60	7.44	3.95	2372.13
外贸总额	2950.99	467.55	278.88	171.44	28.60	33.90	9.06	6.45	3946.87
贸易平衡	-545.91	-128.95	-42.84	-33.72	-13.40	-25.30	-5.82	-1.45	-797.39
南盟内出口额	64.68	21.93	2.32	8.08	4.25	1.25	0.21	—	102.72
南盟内进口额	17.45	9.75	22.53	25.29	10.35	14.98	1.14	1.22	102.72

[①] RIS:*South Asia Development and Cooperation Report* —2008,Oxford University Press, New Delhi, 2008, P. 75.

续 表

	印度	巴基斯坦	孟加拉国	斯里兰卡	尼泊尔	阿富汗	马尔代夫	不丹	合计（％）
南盟内贸易额（占总额百分比）	82.13 (2.8)	31.68 (6.8)	24.85 (8.9)	33.37 (19.5)	14.60 (51.1)	16.23 (47.9)	1.35 (14.9)	1.22 (18.9)	205.44 (5.2)
区内贸易平衡	+47.23	+12.18	−20.21	−17.20	−6.10	−13.73	−0.93	−1.22	—

资料来源：RIS：South Asia Development and Cooperation Report−2008，Oxford University Press，New Delhi，2008，P. 31，37，62.

然而，这种低区内贸易率并不能真实体现各国相互间的贸易潜力或经济互补性，对地区内贸易现状的评估还应考虑以下因素：

其一，非正规贸易未能纳入地区内贸易统计。正规或纳入统计的贸易只是地区内总贸易额的一部分，此外，本地区还存在未纳入统计的非正规贸易和为规避贸易限制而经过迪拜或新加坡等第三国的贸易。相关研究表明，南亚的走私等非正规贸易约为正规贸易的2倍[1]，如果把非正规贸易也纳入统计，南亚区内贸易比重将会高得多。

其二，南亚小国对南亚市场的依赖性大。与南亚国家的贸易占阿富汗外贸总额的47.9％，占不丹的18.9％、斯里兰卡的19.5％、尼泊尔的51.1％，意味着这些国家的南亚区内贸易占

---

[1] RIS：*South Asia Development and Cooperation Report* −2008，Oxford University Press，New Delhi，2008，P. 61.

其外贸总额的比重已达到相当高的程度。①由于在南亚地区贸易总额中占最大份额的印度对其他南亚国家的贸易依赖性不大，2006年仅2.8%，巴基斯坦的区内贸易占其外贸总额的比重也仅为6.8%，因此造成南亚地区内贸易额占其外贸总额的比重长期难以提高。

其三，随着南亚地区经济的显著增长，南盟内贸易额的增长加快。从2003年到2006年，南盟内出口额从54亿美元增长为103亿美元，接近翻了一倍，年均增长23%。②这样的增长速度并不算慢。

二、制约南盟内贸易发展的经济因素

制约南盟内贸易发展的因素很多，大体可分为政治外交安全因素和经济因素两大类。在第二章中，笔者已对影响南盟发展的政治外交安全因素做了分析，故不再重复，本节仅就经济因素再做进一步分析。

制约南盟内贸易的一个经济因素，是印度长期对其南亚贸易伙伴的贸易顺差。如上所述，南亚各国尤其是一些小国对印度市场的贸易依赖性已经很高，从印度的进口远大于出口，因此造成印度长期对南亚其他国家的贸易顺差，支付能力限制南亚其他国家难以大量增加从印度的进口（见表3-2）。

---

① RIS: *South Asia Development and Cooperation Report* —2008, Oxford University Press, New Delhi, 2008, P. 61.
② RIS: *South Asia Development and Cooperation Report* —2008, Oxford University Press, New Delhi, 2008, P. 62.

表3-2 2006年南盟各国对印度、巴基斯坦、斯里兰卡贸易

(单位:亿美元)

	巴基斯坦	孟加拉国	斯里兰卡	尼泊尔	阿富汗	马尔代夫(2005)	不丹(2005)	合计
对印度出口	4.17	1.47	7.00	4.17	0.63	0.0124	0	17.45
从印度进口	7.93	19.68	23.08	10.26	1.77	0.77	1.18	64.68
对印度贸易额	12.1	21.15	30.08	14.43	2.41	0.7824	1.18	82.13
对印度贸易平衡	-3.76	-18.21	-16.08	-6.09	-1.14	-0.7576	-1.18	-47.23
对印贸易占对南盟贸易总额百分比	38.2	85.1	91.0	98.8	14.9	57.7	96.4	39.98
对印贸易占外贸总额百分比	2.6	7.6	17.6	50.5	7.1	8.6	18.3	2.1
对巴基斯坦出口	0	0	0	0	0.60	0	0	0
从巴基斯坦进口	0	0	0	0	13.16	0	0	0
对巴贸易额	0	0	0	0	13.76	0	0	0
对巴贸易平衡	0	0	0	0	-12.56	0	0	0
对巴贸易占对南盟贸易总额百分比	0	0	0	0	84.8	0	0	0
对巴贸易占外贸总额百分比	0	0	0	0	40.6	0	0	0
对斯里兰卡出口	0	0	0	0	0	0.1997	0	0
从斯里兰卡进口	0	0	0	0	0	0.3370	0	0

续表

	巴基斯坦	孟加拉国	斯里兰卡	尼泊尔	阿富汗	马尔代夫(2005)	不丹(2005)	合计
对斯贸易额	0	0	0	0	0	0.5367	0	0
对斯贸易平衡	0	0	0	0	0	−0.1373	0	0
对斯贸易占对南盟贸易总额百分比	0	0	0	0	0	39.6	0	0
对斯贸易占外贸总额百分比	0	0	0	0	0	5.9	0	0

资料来源：RIS：South Asia Development and Cooperation Report－2008，Oxford University Press，New Delhi，2008，P. 31，37，62.

制约南盟内贸易的另一个经济因素，是南亚较小和经济欠发展国家缺乏对印度进口产品的供给能力，限制了南亚各国尤其是一些小国对印度市场的出口增长，既不能提高印度对南亚区内市场的依赖性，又难以扭转印度与南亚各国贸易顺差过大的局面，从而使南亚地区内贸易比重长期低水平徘徊。虽然贸易自由和贸易便利对促进相互贸易很重要，但相关研究表明：由于印度对国际市场的进口需求增长，源于价格竞争力的贸易潜力和源于印度和《南亚自由贸易协定》所提供的贸易优先权的贸易转移，使南亚各国对印度的出口贸易潜力巨大，然而，印度对国际市场的进口需求只有很小部分能够由南亚国家所提供。例如，享受免税进入印度市场的孟加拉国，对印度进口商品拥有约60亿美元的竞争供给潜力，然而，孟加拉国现有供给能力（对印度出口额）仅为约 1.5 亿美元。[1]类似问题也存在于其他南亚小国。因此，邻国缺乏对印度市场商品供给能力对南盟内贸易的限制远比缺乏市场准入要严重得多。

制约南盟内贸易的第三个因素，是印度和巴基斯坦这两个该地区最大国家之间的贸易规模太小。跨区域贸易是国际贸易中最值得研究的领域。区域内贸易通常占了全球贸易额的 50%，该比重还有进一步上升的趋势。但南亚地区却是个例外，区内各国间的贸易额占其外贸易总额的比重仅为 5.2%。原因当然是多方面的，但一个重要原因在于，印度和巴基斯坦这两个该地区最大国家之间的贸易规模太小。

印度和巴基斯坦是南亚地区最大的两个国家，两国的国土面积、人口、经济总量都占整个南亚的 75% 以上，印巴两国外贸额占南亚外贸总额的比重高达 86.6%（见表1）。显而易见，印巴之间的经贸规模不能有效扩大，南亚经济一体化就无从谈起。印巴双边贸易情况见表 3-3、表 3-4、表 3-5。[2]

表 3-3　巴基斯坦对印度出口　　（单位：亿美元）

年度	巴基斯坦出口总额	巴基斯坦对印度出口额	巴对印出口占巴总出口的百分比	印度的进口总额	巴对印出口占印总进口的百分比
1998-1999	77.79	1.862	2.4	423.887	0.44

---

[1] RIS: *South Asia Development and Cooperation Report* -2008, Oxford University Press, New Delhi, 2008, P. 61.
[2] 资料来源：Federal Bureau of Statistics, Ministry of Commerce, Export Promotion Bureau, *Indian Economic Survey*, 2003-04。The News (Pakistan), October 1, 2007, P. 18.

续 表

年度	巴基斯坦出口总额	巴基斯坦对印度出口额	巴对印出口占巴总出口的百分比	印度的进口总额	巴对印出口占印总进口的百分比
1999－2000	85.686	0.5365	0.626	496.707	0.108
2000－2001	92.015	0.5541	0.602	505.36	0.109
2001－2002	91.346	0.4937	0.536	514.13	0.096
2002－2003	111.62	0.706	0.63	614.12	0.11
2003－2004	122.73	0.9368	0.76	754.00	0.12
2006	169.30	4.17	2.46	1748.45	0.24

表3－4　印度对巴基斯坦出口　　（单位：亿美元）

年度	印度出口总额	印度对巴基斯坦出口额	印对巴出口占印总出口的百分比	巴基斯坦的进口总额	印对巴出口占巴总进口的百分比
1998－1999	332.187	1.54	0.46	94.317	1.63
1999－2000	368.224	1.273	0.34	103.094	1.23
2000－2001	445.603	2.383	0.53	107.29	2.22
2001－2002	438.27	1.869	0.42	103.395	1.80
2002－2003	527.19	1.666	0.31	122.203	1.36
2003－2004	617.18	3.8236	0.62	154.731	2.47
2006	1202.54	7.93	0.66	298.25	2.66

表 3-5　印度和巴基斯坦进出口总额及贸易平衡

（单位：亿美元）

年度	印巴双边贸易总额	印度进出口总额	占印度进出口总额的百分比	巴基斯坦进出口总额	占巴基斯坦进出口总额的百分比	印巴进出口总额	印巴双边贸易占印巴进出口总额的百分比	巴对印的贸易平衡
1998—1999	3.402	765.074	0.445	172.107	1.977	937.181	3.63	+0.322
1999—2000	1.8095	864.931	0.209	188.78	1.003	1053.711	1.72	−0.7365
2000—2001	2.9371	950.963	0.309	199.305	1.474	1150.268	2.55	−1.8289
2001—2002	2.3627	952.4	0.248	194.741	1.213	1147.141	2.06	−1.3753
2002—2003	2.372	1141.31	0.208	233.823	1.014	1375.133	1.725	−0.96
2003—2004	4.7604	1371.18	0.347	277.461	1.716	1648.641	2.89	−2.8868
2006	12.1	2950.99	0.41	467.55	2.588	3418.54	0.35	−3.76

从上列表格资料可以看出：

第一，双边贸易额占两国外贸总额的比重低。虽然印巴双边贸易额从 2002-2003 年度的 2.37 亿美元增加为 2003-2004 年度的 4.76 亿美元，2006 年达 12.1 亿美元，增长 4 倍，但占两国当年外贸总额的比重仍很低，2003-2004 年度约 2.9%，2006 年则降为 0.35%，这表明两国的贸易潜力还很大。（见表 3-5）

第二，巴基斯坦对印度出口与两国关系起伏直接相关。1999-2000 年度至 2003-2004 年度的五年期间，巴基斯坦对印度出口年均不到 1 亿美元，而 1998-1999 年度巴基斯坦对印度的出口额是 1.862 亿美元，巴基斯坦对印度出口在此五年间下降明显。与此期间两国关系紧张有关（卡吉尔冲突，穆沙拉夫军变,反恐,两国军事对抗,等等),而 2004 年后两国开展全面对话,关系缓和,巴基斯坦对印度出口在 2006 年达 4.17 亿美元。(见表 3-3)

第三,对印度的出口额占巴基斯坦出口总额比重低。五年来,巴基斯坦对印度出口占巴基斯坦出口总额的比重均低于 1%,曾在 1998-1999 年度达 2.4%。2006 年有所提高,也很有限,仅达 2.46%。(见表 3-3)

第四,对印度的出口额增长快于巴基斯坦出口总额增长。上述五年期间,巴基斯坦出口增长了 43%,同期对印度出口增长了 74.6%,说明对印度出口增长更快些。而在 2003-2004 年度,对印度出口增长了 32.7%,但巴基斯坦出口总额仅增长了 9.95%。(见表 3-3)

第五,从巴基斯坦的进口额占印度进口总额的比重低。1999-2000 年度,从巴基斯坦进口仅占印度当年进口总额的 0.108%,2003-2004 年度也仅为 0.12%。这说明,在这五年里,印度从巴基斯坦的进口增长不大,而同期印度的进口总额增长了 52%。2006 年,这一比重为 2.4%,虽有提高,还未恢复到 1998-1999 年度的水平。(见表 3-3)

第六,印度对巴基斯坦的出口比重低,但出口额增长迅速。对印度的出口来说,巴基斯坦只是一个小市场,在这五年里,印度对巴基斯坦出口额年均 2.2 亿美元,仅占印度出口总额的 0.44%。但印度对巴基斯坦出口却增长迅速,从 1999-2000 年度的 1.27 亿美元,增加为 2001-2002 年度的 2.38 亿美元,增长了 74%,虽然此后两年有所下降,2003-2004 年度又有大幅增长,五年增长了 2 倍,而同期印度的出口总额仅增长了 68%,

巴基斯坦的进口总额仅增长了50%。这样，从印度的进口占巴基斯坦进口总额的比重上升，五年中从1.23%上升为2.47%，增加了1.24个百分点。这一态势得以持续。2006年，印度出口总额达1202亿美元，比2003－2004年度的617亿美元增长约95%，巴基斯坦的进口总额达298亿美元，比2003－2004年度的154.7亿美元增长约93%。同期印度对巴基斯坦出口额从2003－2004年度的3.8亿美元扩大为7.93亿美元，增长1倍多，从印度的进口占巴基斯坦进口总额的比重上升为2.66%。（见表3－4）

第七，印度在双边贸易中顺差较大。五年中从7365万美元扩大为2.89亿美元，增长了2.9倍，仅2003－2004年度就比上年扩大了2倍，2006年进一步扩大为3.76亿美元（见表5）。印度对巴基斯坦贸易顺差巨大并呈快速扩大趋势，这是巴基斯坦拒绝给予印度最惠国待遇的两大基本性原因之一，另一个原因是克什米尔问题。但正是贸易逆差原因，使巴基斯坦在WTO制度下可不给予印度最惠国待遇。因此，阻碍两国贸易发展的原因有两个层次，一是经济原因，一是政治原因。

阻碍两国贸易发展的经济原因在于，虽然印度给予巴基斯坦最惠国待遇，但巴基斯坦对印度出口增长还是不快。这是因为最惠国待遇本身并不能直接扩大出口，扩大出口的基本条件在于产品的竞争力。巴基斯坦出口增长缓慢的主要原因是产品缺乏竞争力，因此，要想扩大对印度或别国的出口，就必须提高其产品的竞争力。毫无疑问，印度对来自巴基斯坦的大部分产品还有很高的关税，但WTO本身也没有规定应当降低多少关税，这个问题需通过双边谈判解决。如果巴方要求印方降低关税，印方必然要求得到相应回报,如最惠国待遇甚至于更多的要求。在 WTO 中,给予其他成员国最惠国待遇是基本条件,没有哪个国家可以例外。因此,或早或晚,不论是自愿还是不自愿,巴基斯坦都得给予印度最惠国待遇。

除关税问题外,巴基斯坦不给印度最惠国待遇还有一个理由,就是民族经济保护问题。即认为,巴基斯坦对印度开放市场,会导致便宜的印度产品大量涌入,给本地产业造成严重冲击和损失。但 WTO 对保护国内产业有相关规定,可按照相关规定解决这个问题。

综上所述,除其他问题外,大规模非正规贸易、缺乏供给能力和印巴两国间贸易规模太小是南亚现有区内贸易水平相对较低的重要原因。如何有效克服这些不利因素,是南盟合作发展所面临的重大挑战。

三、对南亚经济合作潜力的再认识

鉴于南盟内贸易水平很低,相关的早期研究认为,南亚区域经济合作潜力有限。然而,近期的一些研究发现,南亚经济合作的潜力极大,可为本地区所有国家尤其是较小和欠发展国家带来福利增长。[①]

其一,印度发展中国家与信息系统研究所(RIS)的一项分

---

① See Mehta and Bhattacharya (1999),Mohanty (2003),RIS (2004),among others, suggesting a substantial potential of SAFTA in augmenting intra－regional trade, from RIS: *South Asia Development and Cooperation Report* －2008,Oxford University Press,New Delhi,2008,P. 75.

析发现，2006年，约有74%的地区内贸易潜力有待发掘。据估计，2006年南盟内贸易潜力约为400亿美元，而实际贸易额仅为205亿美元。①如此高比例的贸易潜力未能发挥作用的原因，除可归结为上述的存在大规模非正规贸易和缺乏供给能力，还有贸易壁垒、交通运输联系和贸易便利差等问题。《南亚自由贸易协定》的实施有希望帮助发掘这些潜力，地区贸易自由化也有望创造出更多贸易机会。②

其二，印度发展中国家与信息系统研究所（RIS）的进一步研究表明，南亚各国间贸易潜力的发掘会增大南盟内的贸易潜力，尤其是印度与巴基斯坦之间的贸易潜力还有待发掘。该研究还表明，区域内贸易的充分发展有助于降低贸易不平衡问题。例如，虽然孟加拉国对印度还有84%的出口潜力未能发挥，印度对孟加拉国的出口潜力也高达70%。

其三，以上发现为近来对地区和双边框架的研究所证实。例如，联合国组织（UNCTAD）和亚洲开发银行（ADB）的研究发现，南盟国家之间的贸易互补性和产业内专业化正处于不断改善之中，而区内贸易潜力却在总体上未能得到发挥。③该研究还发现，《南亚自由贸易协定》对欠发展国家扩大贸易和促进较高福利效果增长的潜力巨大，对促进外国直接投资（FDI）流入本地区也有潜力，包括那些能在这些国家中导致纵向整合的外来

---

① RIS: *South Asia Development and Cooperation Report* — 2008, Oxford University Press, New Delhi, 2008, P. 65.
② See Ghosh and Yamraik (2004) for the trade creation potential of RTAs, from RIS: *South Asia Development and Cooperation Report* — 2008, Oxford University Press, New Delhi, 2008, P. 75.
③ RIS: *South Asia Development and Cooperation Report* — 2008, Oxford University Press, New Delhi, 2008, P. 66.

投资。

其四,联合国-亚洲开发银行的研究所得出的结论得到了其他双边层面资料的证实。例如,近期的另一项研究表明,印度和孟加拉国之间的贸易自由化能给孟加拉国扩大与印度的贸易提供大量机会,减缓贸易逆差增长,有益于孟加拉国改进其劳动密集型制造业的绩效,从而有助于减少贫困。[1]因此,像孟加拉国这样的欠发展国家(最不发达国家)从地区贸易自由化中获益的潜力极大。

在巴基斯坦国家银行的一份研究中也有类似发现。据该报告估计,印巴贸易自由化可使双边贸易额超过 52 亿美元。该研究发现,2004 年,约占印度进口商品三分之一、占巴基斯坦出口商品 45% 的 1181 种巴基斯坦出口商品,通过其他国家的途径进入印度市场。约 70.3% 的巴基斯坦一般出口商品的单位价值相等或低于印度进口这些商品的单位价值,其含意是,仅仅是生产满足印度进口需求的产品就可为巴基斯坦扩大出口提供极大空间。该研究还发现,2004 年,巴基斯坦通过其他国家途径进口了印度出口的 2646 种商品,价值 150 亿美元,巴基斯坦的进口单价比印度的出口单价高出约 48.7%。这些普通进口品中的 45% 未被列入巴基斯坦的"积极清单",因而不能从印度进口。巴基斯坦从其他途径进口这些商品的损失约为 4-9 亿美元。[2]概言之,南亚可从扩大地区内贸易发掘所忽略的机会成本。

---

[1] See Siriwardana and Yang (2007), from RIS: *South Asia Development and Cooperation Report* -2008, Oxford University Press, New Delhi, 2008, P. 75.

[2] See Suleri (2007), from RIS: *South Asia Development and Cooperation Report* -2008, Oxford University Press, New Delhi, 2008, P. 75.

因此，如何逐步有效克服贸易不平衡持续和缺乏供给能力这两大制约南盟内贸易的因素，是挖掘南亚区内贸易潜力所面临的严峻挑战，也是南亚经济一体化进程能否得到推进的关键所在。

第四章　南亚自由贸易区建设

与东盟等其他亚洲区域性合作组织相比,南亚区域合作联盟(SAARC)的进展曾经十分缓慢,少见成效。从2004年开始,南亚各国也开始重视南盟的作用,致力于构建南亚自由贸易区(SAFTA,以下简称南亚自贸区),希望以此拓展其对外贸易,改善投资环境,促进区域经济的长足和良性发展。

2004年1月2日,南亚区域合作联盟外交部长就"南亚自由贸易协定"内容达成一致意见。同年1月4日,印度总理瓦杰帕伊和巴基斯坦总统穆沙拉夫对两国经贸合作进行了磋商。2月8日,南亚区域联盟七国相关专家委员会经过多次讨论协商,最终敲定了自由贸易区框架协议。从此,南亚区域经贸合作在经历了长期停滞之后,终于步入自由贸易区的快车道,在南亚经贸合作历史上翻开崭新的一页。

第一节 南亚自贸区的启动

长期以来，南亚主要国家间的关系紧张对立，各国又奉行高关税的贸易保护主义，彼此间的经贸联系甚少，区域经济合作更无从谈起。在南盟成立之初，一些国家的政要及有识之士便大声疾呼，要借鉴其他区域性合作组织的经验，尽快组建南亚自贸区，即在南亚地区营建一个各国双边和多边经贸合作活跃、投资与贸易自由化、统一的大市场。这既有利于南亚局势持续缓和与稳定，亦可吸引各成员国积极参与和推动南盟的发展。

一、《南亚特惠贸易安排（协定）（SAPTA）》为南亚自贸区奠定了基础

在南亚区域联盟从 1985 年成立到 2004 年初以前的长达 18 年多时间里，由于种种原因，南亚区域合作一直停滞不前，没有取得任何突破性进展。虽然早在 1990 年南亚便提出建立自由贸易区的设想，但只是纸上谈兵。

南亚区域合作联盟所取得的较大成果，是南亚七国于 1993 年签署和实施"南亚特惠贸易安排协定"。该协定签署后，南亚区域合作联盟内部完成了两轮贸易谈判。截至 2002 年，南亚区域合作联盟各成员国总共降低了大约 3000 种小宗商品的进口关税，这虽然对区域内贸易额的上升发挥了一定积极影响，但是，在涉及更大范围的多边经贸合作方面，区域合作依然基本上处于

停滞状态。

在经济全球化以及外部区域合作的大力推动下,1997年南亚区域合作联盟第九届首脑会议将建立南亚自由贸易区的最后期限定在2001年。然而,截至2003年底,南亚自由贸易协议仍然未见雏形。事实上,作为南亚区域合作联盟两个最大的国家印度和巴基斯坦,长期以来双方关系一直紧张。先是印度和巴基斯坦两国分别热衷于发展核武器,并时常在克什米尔问题上发生争执,几乎引发印巴战争。继而在南亚区域经贸合作问题上也是经常进行相互指责。由于印巴双方克什米尔问题没有解决,因而,在商讨有关经贸合作问题时,势必把政治问题与经贸合作问题搅在一起,这样就在很大程度上拖延了南亚经贸合作的进程。

然而,在步入21世纪的第5个年头,南亚区域经贸合作开始进入到经济一体化的初期阶段——自由贸易区阶段,这又同其内外经济条件的改变,即印度和巴基斯坦经贸关系的戏剧性改善,和外部经济一体化的强有力推动不无关系。

政治是经济的集中体现。要想改善印巴之间的经贸关系,迫切需要缓解两国的政治关系,即解决克什米尔问题。经过印巴两国的相互妥协,该问题终于有了缓解:2003年10月下旬,双方在克什米尔宣布停火。边界问题的初步解决,为两国经贸关系的改善创造了前提条件。不仅如此,印度和巴基斯坦还一致同意,从2004年元旦开始,恢复两国中断了多年的航空运输,继而恢复两国铁路交通和海上运输。所有这些,都为印巴以及整个南亚区域经济新合作的拓展奠定了可靠基础。印度总理瓦杰帕伊2003年12月12日在由《印度斯坦时报》主办的南亚地区研讨会上指出,如果南亚地区国家发展经贸合作,便可以摒弃互不信任及消除不必要的怀疑。印度国大党主席索妮娅·甘地在同一场合，也呼吁成立南亚地区议会，作为一个常设机构来协商和处理本地区的内部事务。印度朝野在南亚地区经贸合作方面表现出空前一致的态度，进一步体现了印度加强地区经贸合作的强烈愿望，也反映出印度希望通过与巴基斯坦改善关系，来重新启动陷入停顿的南亚区域经济贸易合作。

对于印度领导人的强烈呼吁，巴基斯坦立即做出了积极回应。巴基斯坦总理贾迈利于2003年12月13日发表声明，称印度总理主张开放边界和统一货币的建议"并非不现实"。巴基斯坦总统穆沙拉夫也对瓦杰帕伊的主张表示赞同，认为这是一项"积极的倡议"。印度还在区域经贸合作方面提出了一系列新举措，其中包括2003年12月上旬决定准许国内私人航空公司开辟到南亚邻国的航线。印度高级官员还分别出访了孟加拉国、尼泊尔和斯里兰卡等国，旨在加强双边贸易和区域合作。印度已经同尼泊尔、不丹和斯里兰卡签署了自由贸易协定并希望与孟加拉国以及马尔代夫签订类似协议。

在印度和巴基斯坦加强双边经贸合作的影响下，2003年12月8日，南亚成员国的能源官员在孟加拉国首都达卡达成一致意见，主张建立区域统一电力网，来克服制约本地区经济发展的电力短缺问题。该建议于2004年初举行的第十二届南亚联盟首脑会议讨论通过。

鉴于印度和巴基斯坦均对增强经贸合作有了明确认识和积极愿望，南亚区域经贸合作开始步入一个新起点。同时，外部经贸一体化的迅速发展对南亚区域合作也是有力的促动。在南亚经贸合作受阻之时，世界其他地区的区域经济一体化合作浪潮则一浪高过一浪，尤其是欧盟和东盟，对推动南亚区域合作产生了巨大的影响。印度总理瓦杰帕伊曾不止一次地表示，南亚经贸合作将遵循欧盟的发展模式，可见，欧盟对南亚经贸合作具有强大的吸引力。

除欧盟外，近年来东盟的扩展步伐也不得不引起南亚各国的密切关注。1993年东盟提出建立自由贸易区的目标之后，到2003年已正式组建东盟自由贸易区。2003年10月7日，东盟国家又再次召开峰会，决定从2004年开始的10年期间内建立东盟经济共同体。这对东盟的经济一体化来说，等于又上了一个新台阶。不仅如此，在此次峰会上，东盟还决定通过贸易投资自由化，将逐步形成东盟－中国、韩国、日本自由贸易区；还计划打造东盟－中国和东盟－印度两大自由贸易区。

东盟乃至东亚是当今世界上经济活力最强的地区，而中国经济的持续高增长，对印度等南亚国家来说，又有着更大的吸引力。如果南亚不加强自由贸易区联盟，那么，势必会最终落在东盟以及中国的后面。鉴于此，印度不仅要加强南亚地区的经济一体化，还把增强与东盟及中国的经贸关系作为政府的议事日程。一些观察家预言，在印度政府的议事日程上，实现南亚地区经贸合作仅处于次要地位，印度政府更倾向于与东南亚达成自由贸易区协议。从中不难看出，东盟经济一体化对南亚经贸合作是何等重要。为了尽快与东盟加强经贸合作，必须加快实现南亚自由贸易区的步伐。

基于南亚的实际状况，各国首先达成共识，要大力促进彼此间商品贸易的发展。1993年南亚各国达成《南亚特惠贸易安排（协定）》，并于1995年生效。该协定规定，根据自愿的原则，由各国自行申报降低关税的商品。

经过三轮艰苦的谈判,各国提供执行优惠关税商品共计4951项。鉴于尼泊尔、孟加拉国、马尔代夫和不丹四国经济落后的现实,南亚优惠贸易协定还在减税商品的原产地标准方面降低了对它们的要求。虽然这些商品都非南亚各国的外贸大宗,对促进域内贸易发展作用并不大,但在《南亚特惠贸易安排(协定)》的制订和实施过程中,各国积累了一定的谈判经验,并对区域贸易自由化的概念和实际运作有所认识和了解。

二、域内双边自由贸易协定为南亚自贸区提供了实践经验

虽然在1997年南盟第九届首脑会议上,南亚各国便提出要在2001年底启动南亚自贸区,但因印巴关系屡出危机,在之后的几次南盟首脑会议上,两国针锋相对,根本无法开展针对南亚地区的多边贸易谈判,南亚自贸区也被一拖再拖。但在这一时期,印度注重与一些邻国进行双边自由贸易安排,并取得了一定的成绩。如在1996年,印度与尼泊尔、不丹两国签署了非互惠双边贸易协定,即尼泊尔、不丹向印度出口商品,印度征收零关税;而印度向这两个国家出口商品,它们则自主征收相应关税。在1998年,印度和斯里兰卡签署了双边自由贸易协定,两国对1000种商品免征关税,双边贸易和投资额都有大幅增长。印度还希望与孟加拉国以及马尔代夫也签署同样的自由贸易协定。巴基斯坦也分别同孟加拉国、斯里兰卡签订了双边自由贸易协议。2006年2月,巴基斯坦总理阿齐兹与孟加拉国总理卡莉达·齐

亚共同宣布，两国将达成双边自由贸易协议，以提升两国的贸易关系。

三、南亚自贸区的艰难启动

新世纪以来，南盟区域合作步伐加快。南亚七国经过自2003年12月以来的多次反复磋商，最后对自由贸易区的框架协定达成基本一致意见。2004年1月，第十二届南盟首脑峰会签署了《南亚自由贸易区框架协议》，标志着南亚经济一体化进程取得突破性进展。

南亚自由贸易区框架协定（SAFTA）共有25章，主要包括序言、宗旨与原则、实施机制、国民待遇、贸易自由化措施、例外清单、辅助措施、对最不发达国家的特别和差别待遇、机构设置、不适应和一般例外条款、保障措施、国际收支措施、原产地规则、争端解决机制等内容，现将相关主要内容介绍如下。①

1. 贸易自由化措施

根据SAFTA有关规定，SAFTA主要旨在通过在成员国间消除关税和非关税壁垒、准关税壁垒以及其他相关措施促进南亚七国间的商品自由流动，即贸易自由化。其实施机制包括：贸易自由化项目；原产地规则；机构设置安排；协商与争端解决程序；保障措施；其他一致同意的措施。其中，贸易自由化项目是主体。

（1）贸易自由化项目

---

① 本节内容引自：http://baike.baidu.com/view/2327173.htm#7

根据 SAFTA 有关规定，印度，巴基斯坦和斯里兰卡等非最不发达国家必须在协定生效后 7 年内（即 2006－2012 年）将关税削减至 0%－5%，孟加拉国，尼泊尔、不丹和马尔代夫四个最不发达国家则应在 SAFTA 生效后 10 年内（即 2006－2015 年）将关税削减至 0%－5%。印度等非最不发达国家应在协定生效后 3 年内将适应于最不发达国家国家商品的进口税削减至 0%－5%。

具体来讲，贸易自由化项目分两阶段进行：

第一阶段：从 SAFTA 生效（即 2006 年 1 月 1 日）后 2 年内，印度，巴基斯坦和斯里兰卡等非最不发达国家国家必须将现行关税率削减至 20%，如果在 SAFTA 时实际税率低于 20%，则在该 2 年内每年应再削减 10%；孟加拉国，尼泊尔，不丹和马尔代夫四个最不发达国家国家则应在此期间将现行关税率削减至 30%，如果在 SAFTA 生效时实际税率低于 30%，则在该 2 年内每年应再削减 5%。

第二阶段：自 SAFTA 生效后第 3 年开始 5 年内（2008－2012 年），非最不发达国家国家必须将关税率由 20% 或以下削减至 0%－5%，但斯里兰卡关税削减期为 6 年，即到 2013 年；最不发达国家国家则应在 SAFTA 生效后第 3 年开始的 8 年内（2008－2015 年），将关税率由 30% 或以下削减至 0%－5%。

(2) 非关税和准关税壁垒通知义务

根据 SAFTA 有关规定，SAFTA 缔约国每年应向南盟秘书处通报其所有非关税和准关税壁垒措施，SAPTA 专家委员会对其审议后将提出撤销建议或采用最少量的限制方式来实施，以促进南盟区域内部贸易。除关贸总协定（GATT）许可者外，缔约国应取消所有数量限制。

2. 例外清单

根据 SAFTA 有关规定，SAFTA 允许各成员国自我确定保护性的"非自由贸易"商品清单——即例外清单，这显然对经济相对落后的国家是有利的。凡列入例外清单中的商品不适应上述贸易自由化项目的规定。不过，例外清单中的商品数量不能超过成员国协商确定的最高限额，而且例外清单每 4 年审议一次（经 SAFTA 部长理事会决定也可提前审议），以削减例外清单的商品总数。

3. 辅助措施

根据 SAFTA 有关规定，除上述贸易自由化措施外，各成员国还同意采取众多贸易便利化"辅助措施"来支持和补充 SAFTA。这些措施主要包括：协调标准，互相承认缔约国检验机构的检验与认证；简化并协调海关清关程序；协调海关 HS 编码分类；加强海关合作以解决海关入境地争议；简化、协调进口许可和登记程序；简化进口融资的银行程序；为提高区域内部贸易效率，提供过境便利——特别是向处于内陆的缔约国提供；取消区域内部投资壁垒；宏观经济磋商；公平竞争规则与风险投资促进；发展交通运输和基础设施；在不造成对 GATT 第 18 条和 IMF 有关条款的歧视情况下，对 SAFTA 项下产品的支付及其款项遭返，制定外汇管制（如果有的话）例外措施；简化商务签证程序。

4. 机构设置

（1）部长理事会

根据 SAFTA 有关规定，SAFTA 设立部长理事会，为

SAFTA最高决策机构，负责SAFTA及相关决议、安排的管理与实施。部长理事会由缔约国商务（贸易）部长组成，至少每年召开一次会议，由各缔约国按国名的字母顺序轮流担任其主席。

（2）专家委员会

为支持部长理事会，SAFTA设立一专家委员会，由缔约国各派一名高级经济官员组成。专家委员会的职责是：负责SAFTA的监控、评估，促进SAFTA的顺利实施；担任SAFTA"争端解决机构"职责；承担部长理事会交付的其他任务。专家委员会至少每6个月召开一次会议，由各缔约国按国名的字母顺序轮流担任会议主席。另外，专家委员会每6个月须向部长理事会提交一份报告。

5. 对最不发达国家的特别和差别待遇

根据SAFTA有关规定，所有缔约国应向最不发达缔约国单独提供特别和差别待遇，包括：在实施反倾销和反补贴措施时应充分考虑最不发达缔约国的情况，应给予其磋商机会；在数量限制或其他贸易壁垒方面给予最不发达国家更大灵活性；为加强最不发达缔约国持续出口能力，SAFTA缔约国还应考虑采取一些直接贸易措施，如承诺特定产品进口和供应的中长期合同、回购协议、国营贸易、政府和公共采购；对最不发达缔约国提出的提供技术协助和合作以帮助他们扩大与其他缔约国之间的贸易、有效利用SAFTA潜在利益的要求，缔约国应给予特别考虑。缔约国将就此类技术协助的可能领域进行磋商并构成SAFTA的组成部分。由于实施SAFTA"贸易自由化"项目，最不发达缔约国可能面临海关关税损失。在制定出国内应对措施之前，缔约国同意建立一个合适的机制对最不发达缔约国的此种关税损失进行补偿。该机制及其规则应在"贸易自由化"项目实施之前建立起来。

6. 原产地规则

SAFTA原产地规则将由缔约国另行协商确定并作为SAFTA的组成部分。

由于当前南亚自由贸易协议仅仅是个大致的轮廓，尚缺乏详细的条款规定，再加上现在的自由贸易区同传统的自由贸易区有较大的区别，前者已不再是纯粹意义上的自由贸易区，而是自由贸易区和经济共同体的结合体。所以，除了涉及双边贸易活动外，还涉及其他方面，例如区域货币的问题，而贸易方面又都以降低关税为基本内容。

关于降低关税问题，在尼泊尔首都加德满都举行的南亚区域联盟成员国专家委员会会议上，拟定了各成员国在南亚自由贸易区框架协议下分两个阶段把关税最终降低到0%-5%。专家委员会最初确定的协议文本是在2004年1月4日于巴基斯坦首都伊斯兰堡举行的南亚最高首脑会议，即南亚区域合作联盟首脑会议上得到批准通过的，在此基础上，又经过专家对文字进行仔细校正，最后在2004年2月8日正式形成框架文件。

经过专家正式校正的自由贸易区框架协议规定，第一阶段印度和巴基斯坦应在2004年至2006年的两年时间内把所有商品的关税降低到20%，其他最不发达国家应从2004年至2007年的3年时间内，把现行关税逐步降低到30%。第二阶段印度和巴基斯坦应在2007年起的5年时间内，把关税降低到5%以下；其他最不发达国家则可在从2008年起的7年内，把所有关税降低到0%-5%。也就是说，经过长达10年的过渡期，最后到2014

年1月1日正式组建南亚自由贸易区。

此外，所有成员国在此期间还需要准备本国的"敏感产品目录"，其目录中所列的商品可不予减税，以便保护本国的薄弱工业部门；专家委员会还将制定对最不发达国家税收损失补偿的特别规则。该协议签署以后，印度从中获得的好处远比从多边最惠国待遇中所获得的要多，巴基斯坦得到的实惠是能够获得印度的农作物产品和加工技术。其他南亚国家也将从上述贸易协议中获得多少不等的经贸实惠。

关于南亚共同货币问题，目前还没有相关的详细内容，仅仅是某种有关这方面的设想。尽管如此，它也应被看作是南亚自由贸易区中的一个重要内容。鉴于南亚区域相关国家进出口商品关税日益下降，为该地区的货币联盟打下初步基础。按照印度总理瓦杰帕伊的设想，在该地区相关国家相互减少关税的同时，七国应该以欧盟为榜样，逐步实现经济与货币联盟。这种共同货币至少应分三步进行：第一步，进行可行性论证，设立货币联盟实施机构；第二步，各国货币做好向共同货币过渡的各项准备工作；第三步，确定各国货币与共同货币之间的比价，待时机成熟，统一实行新货币。

迄今，南亚各国都已批准了该协议。阿富汗从2008年2月1日起也加入南亚自贸区，成为加入该区域经济组织的第8个成员国。

南亚自贸区的主要内容有：

首先，建立南亚自贸区的宗旨是，促进和加强南亚地区各国的双边和多边自由贸易和经济合作；取消缔约国之间的贸易壁垒；为南亚地区各国开展自由贸易和进行公平竞争创造条件，保证所有缔约国获得均等利益，同时要兼顾不同国家的经济发展水平，对弱势国家给予适当的照顾；为进一步开展南亚区域经济合作奠定基础，扩大和加强各缔约国的共同利益。

其次，学习和借鉴东盟自由贸易区（AFTA）的经验，将南亚各国分为发展中国家和最不发达国家（印度、巴基斯坦、斯里兰卡为发展中国家，孟加拉国、尼泊尔、不丹、马尔代夫为最不发达国家），按照不同的时间表，着手削减各国的高额关税，在5至10年内，将南亚各国的关税水平从30%左右降到5%以下，从而推动各国商品在南亚地区内的自由流动。其中印巴要在2012年前达标，斯里兰卡为2013年，孟加拉国、不丹、马尔代夫、尼泊尔为2015年达标。预计到2016年1月，南亚自贸区将正式建成。南盟的各成员国在此期间还需准备本国的"敏感产品"目录，其中所列的商品可以不减税，以保护本国的民族工业。

再次，为实现上述目标，南盟秘书处还出台了相关政策与手段：建立税收补偿机制，针对小国在税收方面的损失给予一定补偿；制订南亚双边与多边贸易规则；建立协商与解决贸易纠纷的程序；设置特别项目，促进各国间开展直接贸易；敦促各国统一和简化商品入关手续，消除投资障碍；鼓励各国在通信与交通方面的投资；敦促各国在自由兑换货币、签证方面给予便利等。

最后，建立南盟部长级专门会议，每年至少要会晤一次，作为有关南亚自贸区事务的最高决策和管理机构。其下设有专家委员会，由各成员国推荐负责经济管理方面的高级官员组成，作为执行和办事机构。该委员会至少每半年举行一次会议。

第二节 南亚自贸区发展前景及面临的主要困难

一、南亚自贸区的发展前景

1. 南亚局势缓和为南亚自贸区的发展创造了条件

印度、巴基斯坦和孟加拉国作为南亚地区的主要经济体和外贸大国,三国间的经贸状况及各国对南亚自贸区的态度,决定着南亚自贸区的前途。在历史上,它们都是英属印度的组成部分,相互间的经济联系十分密切。例如,即使在印巴分治初期,两国的双边贸易额也分别占其对外贸易总量的50%以上。印巴交恶,人为设置了阻碍,遏制了两国经贸发展,致使两国的一些互需商品不得不经过第三国转口,或相互进行走私贸易,而双边的官方贸易量则维持在较低的水平。随着印巴关系的缓和,双边经贸关系被激活,贸易额大幅度上升。如在 2003 年,两国贸易额仅为3.4 亿美元,而到 2005 年,便升至 6 亿美元,2006 年已超过 10 亿美元,2007 年达到 16 亿美元。据有关专家分析,如果所有的渠道畅通,印巴的双边贸易额可维持在 20 亿美元左右。2007 年8 月 1 日,第四轮印度和巴基斯坦商务部秘书级双边经贸会谈在新德里结束,双方一致同意在对方国家互设银行分支机构。双方还同意到 2010 年将双边贸易额增加到 100 亿美元。双方还讨论了促进水泥和茶叶贸易、在两国互办贸易展览、减少非关税壁垒、加强跨境运输往来、增开铁路货运线路等问题。印度和孟加拉国双边贸易同样存在着渠道不畅、走私严重等问题,如能理顺两国关系，双边贸易额亦将急剧提升。即便地理位置上被印度所阻隔，巴基斯坦和孟加拉国的经贸联系依然紧密。随着南亚局势总体缓和，其巨大潜力将被逐步释放。随着三国间贸易额的快速增长，其对南亚自贸区的热情也在上升，一些抵触情绪有所缓解，这无疑为南亚自贸区发展创造了有利条件。

2. 南亚地区良好的经济发展势头促进了南亚自贸区的进程

近五年来，南亚地区经济发展提速，且势头迅猛，年经济平均增长率甚至超过了东南亚国家。为此，南亚各国政府以及专家都有这样的看法：为能将这一良好势头维持并延长，一方面需要各国认真解决发展中所存在的瓶颈问题，如加大对基础设施的投入，重组和私有化国有银行，进一步推行市场自由化，克服官僚主义严重、政府部门间缺乏协调、政府人员过多以及政府在公共领域开支不足等问题；另一方面，各国要重视和积极发挥南亚自贸区的作用。在经济全球化的今天，区域经济一体化既是拓展对外贸易和与他国进行双边或多边合作的重要平台，更是与别国团结协作，共抗国际上出现的大规模金融危机或动荡的有力武器。如能这样，那么南亚经济发展的这一良好势头有望持续至2008年以后，届时南亚地区将成为世界经济领域的新亮点。

3. 能源合作将成为南亚自贸区发展的新领域

南亚地区各国大多油气资源短缺，不得不依赖进口以补缺口。印巴两国为保障能源供给的稳定和安全，规划修建产油区至本国的油气输送管道，都需相互借道或途经其他南亚国家。孟加拉国、尼泊尔、不丹拥有丰富的水能，但缺少资金与技术进行有效的开发。各国在能源领域都互有所需，更容易进行协商与合作。例如，印度为能将在周边地区获得的油气资源直接、便利地运回本土，拟建三条油气输送管道，即向北修建土库曼斯坦—阿富汗—巴基斯坦—印度天然气输送管线（TPI），向西连接伊朗—巴基斯坦—印度天然气管线（IPI），向东建设缅甸—孟加拉国—印度天然气管线（MBI）。印度主动向巴基斯坦示好，推动两国高层频繁会晤，争取 IPI 方案尽早付诸实施。2004 年 9 月至今，印度与巴基斯坦一直认真讨论该项目。印度为谋求连接其与缅甸的输气管线早日贯通，不断向孟加拉国示好，除增加对孟加拉国的投资外，还向其开放市场，促进双边贸易发展，以解决两国存在的巨大贸易顺差问题。2004 年 12 月，南盟成员国的能源官员在孟加拉国首都达卡达成一致，准备建立南亚地区统一的电力网络，来克服制约本地区经济发展的电力短缺问题。目前，南盟正在筹划建立能协调该地区能源分配，促进能源生产的南亚能源合作机构。这些措施在客观上无疑促进了南亚自贸区的进程。

4. 亚洲其他自由贸易区的发展为南亚自贸区提供了良好的外部环境和机遇

当前，除南亚自贸区进程提速外，亚洲其他地区自由贸易区建设进程也在加快，例如东盟与域外国家自由贸易区建设保持良好势头，日本积极推动与东盟、印度等国家建立"经济伙伴关系"等。亚洲域内贸易依存度已达到 50%，初步形成了较为完整的产业分工和循环体系，亚洲国家更加重视双边和区域性的自由贸易安排。南亚国家对其他地区的自由贸易安排感兴趣，并积极参与，例如南亚各国普遍期望加强与东亚国家的合作，通过建立自由贸易安排，搭上东亚地区经济发展的顺风车。近期，印度便提出，希望与中国、日本、韩国以及东盟国家建立"泛亚自贸区"。其他亚洲国家也对南亚自贸区表示出浓厚的兴趣，如日本自1993年就建立了日本—南盟特别基金，大搞"扶贫"外交。2005年11月，日本成为南盟观察员，并积极参与到南亚自贸区的进程中。日本提供了首批20万美元技术援助，用于南亚自贸区的政策规划。泰国也积极倡导和推动与南亚地区的合作，意在利用其自身所处的地缘优势，发挥连接东南亚与南亚的枢纽作用，挖掘两大区域的资源与市场，为自身的发展拓展经济纵深。2004年7月，印度、泰国、缅甸、孟加拉国、斯里兰卡、不丹、尼泊尔等南亚和东南亚7国领导人在泰国首都曼谷举行会议，发表《曼谷宣言》，宣布将"孟印缅斯泰经济合作组织"更名为"环孟加拉湾多领域经济技术合作倡议"，简称"环孟倡议"。这标志着南亚和东南亚的区域合作迈出新步伐。

二、南亚自贸区面临的困难

南亚七国虽然初步确定通过分阶段削减关税以及建立共同货币等，到2014年1月1日组建一个有别于传统自由贸易区的新型自由贸易区，然而，作为世界上没有达成自由贸易协定的少数地区之一，要想达到预期目标，南亚在今后较长一段时期将会遇到难以想象的困难。

1. 南亚内部贸易现状限制了南亚自贸区的发展

客观来看，南亚还属于经济落后地区，各国工业化程度较低，工业产值只占其国民生产总值26.18%。除印度外，其他国家大都以相似的农矿产品为主要外贸商品，互补性差，缺乏经贸合作的基础，各国更愿同经济互补性更强的域外国家加强经贸联系。如在2005年，南亚国家与域外国家的贸易量达3500亿美元，内部贸易量却仅为 70 亿美元。据印度有关机构推算，即使各国彻底取消了关税，南盟内部贸易额也只能增加 1.6 倍左右。在如此低的贸易量基础上，又缺乏向心力，构建统一的大市场难度极大。

2. 贫困和欠发达是最大拦路虎

通常说来，对一个建立自由贸易区的区域和国家而言，总是应该以一两个经济较为发达的国家为中心，在此基础上，再带动其他国家走向自由贸易之路。在南亚，尽管印度和巴基斯坦是该地区最大的两个国家，同时，印度还是全球经济潜力十分雄厚的国家，但是，就当前而言，无论是印度，还是巴基斯坦，都不大可能带动其他国家向自由贸易区方向扩展。按照人均国内生产总值计算，2002 年印度只有 460 美元，巴基斯坦也不过 470 美元。在上述七个国家中，除马尔代夫和斯里兰卡外，其余五个国家的人均 GDP 都低于 500 美元，均属于全球贫困国家。况且，南亚地区在经济上还是欠发达区域。除印度工业部门比较齐全，巴基斯坦有一些轻工业部门外，其他国家基本上以农业为主。上述各国的国内生产总值、人均 GDP、贸易额，仅仅相当于东亚地区的 6.9%、10.8%和 4%。单就贸易来说，2002 年南亚地区的进出口额仅为 1113 亿美元，还不到泰国的 50%。由于贫困和经济不发达，与其他地区相比，该地区要想实现自由贸易区的预定目标，其困难程度将可想而知。

3. 印度不愿为南亚自贸区税收补偿机制提供支持

关税是南亚各国政府主要的资金来源之一，例如斯里兰卡与其他南亚国家贸易关税占其总关税额的 24%，占其总财政收入的 3.1%，若各国认真执行减税规定，必将承担一定的损失。因此南亚小国十分看重南亚自贸区的税收补偿机制，并对印度寄予厚望，希望其能提供主要资金来源。印度位居南亚核心，与其他南亚国家都接壤，开展双边贸易条件便利，居于顺差的有利地位。其他南亚国家间发展双边贸易，必须过境印度，还得向其支付一定的费用。印度从其他南亚国家的进口仅占其总进口额的 0.9%，削减关税对其影响并不大。印度在南盟内部贸易中占有的份额最大，如在 2005 年，印度与其他南盟国家的贸易量就达 52 亿美元。南亚自贸区启动之后，印度也将从南亚自贸区中获益最多。印度总理曼莫汉·辛格公开表示，南盟国家内部贸易额将在未来两年内大幅度飙升，印度与其他南盟国家的贸易额仍将占其中的主要部分。一方面，印度大力倡导和推广南亚自贸区，如印度领导人提出，南盟应当以欧盟为参照模式，在不远的将来实现五大目标，即在南盟国家内部实现自由贸易、开放边界、统一货币、建立共同市场，并最终通过各国在经济上的共同发展达到在政治上建立更紧密关系的目的。另一方面，印度却并不愿为税收补偿机制提供资金支持和帮助，认为是那些小国在故意设障，谋求对其敲诈。印度与其他南亚国家在该问题上的分歧，直接影响了各国减税工作的开展，这也必将会延迟南亚自贸区的进展。

4. 缺乏非关税限制措施增添了难题

一般说来，一个地区要想实现自由贸易区的既定目标，除了逐步减少关税外，还应该在消除非关税方面提出很多措施。例如，如何取消各国之间政府对农业的补贴？又如，怎样逐步取消商品配额限制？显而易见，在建立自由贸易区的过程中，逐步取消关税仅仅是其中一个方面的内容，还应该涉及非关税、服务贸易、金融和劳动力流动以及知识产权等众多问题。若这些问题得不到解决，那么，要想达成自由贸易协议，进而最终组建南亚自由贸易区将是困难重重。

5. 南亚各国奉行的贸易保护主义仍形成阻碍

尽管南亚自贸区已经启动，但南亚各国仍不愿切实放弃贸易保护主义。纷纷提出"敏感产品"目录，而这些产品则不在减免关税之列。例如，印度提出针对南亚其他国家的"敏感商品"就有近800种。南亚各国还存在大量的非贸易壁垒，如在通关、结算、商检、仲裁等方面法律体系不完善，规定不同，手续烦琐，官僚主义作风严重。这些无疑都会影响南亚自贸区的进展。

6. 未来南亚自由贸易区主导权成为不可忽视的问题

印度之所以对建立南亚自由贸易区颇感兴趣，一是希望该自由贸易区建成后，印度可从中获取经济实惠；二是印度指望得到南亚自由贸易区的主导权。毋庸置疑，无论是从经济实力，还是从人口来讲，不仅巴基斯坦不是其对手，其他国家也不在话下。不过，巴基斯坦将与印度争夺南亚自由贸易区主导权。因为除巴基斯坦外，其他国家都不具备同印度争夺主导权的实力。首先，巴基斯坦在南亚是唯一可以同印度竞争核军备的国家，目前印巴在核武器方面，大体旗鼓相当；其次，巴基斯坦的政治影响也在增强，由于巴基斯坦与美国结盟，特别是在反恐方面，巴基斯坦得到了美国的大力支持；再次，从当前巴基斯坦的实际情况来看，该国的经济和军事潜力都比较大，因而必定成为在南亚与印度相抗衡的主要国家。

7. 同其他地区经贸联系的加深可能使南亚自由贸易区中途停顿

尽管印度对加强南亚自由贸易区合作感兴趣，然而，若南亚自由贸易区中途受阻，不排除印度转向与其他地区实现经贸结盟的可能性。如上所述，当前，在印度政府的议事日程上，组建南亚自由贸易区排在次要地位，而印度更倾向于同东亚国家实现贸易结盟。倘若这种主张占据上风，那么，一旦南亚自由贸易区进程受挫，印度便有可能转向加强与东亚国家的经贸结盟。不过也应该看到，在南亚自由贸易区组建过程中，既有各种阻力，也存在着巨大潜力：首先，由于建立南亚自由贸易区是该地区国家的共同心愿，因而。不管困难再大，也难以动摇各国建立南亚自由贸易区的决心；其次，南亚地区具有丰富的劳动力资源，完全可以用较为低廉的集团劳动力成本优势吸引外国资本，从而逐步成为继东亚之后又一个新兴的"全球加工厂"。再者，南亚地区经济虽然比较落后，但也不排除优势互补。在该地区，印度的工业比较发达，而孟加拉国等国的农业资源比较丰富，印度可用工业品交换孟加拉国的农产品，后者亦可用农产品交换印度的工业品，从而做到优势互补。这对南亚自由贸易区的建立将产生较大的正面影响。

8. 巴基斯坦将南亚自贸区与政治问题挂钩

巴基斯坦历届政府都对南亚自贸区持非常谨慎的态度，唯恐它成为印度掌控南亚和削弱巴基斯坦的工具。巴基斯坦认为，在印巴双边贸易中，巴基斯坦居于不利地位。以 2004 年为例，当年双边贸易额为 4.76 亿美元，其中印度对巴基斯坦的顺差就达 2.88 亿美元。一旦巴基斯坦执行南亚自贸区的有关减税规定，就等于赋予了印度贸易最惠国待遇（MFN），届时，印度大量的工业制成品将涌入巴基斯坦，对其民族工业构成极大威胁。巴基斯坦军方和很大一部分政治家坚持认为，只有印度在克什米尔问题上做出有利于巴基斯坦的让步，巴基斯坦才可能做出一定牺牲和让步，切实贯彻和执行南亚自贸区的减税规定。巴基斯坦政府虽然批准了南亚自贸区，但仍不赋予印度贸易最惠国待遇。巴基斯坦还提出，南盟应增置解决贸易争端的机制。印度虽然表面上给予巴基斯坦贸易最惠国待遇，但附加了相当多的苛刻条件，如巴基斯坦商品进入印度市场的配额限制、证书要求、登记手续、兑换货币等等，实际上是在对巴基斯坦进行反制裁。

9. 不稳定因素产生消极影响

虽然南亚地区总体局势保持平稳，但仍存在有不稳定因素和局部的动荡和冲突。

首先，印巴之间的冲突未决，势必阻碍最终组建南亚自由贸易区。印度与巴基斯坦之间围绕克什米尔问题的冲突，目前虽然短时期停火，但离完全解决还相距甚远。因为，克什米尔冲突由来已久，而且，印控克什米尔和巴控克什米尔分属于两个不同的民族。同时，无论是印度，还是巴基斯坦，谁控制了克什米尔，都会对对方造成严重威胁。正因为如此，如何解决克什米尔问题，历来都是个难题。因而，克什米尔及其他相关问题，不仅是摆在印巴之间的难题，同时也关系到未来南亚自由贸易区的命运。应该看到，自从1985年南亚合作联盟诞生后，该组织长期以来迟迟得不到进展，其中很大原因在于印巴之间的冲突没有缓解。若双方冲突依旧，将为南亚自由贸易区埋下祸根，南亚自由贸易区便有中途泡汤的可能。

其次，印度和巴基斯坦屡遭恐怖主义袭击。斯里兰卡国内的民族冲突已持续二十多年，给人民生命财产造成巨大损失，严重影响了斯里兰卡的安定和经济发展。这些对南亚地区的经济发展无疑产生一定的冲击，南亚自贸区的进程也受到一定的影响。印度北部边境各邦饱受恐怖主义和分裂势力袭扰之苦，经济发展受到极大制约，与内地差距加大。2005年底至今，印度宗教圣地瓦拉纳西、首都新德里贾玛尔清真寺、经济中心孟买相继发生破坏力和影响较大的爆炸案，既对印度国内的稳定产生冲击，更损害了其投资环境。近期，印度出于安全考虑，分别加强了对印巴、印孟、印尼（泊尔）边界的戒备和检查力度，一定程度上影响了同这几国双边贸易的发展。

总体看，南亚建立自由贸易区虽然困难重重，但经过各国的共同努力，最终建立自由贸易区还是可能的。

第五章　南亚区域能源合作

进入 21 世纪，世界能源消费不断增加，能源价格不断走高，很多国家面临巨大的能源供应压力。在此形势下，各国纷纷寻求解决之道，各种能源合作形式也不断涌现。区域合作作为解决当前能源问题的重要手段，为各国所选择。

南亚作为世界上经济发展最快的地区之一，能源安全形势严峻，能源短缺成为制约经济发展的因素之一。为此，南亚各国在地区内双边和多边层面开始了能源合作。南亚国家的双边能源合作主要围绕印度展开，多边能源合作则主要在南盟框架下进行。在这两个层面上，南亚能源合作取得了一定的成绩，也存在很多问题和限制。因此，南亚各国及南盟还需采取对策，继续努力推进南亚地区的能源合作。

第一节　能源安全和能源合作

能源合作问题与能源安全密不可分，在分析南亚能源合作问题前，有必要对相关概念进行概述。

一、能源安全

1. 能源安全的含义

著名石油问题专家丹尼尔·耶金定义能源安全为"以合理的价格和不危及国家价值观、国家目标的方式，获得充足可靠的能源供应"[①]。雅努什·列茨基认为"能源安全一般定义为能源在合理的价格内可靠充足的供应"[②]。约瑟夫·欧姆增加了环保因素，认为"90年代能源安全的目标是通过增加经济竞争力和减少环境恶化，确保充足可靠的能源服务"[③]。国际组织也对能源安全做出界定。国际能源机构将能源安全描述为"（能源产品）在可接受的价格上，连续有效的供应，同时注意环境问题"[④]；联合国能源议题认为"一个国家的能源安全一般理解为免受在经济上可以承担的燃料短缺威胁，或者说，具备可接受数量的能源资源的状态"[⑤]。

国内学者的定义稍有不同。赵庆寺概括能源安全为"在国家经济发展的一定时期内，保障能源的持续、及时、足量地满足国

[①] 叶蓁蓁，《国际能源合作模式与中国的战略选择》[D]，外交学院2002级博士论文，2005年5月，第19页。

[②] J. Bielecki, *Energy security: is the wolf at the door?*, Quarterly Review of Economics and Finance, 2002.

[③] 赵庆寺，《试论能源安全的特性与路径》[J]，载《新疆社会科学》，2007年第3期。

[④] International Energy Agency, Energy Security, http://www.iea.org/subjectqueries/keyresult.asp? KEYWORD_ID=4103.

[⑤] 联合国能源议题网站，亚太能源安全与可持续发展，http://www.un.org/chinese/esa/energy/asia.shtml.

民经济和社会发展的需要,并且保持价格的可接受性、发展的可持续性和国家政治的稳定性"[1]。迟春洁等定义能源安全为"一个国家或地区可以持续、稳定、及时、足量和经济地获取所需能源的状态或能力"[2]。黄璜认为"能源安全就是一国能够以合理的价格稳定足额地获取经济社会发展所需要的能源,所以能源供给中断、能源价格上涨和能源价格剧烈波动均属于能源安全的范畴"[3]。孙霞认为能源安全存在几个维度:"(1)能源供应安全:传统能源安全关注安全稳定的能源供应,包括进口来源和燃料的多样化;合约的机动性,可靠的运输路线或系统;国内基础设施完整性或可容量;资源开发的参与度等。(2)能源经济安全:指以稳定的能源来增强经济安全,包括降低价格短暂波动带来的脆弱性;提高能源利用率;市场自由化,使环境问题带来的冲击最小化等。(3)能源对安全的意义:指的是能源的地缘政治层面,能源作为国际经济合作的催化剂所具有的缓和国际紧张状态的作用等。"[4]

中外对能源安全的理解即相似,又有差异。相似是因为中外学者都是从需求方的角度理解能源安全。国外对能源安全定义是供应充足、价格合理和环境友好,反映的是西方国家的要求。因为西方国家能源产业发达,经贸势力雄厚,在世界能源政治中处于强势地位,只要保证供给,就能保证安全。中国学者的定义则反映了发展中国家的需要。由于经济社会落后,发展中国家的能源安全除了基

---

[1] 赵庆寺,《试论能源安全的特性与路径》[J],《新疆社会科学》,2007年第3期。
[2] 迟春洁、黎永亮,《能源安全影响因素及测度指标体系的初步研究》[J],《哈尔滨工业大学学报(社会科学版)》,2004年7月,第6卷,第4期。
[3] 黄璜,《能源安全的经济学分析及政策建议》[J],《新疆大学学报(哲学·人文社会科学版)》,2007年9月,第35卷第5期。
[4] 孙霞,《关于能源安全合作的理论探索》[J],《社会科学》,2008年第5期。

本供应外,还涉及能源开发、能源设施建设、能源产业发展及其对经济和会发展的帮助,还有能源对国家主权的影响等。

能源安全对需求方和生产方的意义也不同。对能源出口国来说,能源安全首先意味着能源主权,然后延伸为利用能源发展本国经济。由于本文是关于南亚能源问题的文章,而南亚是能源短缺的地区。所以,本文偏重于从能源需求方的角度来界定能源安全。

2. 能源安全的测评指标

为了评判能源安全的状况,各国学者设计了各种评估指标。中国迟春洁等在"压力－状态－响应"模型下,根据能源安全的影响因素,将指标构建如下表:

表 5-1 能源安全测度指标体系汇总[①]

指标类型 因素	压力指标	状态指标	响应指标
能源因素	能源对外依存度 能源价格波动系数	能源保障度 能源进口份额	能源储备率 能源进口集中度
政治因素	能源地缘政治格局变动国际冲突政局变化	对外关系稳定度 内部稳定度	能源合作与交流程度能源外交
经济因素	世界及国内市场景气评价指数国际收支变动指数	短期能源进口能力指数长期能源进口能力指数	外汇储备能力 扶持政策变动评价指数
运输因素	能源运输市场份额变动率运输线的安全度	运输距离 能源运输路线变动	能源管线控制能力 能源运输承载能力
军事因素	突发性军事事件	对主要能源产地控制能力对重要运输通道控制能力	外交手段 危机控制体制

---

① 迟春洁、黎永亮,《能源安全影响因素及测度指标体系的初步研究》[J],《哈尔滨工业大学学报（社会科学版）》,2004 年 7 月,第 6 卷,第 4 期。

续 表

指标类型＼因素	压力指标	状态指标	响应指标
可持续发展因素	碳强度指标 能源强度指标	环境承载能力 环境污染程度	能源利用效率指标技术进步率

房树琼等以复杂适应系统理论作为指导，在"压力－状态－响应"模型下，构建出"六级并行，逐级收敛，六层三维三度"[1]的指标体系。其指标见下表：

表 5-2　国家能源安全评价指标汇总[2]

指标类型＼能源载体	煤炭资源	石油资源	天然气资源
压力指标	价格波动系数 市场景气评价指数 运输市场份额变化率 突发性事件 CO_2 及 SO_2 减排指标	价格波动系数 对外依存度 地缘政治格局变动 市场景气评价指数 运输线路的安全度 突发性事件 CO_2 及 SO_2 减排指标	价格波动系数 对外依存度 地缘政治格局变动 市场景气评价指数 运输线路的安全度 突发性事件 CO_2 及 SO_2 减排指标

---

[1] 房树琼等，《国家能源安全评价指标体系之构建》[J]，《中国国情国力》，总第 182 期。
[2] 房树琼等，《国家能源安全评价指标体系之构建》[J]，《中国国情国力》，总第 182 期。

续　表

指标类型 \ 能源载体	煤炭资源	石油资源	天然气资源
状态指标	自给率 储采比 百万吨死亡率 运输能力 产业集中度 环境污染程度及承载力	自给率 储采比 进口依存度 对外关系稳定度 进口能力指数 跨国运输距离 对进口国及运输通道的控制力 产业集中度 环境污染程度及承载力	自给率 储采比 进口依存度 对外关系稳定度 进口能力指数 跨国运输距离 对进口国及运输通道的控制力 产业集中度 环境污染程度及承载力
响应指标	剩余开采储量 煤炭回采率 运输承载能力 能效指标 煤炭洗选率 技术进步率	剩余开采储量 石油采油率 石油储备量（分为战略石油储备量和商业石油储备量） 进口集中度 对外合作与交流程度 外汇储备能力 运输承载能力 管线控制能力 能效指标 技术进步率	剩余开采储量 天然气采集率 对外合作与交流程度 外汇储备能力 管线控制能力 能效指标 技术进步率

荷兰学者 Bert Kruyt 等考察了各种评价标准后，将能源安全指标分为两类：分解的指标和聚合的指标。分解的指标指对资源的评估、储采比、多样性指数、进口依赖度、政治稳定性、能源价格、均值方差投资组合理论、非碳能源所占比例、市场流动性、需求侧指数等简单指标。为了说明能源安全状况往往要综合

测评这些指标。聚合的指标主要指运用单一测评指数评估能源安全状况。在此情况下,研究往往强调能源安全的某个方面,而该指数实际上包括多个分解指标,但不是全部分解指标。①

Bert Kruyt 等还强调可以根据具体的研究需要采用不同的能源安全指标。因此,根据需要,下文主要采用分解的指标来考察南亚国家能源安全状况。

3. 南亚能源安全概况

南亚整体能源状况是化石能源匮乏,可再生能源具有一定潜力。南亚的石油储量约为 62 亿桶,煤炭储量为 1053 亿短吨,天然气储量为 62.1 万亿立方英尺。②除了煤炭外,南亚石油储量仅供开采 15 年左右,天然气仅供开采 30 年,而世界石油、天然气的储采比为 42 年和 60.4 年。③南亚的水电潜力达到 2.45 亿千瓦,现有开发程度仅为 14%。④南亚新能源丰富,但开发成本较高。

南亚各国能源生产能力弱、产量低,对外依赖严重。根据 2008 年南盟能源中心报告,南亚各国进口能源在商业能源中的份额为:阿富汗 64%,孟加拉 22%,不丹 25%,印度 28%,马

---

① 参见 Bert Kruyt, D. P. van Vuuren, H. J. M. *de* Vries, H. Groenenberg, *Indicators for energy security*, Energy Policy 37, 2009, p2168—2171..
② *The energy information administration*, Country analysis briefs, South Asia Overview, USA, March 2006.
③ 南亚石油和天然产量采用南盟能源中心网数据,世界能源储采比采用 BP 世界能源统计数据。
④ UmarK. Mirza, NasirAhmad, TariqMajeed, KhanjiHarijan, Hydropower use in Pakistan: *Past, present and future*, Renewable and Sustainable Energy Reviews, 2008, p1641—1651; Nexant SARI/Energy, egional Hydro-power Resources: Summary and Analysis of Selected SARI Data, 2003.

尔代夫100%，尼泊尔60%，巴基斯坦29%，斯里兰卡82%。①从对外依赖的能源形式看，原油和石油制品是南亚对外依赖最严重的能源形式：印度对外依赖达80%，巴基斯坦达70%，孟加拉达90%以上，其他南亚国家基本上没有原油生产和冶炼，对外依赖接近100%。②南亚各国普遍存在电力不足，且缺口不断加大的现状，未来南亚存在对外电力依赖的问题。

南亚能源消费落后，传统生物能源的比例较高，商业能源过于依赖一到两种能源。根据相关报告，南亚各国传统生物能源比例为：阿富汗95%，孟加拉58%，不丹63%，印度23%，马尔代夫41%，尼泊尔87%，巴基斯坦30%，斯里兰卡48%，南亚总体比例28%。③南亚各国商业能源集中性见下表。

表5-3 南亚各国商业能源构成（%）④

项目	煤炭	石油	天然气	水电	核电
印度	48.9	35.5	8.0	5.2	2.4
巴基斯坦	6.3	28.8	51.9	12.3	0.8
孟加拉	0	30.4	67.2	1.9	0
阿富汗	0	60	31.4	8.6	0

---

① Toufiq A. Siddiqi, *Developing Integrated Energy Policies in South Asia*, SAARC Energy Centre Report No. 1, March 2008.

② The Ministry of Finance, *Economic Survey* 2008-09, Government of India, New Delhi, 2009; The Ministry of Finance, *Economic Survey* 2008-09, Government of Pakistan, Islamabad, 2009; The Finance Division, *Bangladesh Economic Review* 2008, Government of The People's Republic of Bangladesh, Dhaka, 2009.

③ RIS, *South Asia Development and Cooperation Report* 2008, Oxford university press, New Delhi, 2008.

④ 根据RIS, *South Asia Development and Cooperation Report* 2008, 计算所得。

续表

项目	煤炭	石油	天然气	水电	核电
尼泊尔	15.7	71.3	0	13.0	0
不丹	5.9	23.5	0	70.6	0
斯里兰卡	0	78.4	0	21.8	0
马尔代夫	0	100	0	0	0
南亚总计	41.5	35.0	15.2	6.1	2.1

南亚能源利用效率低，表现是能源强度高和能源损耗严重。南亚能源强度约为 0.405 吨油当量/千美元，约为世界能源强度的两倍。[①] 根据世界银行 2008 年 3 月发布的《南亚地区区域能源贸易的潜力和前景》，阿富汗的能源损耗约为 35%－45%，孟加拉电力系统损耗为 20%—30%，不丹的电力系统损耗超过 13%，2005 年度尼泊尔总能源损耗达到了 25%，斯里兰卡的电力损耗在 2004－2005 年间为 17.5%。作为的南亚能源大户的印巴，巴基斯坦的电力输送损耗达到了 20%以上，印度的商业电力损耗在 2006－2007 年度达 33.07%。[②]

南亚能源消费的环境问题严重。根据相关报道，印度每年约 50 万人因长期处于干柴燃烧释放的烟气中而过早死亡，5 亿人因

[①] 关于南亚能源强度，由于各国没有公布准确数据，笔者只能将已有的数据做简单换算比较。按照《2008 年南亚发展和合作报告》，2007 年南亚能源消费量为 5.846 亿吨油当量，同时根据 2009 年世界发展指标，2007 年南亚 GDP 约为 1.44 万亿美元，得出的南亚大概能源强度为 0.405 吨油当量/千美元。按照 2009 年世界发展指标，2007 年世界国内生产总值为 545837.88 亿美元，同时取 BP 世界能源统计同期数据，世界基础能源消费量为 111.044 亿吨油当量，世界能源强度粗略值约为 0.203 吨油当量/千美元。

[②] World Bank Report, *Potential and Prospects for Regional Energy Trade in the South Asia Region*, March 2008, p16－18.

此感染疾病。①巴基斯坦，每年因空气质量死亡约为 22000 人，每年由死亡和疾病导致的经济损失超过了 10 亿美元。②由温室气体排放造成的冰川融化、雪线收缩、海平面上升、季风气候的改变等，是南亚国家的真正威胁。

二、能源合作

1. 能源安全的途径

解决能源安全主要通过两个途径：开发本国能源和走国际化道路。

能源安全中有能源自足的概念（energy self-sufficiency），即能源消费全部由本国供应。按照国际关系理论，如果能源不依赖他国，便实现了能源安全，但是能源自足并不是解决能源安全的最理想途径。很多国家能源丰富，却没有实行能源自足的战略，原因是解决能源安全还要考虑诸如经济效益、可持续性、环境等因素。另外，能源形式的不可替代性对能源自足限制很大，且很多国家的能源即使完全开发也无法解决能源问题。但是能源就近获取和尽量保持能源自给的理念，是各国解决能源安全问题时首先考虑的因素。

能源安全的国际化途径主要有两种：战争手段和和平手段。

历史上，很多战争的起因或目的是为了能源。一战时，德国

---

① 时尽书，"印度能源发展的困惑" [J]，中国矿业报，2005 年 12 月 20 日，第 007 版。
② Toufiq A. Siddiqi, *Developing Integrated Energy Policies in South Asia*, SAARC Energy Centre Report No. 1, March 2008.

的东线战斗和英国在达达尼尔海峡的战役都是为了获取稳定的石油供应。二战的扩大，德国对东欧、苏联的入侵，日本对东南亚的战争，都是为了夺取能源基地。冷战时，美国多次称要以战争保持在中东的地位。1982年的马岛战争是领土之争，也是能源之争。1990年伊拉克入侵科威特起因是两国的石油纠纷，2003年美国入侵伊拉克也有其能源考虑。

解决能源安全更多依靠的是和平手段。20世纪50、60年代，能源富足国基本上通过国有化和平解决了能源主权问题。1973年后，西方国家通过协调能源政策、能源储备、能源期货、提高能源效率等，有效应对了数次石油危机。能源贸易是解决能源短缺的最主要手段，根据2009年BP世界能源数据，2008年国际石油日交易量达到了5462.7万桶，[①]大多数国家通过贸易解决能源短缺。

2. 国际能源合作

能源合作也是和平解决能源安全的手段之一。

能源合作的理论依据，就国际关系理论来说，主流的现实主义和自由主义都不排斥国家间的合作。现实主义以权力界定利益，但底线是国家生存。在各国面临能源短缺的生存威胁时，合作是可以进行的。自由主义相信国家间的利益是协调的，人类是理性的，合作可以促进国家利益，能源合作顺理成章。从经济理论来讲，能源合作完全符合国际贸易理论，正是因为能源禀赋的不同，才应该进行能源合作。

---

① BP Statistical Review of World Energy June 2009, http://www.bp.com/statisticalreview.

能源合作根据参与国的能源状况可分为：能源出口国的合作、能源进口国的合作和能源进口国与出口国间的合作。能源出口国间的合作主要是通过建立能源供应的卡特尔，有计划地进行能源生产，调控能源价格，使能源出口利益最大化，其代表是石油输出国组织。能源进口国间合作的例子是西方发达国家的国际能源机构，主要通过协调能源政策，建立能源储备等方式，对抗能源卡特尔。能源出口国与进口国的合作是最为广泛，除了上文提到的能源贸易外，能源进口国对能源富足国家的能源开采和采购，也是重要合作形式。另外，能源过境的合作，在世界范围内也很广泛。

能源合作根据参与者数量又可分为双边合作和多边合作。双边能源合作主要是能源生产和消费国间的合作，体现的是能源余缺的互补性。虽然，能源进口国间的双边合作也存在，但是案例很少。因为在能源稀缺的情况下，能源消费国间竞争性常大于合作性，导致合作破裂。多边合作体现的是规模效应，能源生产国间的合作和能源消费国间的合作都是为了依靠参与者的规模对抗能源波动，保障能源安全。

3. 地区能源合作

地区合作是以上能源合作方式的结合。在地区内，能源富余国、短缺国一般同时存在，可以进行互补合作。对短缺国来说，地区合作体现了能源就近获取的理念。地区能源合作在多边层面体现规模效应和集体力量，可以使地区能源设施利用最大化，并提高在世界能源市场中的分量。而且，地区合作可以限制、协调区内各国间的能源竞争性，通过合作实现各国能源利益的最大化。

二战后,随着地区一体化的发展和世界能源形势的变化,地区能源合作不断发展。20世纪50年代,欧洲经济共同体就开始了能源合作,其诞生的三个文件中有两个涉及能源合作,即1951年的《欧洲煤钢一体化条约》和1957年的《欧洲原子能共同体条约》。虽然初衷未必是解决能源问题,却开了能源合作之先河。冷战时期,苏联与东欧国家也实现了一定程度上的能源合作。冷战结束之后,能源合作成为地区一体化的重要方面。比如:在北美自由贸易区协定下,美国、加拿大、墨西哥以贸易形式进行能源合作;1997年,第二届东盟政府领导人非正式峰会通过的《东盟2020远景》中设想了未来在电网和油气管道方面的合作,1999年东盟还建立了能源中心,以促进地区能源合作;非洲多个地区也进行了能源合作,南部非洲和西非各自建立了电力联营体(PowerPool),西非的几个国家还联合修建天然气管线;随着能源价格的高涨,拉美能源合作也在加快,"区域能源合作组织南方石油公司、加勒比石油公司应运而生,南美洲输送天然气管道计划,墨西哥和中美洲能源合作计划相继出台"[①]。

在这一趋势下,南亚国家为了解决能源问题也开展了双边和多边的能源合作。其中双边合作主要围绕印度展开,多边合作2000年以来主要在南盟框架下进行。

[①] 新华网《拉美推动地区能源一体化 确保地区经济可持续发展》,2005年12月29日。http://news.xinhuanet.com/world/2005－12/29/content＿3985456.htm。

第二节 南亚国家间的双边能源合作

印度在南亚能源短缺量最大,能源进口量几乎超过南亚其他国家的消费总量。2005 年印度总理辛格表示,确保能源安全"在我们考虑的格局中仅次于食品安全"[①]。因此,印度是南亚能源合作愿望最强烈的国家。由于南亚国家地理分布原因,南亚的双边能源合作也主要围绕印度展开。

一、印度与喜马拉雅山国家的水电合作

1. 印度与不丹的合作

1961 年 9 月,印度就与不丹签署贾尔达卡协议,规定在贾尔达卡河不丹境内建设大坝,在印度西孟加建设电厂,由印度以优惠价格向尼泊尔供电,该项目一期工程 2.7 万千瓦装机容量于 1968 投入运营。不丹"一五"期间,在印度帮助下,开始大量建设水电项目。1967 年,印度政府资助建设的不丹第一个水电项目 Joshina 项目竣工,向不丹首都供电。20 世纪 70 年代,印度大规模援助不丹建设电力设施。1974 年的两国签订了楚卡协议。印度还帮助不丹建设输变电系统,从西孟加拉及阿萨姆向不丹供电。在 1972—1982 年间,印度向不丹供电非常优惠,单位

---

① 环球时报《印度:顶撞美国接近伊朗 冒风险建三条油气管道》,新华网,2005 年 05 月 30 日, http://news.xinhuanet.com/world/2005-05/30/content_3019501.htm.

电价仅为 0.3—0.8 卢比,在此期间,不丹靠近印度的许多地区实现了电气化。80 年代,印度援助不丹继续建设水电项目,之前的很多开建项目竣工,比如:贾尔达卡项目 1982 年二期项目竣工,1968 年开建的 Paro 水电项目投入运营。1994 年,两国间签署了投资达 25.6 亿卢比,装机 6 万千瓦的库里楚水电开发协议。1996 年签署了塔拉协议,总投资额达 140.8 亿卢比,装机容量 102 万千瓦,年可产电力 48.65 亿千瓦/时。

水电开发为不丹带来巨大收益。不丹从 20 世纪 60、70 年代的进口印度电力,转变为向印度电力出口。在水电开发和出口的带动下,不丹经济发生了巨大的变化,从农业经济变为以水电为基础的经济。2003-2004 年度,不丹经济增长率 6.8%,而电力部门增长率 9.5%。随着 2007 年 3 月,装机容量 102 万千瓦,拥有 23 千米的引水道的塔拉水电项目的完工,水电对尼泊尔国家税收的贡献已达 60%,对国内生产总值的贡献达 30%。2003 年 9 月不丹国王访问印度时称,"水能对我们来说,就如阿拉伯人的石油一样"。

不丹水电开发基本上采用印度援助资金和贷款并帮助建设,项目建成后以电力出口偿还贷款的模式。2006 年 7 月 28 日,印度和不丹签订了《水电开发和贸易框架协议》,为两国未来的能源合作提供了蓝图。协议规定未来两国将继续开发不丹的水电,2020 年不丹将至少向印度出口 500 万千瓦电力。①

---

① 以上关于印度与不丹水电合作历程参考了 Bharat Tamang, *Overview of Bhutan—India CooperationIn the Power Sector*, October 29, 2007, http://www.sari-energy.org/PageFiles/What _ We _ Do/activities/Bhutan/Overview _ of _ Bhutan—India _ Cooperation _ in _ the _ Power _ Sector. pdf; Hydro—Electric Power Projects of Bhutan, May 05, 2005, http://www.bhutannewsonline.com/hydro _ electricity. html; SAARC Energy Centre, SAARC Energy Newsletter, September 2007, http://www.saarcenergy.org/web/PDF%20Files/SENL-Sep07. pdf 及相关的中英文报道。

印度和不丹的电力合作不仅有利于不丹的发展，也促进了印度建材等出口，电力的进口一定程度上缓解了印度的电力短缺。另外，不丹水电的开发还加强了两国关系。

除了进行电力合作，印度还向不丹出口一定数量的石油和煤炭。

2. 印度与尼泊尔的合作

印度和尼泊尔的合作最早可追溯至 1920 年萨尔达河大坝的修建。印度独立后，两国的合作始于 1954 年 4 月签订的科西协议。协议规定将在两国边境建设大坝，在印度卡泰亚建发电站，通过线路向尼泊尔送电。在 1959 年 12 月两国又签订了甘达克协议，与前一协议不同，该协议规定，由印度在尼境内建设水电站，生产的电并入尼电网，并向印度边境一些地区供电。20 世纪 60、70 年代，在印度资助下，尼泊尔陆续建设水电项目，例如：60 年代初期开始的建设的翠苏里项目，1966 年、1970 年 1、2 期项目完工后，顺利向加德满都送电；70 年代开工的 Devighat 项目，也是由印度资助建设的。1984 年 Devighat 项目建成后近 20 年，两国再也没有合作建设水电项目。1991 年两国建立了高级别的工作组，讨论塔那普大坝、柯西高坝和电力生产中期安排，随后该项目并入 1996 签订的马哈克里盆地综合开发协议，该协议中包含 200 万千瓦的 Pancheshwar 水电项目的建设，但是随后该协议被搁置。

在其他方面，两国合作也取得了成果。20 世纪 70 年代初，两国达成电力交换的谅解，在边境不同地区电力互通余缺，建设了包括 11 千伏、33 千伏、132 千伏等不同输变线路。1996 年 2 月，两国签署了有效期 50 年的电力贸易协议，将就电力贸易进一步合作，允许私营企业参与电力建设和贸易。两国就大型水电项目展开研究，奇萨帕尼、Pancheshwar高坝等项目就是两国共同提出研究报告的。另外，1991年两国还达成谅解，对由印度在边境地区建设塔那普水电项目造成尼泊尔部分地区淹没进行了补偿，顺利解决了两国在开发水电中产生的冲突。①

尼泊尔和印度电力合作，在初期较为顺利，走了和不丹近似的道路，但两国的合作却没有达到不－印的效果。由于尼印两国关系、尼国内经济政治等因素，两国合作没有进一步深入。尽管两国合作范围和方式要比不丹与印度合作广泛，但并不深刻。尼泊尔也没有实现电力进口到出口的转变。

3. IPI、TAPI项目和巴基斯坦、阿富汗与印度的双边能源合作

巴基斯坦是南亚仅次于印度的能源大国，但是紧邻伊朗、中东，与南亚国家的能源联系并不紧密。阿富汗与巴类似，加上国内动乱及巴基斯坦在地理上的阻隔，与南亚国家的能源联系更少。巴、阿在能源合作中主要充当通道作用。

(1) IPI项目

IPI是英文中"伊朗－巴基斯坦－印度"（Irom-Pakistan-India）的缩写。项目最早是由拉金德拉·帕乔里和伊朗副外长阿德卡尼在1989年共同提出的。1993年印度与伊朗签署谅解协议，计划以伊朗的南帕尔为起点，修建跨越伊巴边境，穿越巴基

---

① 以上参考了：*Independent Power Producers' Association Nepal&Confederation of Indian Industry*, Nepal India Cooperation on Hydropower (NICOH), January 2006, http://cii. in/documents/NICOHreport. pdf; *the financial express*, India－Nepal Cooperation On Hydro－electric Projects, Jul 22, 2002, http: //www. financialexpress. com/printer/news/52772 及相关中英文报道。

斯坦俾路支、信德，最后到达印度的管道，向巴印两国输送天然气。管道设计长 2775 千米，预计耗资 75 亿美元。该项目效益明显，运输油气的成本仅为海路的 1/4。

图 5-1 IPI 和 TPI 管线线路图

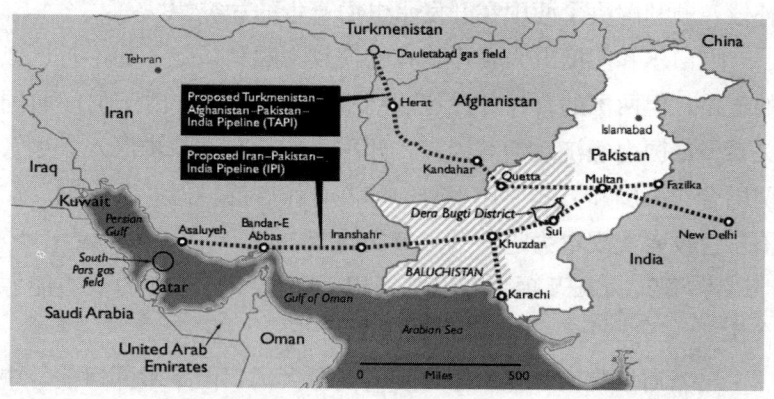

来源：Ariel Cohen, Ph. D., Lisa Curtis, and Owen Graham, The Proposed Iran-Pakistan-India Gas Pipeline: An Unacceptable Risk to Regional Security, May 30, 2008, http://www.heritage.org/Research/AsiaandthePacific/bg2139.cfm

项目提出后，由于印巴关系被长期搁置，近 10 年内毫无进展。从 2003 年开始，由于世界能源波动，三国重开项目谈判。起初是两个双边会谈，即伊朗－印度和伊朗－巴基斯坦会谈。2005 年 4 月，巴基斯坦正式邀请印度参加关于该项目的三边会谈。2006 年 5 月，正式组成三边会谈，但其后会谈一波三折。2008 年 4 月几乎达成协议，但是，从 2008 年中期，印度便缺席三边会谈。伊巴无奈，一方面采取开放姿态，寻求印度的回归，另一方面两国继续项目会谈。2009 年 6 月，伊朗和巴基斯坦签署了正式的天然气购销合同，2010年1月7日，两国就该项目签署正式协议。据报道，该项目将在2013年完工，伊朗境内的管道已经完成了80%。①

该项目自提出到付诸实践超过了20年。之所以进展缓慢，主要是管道面临很多问题。管道本身的主要问题是：伊朗输送天然气的价格问题、天然气过境费的问题、75亿美元建设资金融资问题等。管道本身之外的障碍主要是：巴基斯坦境内安全问题、印巴关系、伊美关系等。其中印巴关系、伊美关系较难克服。

(2) TAPI项目

TAPI是英文中"土库曼斯坦－阿富汗－巴基斯坦－印度（Turkmenistan-Afghanistan-Pakistan-India）"的缩写。项目计划从土库曼斯坦的Dauletabad气田修建管道，经阿富汗，到巴基斯坦，再经奎塔到木尔坦，进一步延伸至印度。管线设计长度为1680千米，预计耗资76亿美元。

该项目从1995年5月巴基斯坦和土库曼斯坦签订天然气管线协议开始，最初不包括印度。TAP项目出台后，进展顺利，1996年8月成立了管道建设公司，1998年1月，阿富汗塔利班也同意管道过境建设，但2001年开始的阿富汗战争使项目遇到挫折。2002年12月27日，土库曼斯坦、阿富汗、巴基斯坦达

---

① IPI的发展参考了David Temple, *The Iran－Pakistan－India Pipeline: The Intersection of Energy and Politics*, IPCS Research Papers, APRIL 2007, New Delhi; Ariel Cohen, Ph. D., Lisa Curtis, and Owen Graham, *The Proposed Iran－Pakistan－India Gas Pipeline: An Unacceptable Risk to Regional Security*, Backgrounder, May 30, 2008; Shiv Kumar Verma, Energy geopolitics and Iran－Pakistan－India gas pipeline, Energy Policy 35, 2007, 以及相关的中英文新闻报道。

成新的协议。2005年,亚洲发展银行和美国都表示支持该项目,美国驻土库曼斯坦大使Ann Jacobsen曾讲到"我们看重这个项目,美国公司将加入其中"。随后,印度表示愿意加入,受到三方欢迎。2008年4月,巴基斯坦、阿富汗、印度签署了从土库曼斯坦购买天然气的协议[①]。最终项目由TAP转变成了TAPI。

从表面看,该项目比IPI遇到的阻碍少,但实际进展却不比IPI更为顺利。这主要是因为TAPI本身存在问题。首先TAPI项目建设要经过动乱区,使管道的建设面临难以逾越的困难。管道要穿越阿富汗南部和巴基斯坦俾路支省,该地区是南亚最为动乱的地区。巴基斯坦俾路支动乱尚可克服,阿富汗的动乱自苏联入侵以来已经持续了30多年。阿富汗南部是塔利班盘踞地区,在阿局势还不稳定的情况下,管线的建设根本不可能。其次,土库曼斯坦天然气供应存在疑问。土库曼斯坦天然气储量虽较为丰富,但是由于向多方供气,对南亚输气的能力大为下降。另外还有就是,由于涉及国家更多,管道在国际关系上的复杂性也远远高于IPI。

(3) 巴基斯坦、阿富汗与印度的其他能源合作

20世纪90年代,巴基斯坦曾与印度签署电力出售协议,但是由于两国关系恶化及巴电力由盈余转为短缺,协议不了了之。2002年阿富汗战争后,印度积极参与阿富汗重建,帮助阿恢复

---

① TAPI发展情况参考了Wikipedia, Trans−Afghanistan Pipeline, http://en.wikipedia.org/wiki/Trans−Afghanistan_Pipeline; Ariel Cohen, Ph. D., Lisa Curtis, and Owen Graham, *The Proposed Iran−Pakistan−India Gas Pipeline: An Unacceptable Risk to Regional Security*, May 30, 2008, http://www.heritage.org/Research/AsiaandthePacific/bg2139.cfm; Safdar Sial, *IPI or TAP Pakistan needs Early Materialization of a Gasline*, PIPS, 29−03−2008;以及相关的中英文新闻报道。

能源供应，但实际效果不大。阿富汗主要从中亚进口能源和电力，巴基斯坦主要与中东、伊朗、中亚国家开展能源合作。

二、孟加拉国与印度的双边能源合作

孟加拉国在南亚仅与印度相邻，与印度合作成为孟加拉国对外能源合作的主要方向，但是由于孟加拉国内原因合作成果微乎其微。首先是孟加拉国天然气出口印度问题。孟加拉国天然气相对丰富，印度希望进口孟天然气。但是，孟加拉国内民族主义反应强烈，国内政党提出的天然气储量要足够国内消费50年，多余量才考虑出口。[①] 而孟加拉国的天然气储量仅可供开采16年左右，[②]因此，按此要求，孟加拉国根本不可能向印出口天然气。其次是MBI天然气管线项目。MBI是英文"缅甸－孟加拉－印度"（Myanmar-Bangladesh-India）的缩写。缅甸天然气资源丰富，印度希望修建管道，从缅甸经孟加拉国进口天然气。但是，孟加拉国拖延谈判，提出要减少孟对印贸易逆差的要求，使其错失良机。2007年，该管道天然气来源地缅甸近海A-1、A-3块区的油气采购权为中国购得，该管线无疾而终。[③]

虽然孟加拉国对与印度的合作采取消极甚至是抵制的态度，印度却对两国能源合作持积极态度。2007年2月，孟加拉国电

[①] P. R. Kumaraswamya, Sreeradha Dattab, *Bangladeshi gas misses India's energy drive*? Energy Policy, 2006 p. 1971—1973.

[②] 根据 The Finance Division, *Bangladesh Economic Review* 2007, Government of The People's Republic of Bangladesh, Dhaka, 2009 数据计算所得。

[③] 陈继东，《中印缅孟区域经济合作研究》[M]，四川出版集团巴蜀书社，2009年4月，第183页。

力发展局发电公司与印度 Bharat Heavy 电力公司签署建设一座 24 万千瓦电站的合同,总造价 113 亿塔卡,2008 年 12 月前建成。2008 年 2 月一家印度公司承建孟加拉国 150 兆瓦电站项目,该电站项目位于孟北部西莱特地区,造价高于 7000 万美元。[①]另外,印度对孟加拉国寻求从印度、尼泊尔、不丹引进水电持赞同态度,将孟加拉国列入其能源圈电网相连的构成国家,并且还对 MBI 天然气管道项目谈判抱有希望。

最近几年,由于国内能源短缺加剧,孟对能源合作的态度有所转变。2007 年在第 1 次南亚能源对话上,孟加拉国希望从尼泊尔、不丹进口电力。在 2009 年,孟加拉国与印度签订了 2012 年从印度购买 500 兆瓦电力的协议。[②]

两国能源合作在油气开采方面也存在巨大合作潜力,但是需要妥善处理孟加拉湾两国领海争端问题。

三、南亚其他国家的能源合作

斯里兰卡能源贫瘠,希望从印度进口煤炭发电或直接进口电力。2007 年斯里兰卡和印度两国政府签署了合作建设斯亭可马里地区萨姆坡燃煤电站项目谅解备忘录[③]。2008 年 7 月斯里兰卡

---

① 陈继东,《中印缅孟区域经济合作研究》[M],四川出版集团巴蜀书社, 2009 年 4 月,第 183 页。
② M Azizur Rahman, Bangladesh to buy 500mw power from India by 2012, http://www. defence. pk/forums/bangladesh－defence/40781－bangladesh－buy－500－mw－power－india－2012－a. html.
③ 弥丽琴、李汉清,斯印度签署煤电站项目的谅解备忘录,驻斯里兰卡使馆经商参处,2007－01－03. http://lk. mofcom. gov. cn/aarticle/jmxw/200701/20070104204956. html.

政府批准修建连接印、斯的海底电缆，预计2013年完成。届时，印度将向斯里兰卡出口500兆瓦电力，随后会增加到1000兆瓦。①

马尔代夫和南亚其他国家联系不多，但在可再生能源技术方面急需与南亚其他国家进行合作与交流。

综上，南亚的双边能源合作以印度为核心，各国间存在活跃的能源互动。印度与喜马拉雅山国家的尼泊尔、不丹的水电合作取得一定成绩，尤其是印度和不丹的合作效果显著。印度与孟加拉和斯里兰卡的电力合作也正在积极开展。

但是，南亚国家间双边能源合作存在很多问题。比如，南亚国家间虽有能源互动，但是合作的成功案例不多。南亚有的国家由于地理原因，与区域内国家合作的意愿不强。有的国家国内存在强大民族主义势力，对合作态度冷漠。印度与喜马拉雅山国家的合作也存在一些问题。印度和尼泊尔合作多年来陷于停滞。印度和不丹的合作虽然成功，但在南亚推广的实用性不大。尤其是作为南亚大国的印巴，两国之间没有任何实质性的双边能源合作，在天然气管线的谈判中两国冲突和猜忌较多，直接导致 IPI 和 TAPI 项目的进展缓慢。

2000年之前，南亚双边的能源合作成绩主要体现在印度与喜马拉雅山国家的水电合作。2000年之后，南亚双边能源合作进展不大，印巴能源合作仍毫无进展，唯一取得进展的是印度与孟加拉国、斯里兰卡开始电力合作，但还没有实际成果。

---

① A likely India－Sri Lanka power link powers Power Grid Corporation, http://www.capitalmarket.com/cmedit/story2-0.asp?sno=362124.

第三节 南盟框架下的能源合作

南亚区域合作联盟(简称南盟,SAARC)是南亚唯一覆盖全区的地区组织。在南盟框架下,南亚多边能源合作也开展起来。

一、南盟能源合作的历程

2000年1月,南盟将能源合作纳入综合行动计划,成立了专门的能源技术委员会。[①]2004年1月,第十二届南盟峰会决定成立能源工作组,就"建立包括能源圈概念在内的南亚能源合作"展开研究。[②]能源工作组成立后,2004年6月和12月,在巴基斯坦伊斯兰堡举行了两次会议。

2005年10月1日在伊斯兰堡召开南盟能源部长第一次会议。2005年12月13日,南盟召开第十三届峰会,各国元首和政府首脑重申关于加强在经济商业领域尤其是能源部门合作的承诺。峰会对10月份召开的能源部长会议表示欢迎,同意成立南盟能源中心,并认为应组织召开由各国官员、专家学者、环境保护者和非政府组织代表组成的南亚能源对话。[③]2006年3月1日,

---

① 南盟网站,南盟能源网页,http://www.saarc-sec.org/main.php?t=2.2.
② Islamabad Declaration, Twelfth Saarc Summit, Islamabad, 4-6 JANUARY 2004.
③ Dhaka Declaration, Thirteenth SAARC Summit, Dhaka, 13 November 2005.

南盟能源中心在巴基斯坦首都伊斯兰堡正式成立。

2007年1月在南盟秘书处召开了第3次能源工作组会议。2007年3月5日在印度新德里召开了第一届能源对话会议，广泛讨论南亚能源合作涉及的问题，并提出了加强南亚能源合作的建议。2007年3月6日在新德里举行第二届能源部长会议，重点讨论了南盟能源圈和电网合作等问题。2007年4月，在印度召开的第十四届南盟领导人峰会称，意识到地区发展带来的急剧的增长的能源需要，承认需要加速常规能源的可持续开发，增强可再生能源开发。[①] 2007年4月，第一届能源节约和效率专家组会议在伊斯兰堡召开，专家委员会经过两天的审议和讨论，构建出了在地区内实行能源节约和效率的路线图。2007年5月24—25日，在尼泊尔召开了南盟小水电研讨会。2007年9月24—25日在斯里兰卡科伦坡举行了南盟成员国政府间开端会议，研究南盟能源贸易的建议。

2008年5月12—13日在马累举行政府间临时会议，磋商制定南盟地区能源贸易研究的报告。2008年3月26—27日，第4次能源工作组会议在巴基斯坦伊斯兰堡举行。2008年8月2—3日在斯里兰卡科伦坡举行第十五届南盟领导人峰会，能源成为南盟峰会的主要议题之一，各国领导人再次强调了地区能源合作的重要性。

2009年1月29日在斯里兰卡科伦坡举行了第三届能源部长会议，讨论了成员国间的能源贸易研究、能源节约和效率行动计划、电网相连的技术和商业问题，以及共同进口原油的概念文

---

① Declaration of the Fourteenth SAARC Summit.

件。2009年4月29-30日在尼泊尔加德满都举行了第五届能源工作组会议,会议考察了第三届能源部长会议和第四届工作组会议的决议的执行情况,在更广泛的层次上讨论地区能源合作。2009年10月7日,在斯里兰卡科伦坡举行了政府间小组会议研究共同进口原油的可能性。

二、南盟能源合作的主要机制

1. 南盟能源合作的主要对话、磋商机制包括:
(1) 南盟峰会

南盟峰会在南盟内拥有最高权威和最高决策权。但是,笔者认为,南盟峰会由于涉及问题太广,对能源合作具体决策作用不大,反而是南亚各国表达各自能源合作想法的论坛,成为进行能源合作事务对话和磋商的最高机制。

自第十二届峰会,能源问题即纳入峰会讨论范围。2008年8月的峰会,更是将能源问题与反恐、粮食和环境问题并列为会议的四大主题。

峰会成南亚各国表达能源合作观点的论坛。南亚各国领导人在第十五届峰会讲话中,都涉及了能源合作问题。印度总理在发言中称:"南盟必须使世界在保护石油消费国利益的磋商中听到南盟的声音。我们应共同利用资源,开发南亚丰富的太阳能、水能和风能。"[①] 巴基斯坦总理在发言中称:"南亚的经济发展决定

---

① Statement by the Prime Minister of India Dr. Manmohan Singh at the Inaugural Session of the 15th SAARC Summit,Saturday,August 02, 2008. http://www.saarc-sec.org/main.php.

于确定的和便宜的可供使用的能源。现在全球燃料危机增强了南亚寻求替代能源的必要性。我们必须充分利用地区潜力,尤其是太阳能、风能、生物能和水能。我们还应勾画地区内及跨地区的油气网络。在南盟内,营造地区能源合作的环境以便签订地区能源合作框架协议。"① 孟加拉国代表在讲话中也重点涉及了能源问题,他说:"不必再反复强调能源在经济、社会、人的发展以及消除贫困中的重要作用。……我们必须探索包括双边、次地区和地区的合作手段以及能力建设、技术专业和基础设施发展在内的所有途径来解决地区能源供应限制。"② 尼泊尔总理重点谈论了能源节约、能源连通、能源贸易、水电开发等问题;斯里兰卡总统在开、闭幕讲话中都涉及到能源合作,其中在闭幕式讲话中他指出,峰会抓住两点问题,一个是粮食问题,另一个是能源问题。③ 南亚各国所关心和讨论的问题,在峰会宣言中都有涉及和体现。④

(2) 南盟能源部长会议

南盟能源部长会议是南盟数个专门部长会议之一,由南盟成员国相关能源部长以及南盟秘书处和南盟能源中心代表组成。南

---

① Address of the Prime Minister of Pakistan, Syed Yousuf Raza Gilani at the 15th SAARC Summit, Saturday, August 02, 2008. http://www.saarc-sec.org/main.php.
② Statement by His Excellency Dr. Fakhruddin Ahmed Honourable Chief Adviser Government of the People's Republic of Bangladesh, Saturday, August 02, 2008. http://www.saarc-sec.org/main.php.
③ Statement by the Rt. Honourable Girija Prasad Koirala, Prime Minister of Nepal at the 15th SAARC Summit, Saturday, August 02, 2008; Address by His Excellency President Mahinda Rajapaksa at the closing Session of the 15th SAARC Summit Sunday, August 03, 2008, http://www.saarc-sec.org/main.php.
④ *The Colombo Declaration*, Fifteenth SAARC Summit Colombo, Sunday 03 August 2008.

盟能源部长会议之前，一般先举行秘书级高官会议。第一届南盟能源部长会议 2005 年 10 月在巴基斯坦首都伊斯兰堡举行，该次会议通过共同声明界定了南盟能源合作范围，决定组成专家组研究能源节约的方法和潜力，并同意成立南盟能源中心。第二届南盟能源部长会议 2007 年 3 月 6—7 日在印度新德里举行，由于之前举行了南亚能源对话会议，该次会议主要审议了能源对话加强南亚能源对话的建议。2009 年 1 月 29 日在斯里兰卡科伦坡举行了第三届南盟能源部长会议，会议讨论的问题包括：区域能源贸易的研究、能源节约和效能行动计划、南亚能源圈概念、地区电网相连的技术和商业模式、原油共同进口的概念文件等。会议最后做出以下决定：

"在即将召开的能源工作组会议上进一步审查地区能源贸易的研究工作，并接受成员国的建议。

会议对能源节约和效率行动计划已经执行以及正在优先执行的部分表示满意，各成员国承诺将继续促进能源节约和效率，并成功制定能源节约和效率路线图。

会议对能源工作组所做决定的执行情况表示满意，并批准召开'南盟地区共同能源价定价'研讨会。

会议批准了能源圈概念文件草案，并认为能源圈是一个充满活力的概念，会随着成员国经历和现实的不断变化而不断发展。会议批准就不同的商品和服务组成专家组。会议还同意协调南亚可再生能源研究和专家组的建议。

会议敦促成员国按调查表的要求提供相关数据，以便特遣组就南盟成员国电网相连的商业和技术概念开发出共同模式。

会议批准建议，继续高级别政府间小组工作，研究共同进口原油的可能性。"①

南亚能源部长会议在南亚能源合作上的决策权次于南盟峰会，但是其由于不是南盟常设机构，对南盟能源合作的影响不够强，对话作用要大于决策作用。

（3）南亚能源对话会议

2005年的南盟峰会就提出来南亚能源对话的设想，在峰会宣言中，"他们（国家元首或政府首脑们）强调必须组织由各国官员、专家学者、环境保护者和非政府组织代表组成的南亚能源对话，就能源部门的合作提出建议措施，并提交南盟能源工作组"②。2007年3月5日，南亚能源对话会议在印度新德里举行，南盟能源中心通讯相关报道认为"南亚能源对话引领了一个由专家和非官方参与能源合作的新时代"③。此次南亚能源对话会议下列领域展开广泛的对话和讨论：地区能源部门的改革、促进各种非常规能源的开发、促进地区电网相连和天然气管道发展的方法和原则、商业能源的普及、发展地区水电潜力、能源效率措施和标准的协调等，并就相关领域做出建议。④

南亚能源对话，则是实实在在的南亚能源合作对话机制，具有代表广泛、专业性强、覆盖范围广等特点，大大拓宽了南亚能源合作的基础。但是，由于是半官方性质，并不定期召开，无法

---

① SAARC Energy Centre, *SAARC Energy Newsletter*, Volume 3, Issue 1, March 2009, p2.
② *Dhaka Declaration*, Thirteenth SAARC Summit, Dhaka, 13 November 2005.
③ SAARC Energy Centre, *SAARC Energy Newsletter*, Volume II, Issue 1, June 2007, p3.
④ SAARC Energy Centre, *SAARC Energy Newsletter*, Volume II, Issue 1, June 2007, p3.

发挥长期效果。

除了南盟峰会、南盟部长会议和南亚能源对话外，南盟还召开很多临时会议和政府间会议，也是南亚能源合作重要对话和磋商机制。另外，无论是南盟峰会还是南盟能源部长会议，开会之前都有高官会议，他们是负责能源对话和抉择具体机构，在南盟能源合作协调和对话方面起到重要作用。

三、南盟能源合作主要组织机构

1. 南盟能源技术委员会

技术委员会是在南盟综合行动计划下经南盟常设委员会批准成立的，负责规划并监督具体合作项目执行的单位，并向常务委员会提交报告。2000年1月，根据南盟综合行动计划要求专门成立能源技术委员会。该委员会共举行了两次会议，主要研究能源合作的可能性和必要性。此后，由于南盟逐渐意识到能源合作的重要性，2004年，南盟峰会和南盟部长理事会批准成立南盟能源工作组。随后技术委员会活动并入工作组，技术委员会不复存在。

2. 南盟能源工作组

工作组是南盟应成员国特殊考虑设立的机构，是南盟重组综合行动计划后，建立的新的合作机构。2004年起设立了5个工作组，能源工作组是5个工作组之一。第十二届峰会宣言是这样叙述其设立目的的："需要由能源工作组开展建立包括能源圈概念在内的南亚能源合作的研究。"[1]南盟工作组的职能主要是界定南亚能源合作的领域,并向南盟常务委员会、部长理事会和能源部长会议提供报告和建议,在一定程度上还负责监督能源合作的执行和评估执行结果。自2004年南盟能源工作组正式成立,截止到2009年年末,共举行了5次会议。

2004年6月15—16日,第1次会议在巴基斯坦伊斯兰堡举行,会议界定了地区能源合作具体领域,规划了一个行动计划。该计划包含大量能源合作的建议,如:建立部长级南亚能源论坛,交换能源政策和合作的观点;建立南盟能源中心;进行能源贸易方法、收益和限制的地区研究;跨国能源线;分享知识、技能并进行培训;建立区域基金的可行性;促进最低代价的能源节约和效率等。[2]第2次会议能源工作组2004年12月在巴基斯坦首都伊斯兰堡举行,对2005年的工作做了安排,包括各种会议和研究工作。第3次能源组会议2007年1月在尼泊尔加德满都的南盟秘书处举行,对下一步的工作做了安排。2008年3月底在巴基斯坦伊斯兰堡举行了南盟能源工作组第四次会议,会议审查了上次会议执行情况,讨论了包括南盟能源圈、能源节约和效能路线图、地区能源贸易研究现状和接受国际捐助等问题,并安排了下一次会议前的活动重点。第5次能源工作组会议,2009年4月底在不丹廷布举行,会议考察了第三届能源部长会议和第4次工作组会议的决议的执行情况,就南盟未来合作的计划、技

---

[1] *Islamabad Declaration*, Twelfth Saarc Summit, Islamabad, 4 – 6 JANUARY 2004.

[2] The South Asian Association for Regional Cooperation, SAARC Energy, http://www.saarc-sec.org/main.php?t=2.2

术数据交换、原油共同进口的研究、可再生能源手册、南盟地区能源贸易研究以及发展水电、电网相连、天然气管道地区框架协议进行的广泛的讨论,并通过了相关的决议。①

(3) 南盟能源中心

南盟地区中心是在成员国建立的促进地区相关领域合作的实体机构。由南盟秘书处领导,成员国代表、南盟秘书长和所在国相关部长组成董事会进行管理,并通过计划委员会向常务委员会递交报告。南盟能源中心是2004年在南盟能源工作组的建议下,2004年经南盟部长理事会和2005年南盟能源部长会议批准,并经第十三届南盟峰会最终决定成立的地区中心。2006年3月1日南盟能源中心正式成立,位于巴基斯坦首都伊斯兰堡碳氢化合物发展研究院内。

根据该中心发布的南盟能源通信,南盟能源中心被设想为"通过发起和促进地区范围在能源领域的共同的和集体的活动,促进南亚地区增长和发展的一种推动者,并可以通过提供相关信息、先进的技术和专门知识为南盟能源工作组提供技术支持,有助于地区能源战略的一体化"。②建立能源中心的基础目的是:"建立一个卓越的地区机构来发起、协调和促进南盟关于能源计划的实施。"③其他目的还有:"通过增强南盟成员国间的协调增强地区处理全球和地区能源问题的能力;通过诸如地区电力网和

---

① SAARC Energy Centre, *SAARC Energy Newsletter*, Volume3, Issue 2, June 2009, p. 1.

② SAARC Energy Centre, *SAARC Energy Newsletter*, Volume I, Issue 1, March 2007, p. 2.

③ SAARC Energy Centre, *SAARC Energy Newsletter*, Volume I, Issue 1, March 2007, p. 2.

跨国天然气管道等提议,在南盟区域内建立电力和天然气设施联系,来推进区域内的能源贸易;通过需求侧管理的有效机制促进南盟在能源效率和节约方面的合作;以新能源和可再生能源的发展作为一手段促进南盟成员国在能源方面的长期的可持续发展;作为在地区和全球范围内一个能源信息网络和交流的中心;促进私人部门投资和参与地区的能源活动;从事与以上目标有关的其他相关活动。"[1]

自成立以来,南盟能源中心进行了卓有成效的工作:建立了南盟能源中心网站[2];经第3次南盟能源工作组会议授权发布南盟能源通信,截止到2010年1月共发布了10期。中心还发布关于南亚能源合作的相关报告,2008年3月的《发展中的南亚统一能源政策》是南盟能源中心出版的第一份关于南亚能源合作的报告。中心自2008年以来,还进行了一系列推动南亚能源合作的计划,如:2008年的对南亚可再生能源项目的研究,开发地区能源数据库,1周生物燃料培训以及南盟能源中心青年奖征文等项目;2009年的执行南盟能源效率和节约计划,能源审计培训,南亚乡村电力研究等项目。

能源技术委员会、南盟能源工作组和南盟能源中心是南盟内具有常设性质的机构,接受南盟秘书处领导。除了上述三个机构外,南盟及这些机构之下还成立专门的特遣组、专家组等机构负责具体的南盟能源合作研究和决议的执行。

---

[1] SAARC Energy Centre, *SAARC Energy Newsletter*, Volume I, Issue 1, March 2007, p. 2.

[2] 网址为 http://www.saarcenergy.org/web。

四、南盟能源合作的主要构想和实践

1. 南亚能源圈

南盟能源合作的整体构想是南亚能源圈。南亚能源圈的提出时间较早,第十二届峰会虽然提出了能源圈概念,但并没有具体界定。此后,能源圈概念和方案在南盟相关能源会议中被多次研究和讨论,并成立了专家小组研究能源圈的问题。

关于能源圈的概念和具体内容,在 2007 年 3 月南盟能源通信有所涉及,在这期名为"Realising the Concept of 'Energy Ring'"的短文中,首先指出了南盟国家严峻的能形势,随后提出南亚能源解决的方法,在总结时称"这些途径(包括地区内多余能源在各国间的流动,共同的天然气和电力的进口)或能源在南盟成员国间的流动可以呈现为覆盖南亚地区的能源圈,为成员国间进出口能源提供机会,并使各方受益"。① 2008 年 11 月 21 日,专家小组举行会议对南盟能源圈概念文件进行了讨论并定稿。能源圈概念文件强调,通过共同的战略和计划,南盟能源圈的概念将会促进和扩大南盟成员国间能源部门的合作。在市场基础环境下,为了能源商品和服务的流动,南盟国家将会发展地区内和跨地区的能源高速公路。该概念将成为地区凝聚力和一体化的象征,将会促进地区经济增长和发展。这次会议还涉及了发展尼泊尔和不丹水电潜力,从西亚、中亚、东南亚引进天然气的可能性,分享印

---

① SAARC Energy Centre, *SAARC Energy Newsletter*, March 2007, Volume I, Issue 1, p. 4.

度风能、太阳能和尼泊尔水电技术,印度、巴基斯坦、孟加拉使用压缩天然气成功技术等问题。①而 2009 年 1 月 29 日在斯里兰卡科伦坡举行的第三届南盟部长会议,就南盟能源圈概念再次做了讨论,并批准了专家小组关于南盟能源圈概念文件。②

从南盟相关讨论和决议来看,南亚能源圈的构想主要涉及地区剩余能源开发、电网相连以及共同建设天然气管线,进行能源进口等问题。而剩余能源开发主要指南亚国家的水能资源、天然气能源以及可再生能源的开发。电网相连主要是南盟建立地区电网,将各国电网相连,以便进行电力贸易,互通有无。而天然气管线建设主要涉及前文提出的两个管线,即 TAPI 和 MBI 项目,从材料看,IPI 管线未来似乎也会被包含在内,但近期不包括在计划之内。

2. 能源政策一体化

2008 年 3 月,南盟能源中心发布了题目为《发展中的南亚一体化能源政策》的报告。该报告分析了南亚地区和各国的能源形势,认为经济发展、环境恶化、社会转型都给南亚国家的能源供给带来了挑战。南亚国家自身无法解决能源问题,需要发展一体化的南亚地区能源政策,共同修建油气管道,从区域外进口油气资源,解决南亚运输难题,共同发展喜马拉雅山的水电,缓解能源的压力。③

---

① SAARC Energy Centre, *SAARC Energy Newsletter*, December 2008, Volume II, Issue 3, p. 16.
② SAARC Energy Centre, *SAARC Energy Newsletter*, March 2009, Volume 3, Issue 1, p. 4
③ Toufiq A. Siddiqi, *Developing Integrated Energy Policies in South Asia*, SAARC Energy Centre Report No. 1, March 2008.

2008年11月24—25日,南盟能源中心又组织了一次名为"能源与其他部门政策的互相依赖"的会议,与会代表就能源与卫生、环境、交通部门关系以及相互协调互相促进做了讨论,会后提出的建议涉及南亚国内和地区范围内的一体化。强调在各国国内要增加能源合作的参与度和能源政策与其他部门的政策的协调,同时强调能源环境卫生问题。在地区范围,南亚国家应积极开发本地区能源,减少石油的进口;南盟国家应充分利用国际气候变化协议,并从中受益,以便降低可再生能源开发成本;南亚国家要充分利用现有项目,增强能源合作;南亚国家间能源计划整合有利于各国能源计划的实施。[1]

南盟能源政策一体化设想,既包括在成员国内,能源政策与环境、卫生、交通、减贫等部门政策利益和政策的协调和整合,也包括能源政策在地区范围内的一体化,即统一开发资源,统一引进资源,协调使用资源等。

3. 能源贸易

南盟在能源贸易方面也有所研究和设想。第一届南盟能源部长会议以及第3次南盟能源工作组会议决定,发起南亚地区能源贸易的方法、潜力和限制的研究,希望该研究可以帮助各国克服从本地区其他国家进口能源的限制。2007年3月的南盟能源通信认为:

"该研究被设想为对现在和将来的能源做出评估,以促进能源的最优发展和利用,使南盟国家受益。提议的研究还将为关于

---

[1] SAARC Energy Centre, *SAARC Energy Newsletter*, December 2008, Volume II, Issue 3, p. 1—2.

成员国间通行的贸易机制、法律法规框架提供全面的观点。南亚能源贸易将会考察国际上以及地区关于能源贸易最优惯例以及相关问题，并考察他们的实用性。研究将分析促进贸易和相关事务的各种技术、金融和商业手段。该研究还会考察能源圈概念内，跨国能源线路的可行性和各自模式。"①

2007年9月24—25日，在斯里兰卡科伦坡召开了南盟国家政府间开端会议，审议了南亚能源贸易研究的形式。会议由亚洲发展银行和斯里兰卡政府举办，会议决定任命 Dr. Leena Srivastava 为南亚能源贸易研究小组领导人，并任命 Mr. Durga Raina 作为能力开发高级顾问。②2008年5月12—13日，南盟秘书处在马尔代夫马累组织召开了南盟国家政府间临时会议，再次讨论南亚能源贸易研究的方式。会议界定南盟能源研究内容与上文引用的南盟能源通信内容基本一致，会议决定制定路线图来完成南亚能源贸易研究的报告③。2008年10月17—18日，在伊斯兰堡举行了南盟政府间会议，讨论了 Dr. Leena Srivastava 提交的南亚能源贸易研究报告草稿。据报道，在亚洲发展银行的帮助之下，南盟关于南亚能源贸易研究的报告已经完成。④

从南盟能源贸易研究的发展来看，南亚对能源贸易的考虑主要是，通过研究国际和区内能源贸易政策，寻找最优方案，克服

---

① SAARC Energy Centre, *SAARC Energy Newsletter*, March 2007, Volume I, Issue 1, p. 5.
② SAARC Energy Centre, *SAARC Energy Newsletter*, December 2007, Volume I, Issue 3, p. 2.
③ SAARC Energy Centre, *SAARC Energy Newsletter*, June 2008, Volume II, Issue1, p1.
④ SAARC Energy Centre, *SAARC Energy Newsletter*, December 2008, Volume II, Issue 3, p. 16

南盟国家能源贸易的障碍,加快实现南盟范围内的能源贸易。

4. 可再生能源开发合作

自 1985 年成立以来,新能源开发就包含在南盟合作范围之内。2000 年以来,关于新能源或可再生能源的合作都在各南盟能源合作机构和对话会议的研究和磋商议程之内。第十三届峰会宣言就要求发展可再生能源和替代能源,第十四届峰会要求加强水电、生物燃料、风能、太阳能等可再生能源,这一要求在第十五届峰会中得到再次强调。① 在南盟能源中心目的中包含新能源发展内容:"以新能源和可再生能源的发展作为手段,促进南盟成员国在能源方面的长期的可持续发展。"②

2005 年 10 月第一届能源部长会议中决议中,有开发水电、在乡村和贫困地区开发新能源和替代能源以及进行太阳能源、风能、生物燃料技术交换的内容。③ 2008 年 12 月,南盟中心主办的"能源与其他部门政策的互相依赖"认为进行南亚国家间可再生能源技术和经验的分享,可以使南亚各国减少石油的进口,实现环保可持续发展。④ 2009 年 4 月第 5 次能源工作组会议决定,出版南亚国家可再生能源开发倡议的手册。⑤

除了开发之外,南盟还有新能源技术交流和培训的安排,南盟每年都有可再生能源研讨会和可再生能源使用的培训活动。比

---

① 参见第十三至十五届峰会宣言涉及能源合作部分。
② 见前文。
③ SAARC Energy Centre, *SAARC Energy Newsletter*, March 2007, Volume I, Issue 1, p. 6.
④ SAARC Energy Centre, *SAARC Energy Newsletter*, December 2008, Volume II, Issue 3, p. 2.
⑤ SAARC Energy Centre, *SAARC Energy Newsletter*, June 2009, Volume3, Issue2, p. 2.

如，南盟中心2007年、2008年和2009年都安排了为期一周的生物燃料培训活动。

南亚可再生能源的合作主要是通过新能源技术和经验的交流和分享，促进各国可再生能源的开发，以便增强地区能源供应能力，促进能源使用环保。

5. 能源效率和节约

南盟在能源节约和能源效能方面的工作卓有成效，行动计划已开始执行。

第1次能源工作组会议就已经有能源节约的建议，即促进最低代价的能源节约和效率。2005年南盟第一届能源部长会议，决定成立专家组对能源节约和效率的方法和潜力进行研究，并制定相应的路线图。[①] 2007年4月23—24日在巴基斯坦伊斯兰堡举行的专家委员会经过两天的审议和讨论，构建出了在地区内实行能源节约和效率的路线图。

路线图包含特征如下："研究和审查各国与能源效率和节约有关的政策和法律框架，从相互经验中获益并改善他们各自的环境政策和法律；在增强机制和能力建设方面合作，促进能源效率机构的发展；成员国间分享特别是在工业、建筑、电力、运输和农业部门方面的经验、技能和最优可行性方法；开展能源标准、标签计划、审查程序并进行协调，以便于改善能源消费设备和装置的效率；发起节约意识、教育培训和超越计划，促进在所有经济部门的能源管理和节约；提高开展能源节约和效率计划和项目

---

① SAARC Energy Centre, *SAARC Energy Newsletter*, March 2007, Volume I, Issue 1, p6.

方面的地区合作；促进在能源节约和效率方面公私模式的运用；发展能源节约名录（列出部门采用的特别能源效率技术和遵循的最好办法），这一任务由南盟能源中心承担；南盟能源中心网站应建立能源节约和效率网页，发表各成员国能源节约和效率的信息；分享在能源管理和包括许可证审查在内的能源审计方面能力建设的经验；交换代表以分享经验和信息，特别是：改善能源效率的最优管理模式和实践；能源效率技术；能源审计方法；能源公司的概念以及成功和失败的实践；与成员国相关机构合作，由南盟能源中心准备能源有效使用和节约合作行动计划。"①

2008年3月第4次能源工作组会议，对该路线图进行了讨论，建议扩大能源节约和效率的合作。随后，在印度新德里举行的专家会议，制定了行动计划。主要内容是："组成特遣组研究和制定地区层面的能源效能标准和标贴；发展和建立最低能源标准。协调检测程序，发挥检测设备作用；发展地区战略，移除促进能源效能产品的阻碍；成员国相互分享成功的案例、检测设备和计划；在地区层面发起培训和能力建设倡议。"②

2009年第三届南盟能源部长会议对能源节约和效率行动计划已经执行以及正在优先执行的部分表示满意，各成员国承诺将继续促进能源节约和效率，并成功制定能源节约和效率路线图。

6. 共同进口石油

南盟最新的合作设想是共同石油进口的问题。该提议最早是

---

① SAARC Energy Centre, *SAARC Energy Newsletter*, Volume I, Issue 2, June 2007, p. 9

② Engr. A N M Obaidullah, *Harmonization of Appliances Standards and Labeling Program in South Asia*, SAARC Energy Newsletter, SAARC Energy Centre, OCTOBER 2009.

由斯里兰卡在 2005 年第一届南盟能源部长会议之前的高官会议上提出的，要求研究南亚各国共同进口石油可能性。2009 年 1 月召开的第三届能源部长会议，讨论了共同进口石油问题概念文件问题，决定组成高级别的政府间小组，讨论共同进口石油的可能性。2009 年 10 月 7 日，该政府间小组会议在斯里兰卡科伦坡举行。会议表示原则上，对南盟地区共同进口石油表示欢迎，对斯里兰卡发起倡议和准备概念文件表示感谢。会议经过讨论认为，由于共同进口石油牵涉问题较多，在提出实施建议之前，需要就其可行性进行研究。会议决定由南盟能源中心负责此项研究。会议还建议研究设计问题：根据每个成员国石油冶炼状况，对候选的原油的类型和质量做出评估；对每个成员国不同原油的长期和短期需求量做出评估；对现存的石油资源和供应时限做出评估；对共同进口原油的金融和地区机制安排做出界定并提出建议；共同进口原油的运输、储存和分配的物流安排；对现存的共同进口原油的双边安排做出评估；为了评估共同进口石油需求量，在研究中必须考虑石油精炼厂未来的发展和升级；研究共同进口石油的平均成品；对维持整个进程的相互依赖和透明度的方法建议；探索没有炼油能力的内陆国家从共同进口石油收益的方法和措施。①

尽管南盟对共同进口原油安排才刚刚开始，但南盟对共同进口石油研究的安排十分周到。对未来研究要求涉及进口原油的类型和数量。这些类型和数量不是凭空想象出来的，是在研究成员

---

① SAARC Energy Newsletter, *Inter—Governmetal Group Meeting on Possibility of Joint Import of Crude Oil held in Colombo*, SAARC Energy Centre, October, 2009.

国炼油状况和未来发展基础上做出的,包括短期和长期的安排。针对共同进口原油,还将做相关制度构建和后续安排。尤其重要的是,共同进口原油还会考虑没有冶炼能力的和运输有困难内陆国家的利益要求。可以想象,南盟一旦将共同进口石油的安排制定出来,在实施速度上将会是迅速的,因为其受到广泛欢迎。

综上,2000年以来,南盟的能源合作从无到有,南盟建立了很多能源合作机制,进行了很多研究。一些合作方案也已经实施,比如,南盟能源节约和效率合作安排。一些更大范围和更深层次能源合作方案已经基本研究完备,如能源圈计划。一些更具实践意义和合作价值的项目,正在研究之中。

但是,南盟能源合作存在很多局限性。首先是,南盟所取得进展主要是开展了相关的对话和磋商,成果多数是研究报告、会议宣言和决议,实质性的能源合作行动几乎没有。其次,南盟能源合作机制,看似完备,实际上略显混乱,大多不具实践性质和能力。各机构大多进行研究和对话,缺乏实际的合作行为。第三,南盟能源合作重点不够突出。从南亚地区能源需求来看,依靠区内资源根本无法应对,南亚地区急需的是从区域外引进能源。但从南盟目前能源合作进展来看,内向性要大于外向性。

总之,南盟的能源合作虽然取得一定成绩,但是仍处于探索阶段。

第四节 南亚能源合作的影响因素

影响南亚能源合作的因素是多方面的,主要包括以下方面。

一、能源因素

1. 区内能源因素

南亚地区的能源特点是化石能源严重缺乏，可再生能源具有一定开发潜力。这一特点为南亚能源合作带来双重影响。

从积极影响来看，化石能源短缺是南亚能源合作的根本起因和动力来源，而一定的能源潜力为南亚能源合作提供了空间和可能性。南亚双边能源合作最成功的案例是印度和不丹的合作，其成功原因与不丹的巨大水电潜力直接相关。

从消极影响来看，主要有如下方面。

就南亚能源缺乏来说。首先，在资源稀缺情况下，消费者之间存在巨大竞争性。比如，IPI项目中的印度和巴基斯坦，两国在购买伊朗天然气价格和份额分配中具有竞争性。其次，南亚能源勘探不足或未勘探，各国能源储量具有很大不确定性，增添了南亚能源合作的不确定性。比如，印度之所以退出IPI项目三边会谈，与印度国内发现大型油气田并对其储量估计乐观有很大关系。再次，南亚各国能源缺乏的具体情况不同。印度是南亚能源短缺量最大的国家，几乎对每种能源都有对外进口的需求。巴基斯坦虽然各种能源也都需要对外合作，但更看重天然气和电力进口。孟加拉国对石油和电力需求较大。斯里兰卡关注电力供应和石油进口。马尔代夫看重新能源技术的运用。南亚各国具体需求不同，在南亚能源合作中很难协调。

就南亚能源潜力来说，虽然给南亚能源合作提供了一定空间，但这种空间是有限的，这些潜力的开发并不足以解决南亚各国的能源短缺。因此，南亚地区内部能源合作存在瓶颈。区内可开发能源有限，导致南亚国家对能源合作的热情受到限制，很多国家更愿意单独与区域外国家合作。

2. 世界能源形势

南亚地区能源合作虽然舞台在南亚，但受到世界整体能源大环境的影响。

世界能源以1973年为界，可分为两个阶段。1973年以前，能源生产和消费基本上控制在西方国家手中，加上以金本位计价及勘探技术不断进步，能源生产和供应基本维持均衡、稳定，世界整体能源安全形势良好，战后世界享受了黄金的20年。但是从1973年开始，世界能源形势发生了改变。首先是能源计价标准发生了变化，由金本位变为以浮动汇率的货币为计价标准。其次是成立了能源供应卡特尔。石油输出国组织的成立使能源生产和消费脱节。第三，基于上述两个因素，西方针锋相对。1974年OECD国家制定了《国际能源计划》，成立了国际能源机构与欧佩克对抗。美国还推行"石油扩散"战略，努力开发欧佩克以外的能源，降低欧佩克的市场控制力。20世纪80年代，美国在本土建立了石油期货金融机构，将石油定价权从欧佩克手中重新抢夺过来。这些变化增加了世界能源供应的不确定性，打破了能源供销一体的格局，世界能源供应中区别对待，能源地区化趋势不断加强。

另外，世界能源存在供应的可持续性问题。1973年以来，世界能源生产和消费都不断增长，截止到2008年为止，世界化石能源生产和消费分别达到了100.217亿吨油当量和99.577亿吨油当量。①而同期能源的储量并没有同步大规模增加。据英国石油公司的数据，1998年的石油探明储量为10685亿桶，2008年的探明储量为12580亿桶，储量增长幅度远小于生产、消费的增幅。值得注意的是2008年的储量比2007年的减少了30亿桶，储采比仅为42年。天然气也存在同样的问题，储采比仅为60.4年。②这意味着，随着能源消费的增长，未来世界能源供应将出现短缺。

在世界能源形势日趋紧张的情况下，能源消费国之间的竞争性也将加大。各国纷纷制定能源发展战略和计划，并为此展开了积极的能源外交。美国试图通过全球地缘政治安排，保障其能源供给，并在未来掌握能源主导权。新兴国家也大举挺进能源市场，中、印在全球投资能源开发。20世纪90年代国际社会忽视的非洲，再次成为世界热点。围绕能源的领土纠纷再起，马岛问题几乎再次引起英阿战争，印度和孟加拉国也因岛礁归宿互不相让，南中国海因能源危机形势变得更为复杂。

世界总体能源趋势是能源市场的不确定性增加，未来能源供应更加恶化，能源消费国间的竞争加剧。由于南亚能源生产消费量很低，在世界能源中无足轻重，成为世界能源形势变化的被影响者。世界能源形势成为南亚能源合作中不可控因素。世界能源形势的发展将影响南亚国家能源合作的态度。如果世界能源形势缓慢地恶化，将会逐渐增强南亚国家的合作愿望，有利于南亚能

---

① BP Statistical Review of World Energy June 2009，http：//www. bp. com/statisticalreview.
② BP Statistical Review of World Energy June 2009，http：//www. bp. com/statisticalreview.

源合作。但是，如果世界能源形势短期的利好或急剧恶化，则可能会破坏南亚地区合作。

二、政治因素

1. 南亚各国政治态度和安全状况

南亚国家大部分是二战后新独立的国家，殖民地或"保护国"历史记忆使各国格外珍惜国家主权。由于能源合作涉及国家生存发展、国家主权和人民福祉，南亚国家普遍存在强大的民族主义势力和情绪，成为南亚能源合作的一大阻力，因此，各国对能源合作大都慎重对待。

南亚国家在对外关系上特别强调独立自主，在能源安全问题上则提倡自力更生或自给，往往认为能源合作是对国家主权和独立的危害，普遍存在宁愿放弃对外合作也不让渡主权、不增大对外依赖的态度。以印度为例，虽然自 20 世纪末以来大力推行能源外交政策，但在很多方案和计划中仍然提出能源独立的目标。如：2005 年印度总统卡拉姆在名为《能源宣言》的讲话中称："能源安全意味着我们国家能够在任何时候以可承受的价格向所有公民供应能源，这是国家向前发展的基本保障。但必须将能源安全看作是一项过渡性战略，我们要实现的真正目标是能源独立。"[①]南亚其他国家也存在类似情况。

尽管如此，南亚各国国内对能源合作的态度也在发生转变。

---

① 赵凡，《从能源安全迈向能源独立——印度能源战略简析》[J]，《资源导刊》，2007 年 5 月。

南亚能源圈和南亚电网就是由印度提出的，印度还在 2007 年 3 月先后主持了南亚能源对话和南盟能源部长会议，有力推动了南盟能源合作。巴基斯坦也多次表示赞成南亚能源合作，孟加拉国在南亚能源对话上强烈希望和印度、尼泊尔、不丹的电网相连。

因此，从总体上看，南亚各国国内存在着阻碍能源合作的民族主义情绪和基于现实压力之上的追求能源合作的两种势力。两种势力互相对抗，对南亚国家能源合作产生影响。从目前来看，两种势力相对均衡。今后，随着南亚国家能源观的变化，对能源合作的要求将会逐渐占据上风。

除了南亚各国对能源合作的态度外，南亚各国的政治安全形势也对南亚能源合作产生了重大影响。阿富汗国内局势、巴基斯坦俾路支省的安全情况对南亚的能源引进形成巨大阻碍。而尼泊尔和斯里兰卡长期的国内动荡显然也阻碍了两国的对外能源合作。最近，尼泊尔和斯里兰卡正在恢复稳定，巴基斯坦和阿富汗也在为国内稳定努力，这将对未来能源合作产生积极影响。

2. 南亚国家间关系因素

印度与不丹特殊的外交关系是两国能源合作的重要保障，而印度与南亚其他国家存在的问题则成为南亚能源合作的巨大障碍。印巴关系长期波动，两国间存在的克什米尔问题恶化了两国关系，互相猜忌和不安全感、不信任感限制了两国能源合作。印度与尼泊尔的能源合作在 20 世纪 90 年代陷入停滞，与两国间控制和反控制的博弈直接相关。印度与孟加拉国之间存在河水分配和孟加拉湾领海纠纷。印度与斯里兰卡的关系虽然很平稳，但泰米尔猛虎组织问题是长期以来影响两国关系的阴影。

除了南亚各国存在的双边问题外，恐怖主义问题已经成为影响南亚国家间关系和能源合作的新因素。在 2008 年 8 月的南盟领导人峰会上,阿富汗总统卡尔扎伊公开指责"巴基斯坦的恐怖势力日益得势""巴基斯坦为恐怖主义提供系统支持"[①]。2008 年 12 月孟买袭击案以来,印巴关系长期僵持。印度要求巴基斯坦打击本国恐怖主义势力,同时终止两国间和平对话。巴基斯坦政府希望两国无条件恢复和平对话,但遭到印度拒绝。恐怖主义使原本就很敏感的两国关系增添更多变数,降低两国信任,对能源合作更加不利。印度自 2008 年停止参与 IPI 项目三边会谈,至今拒绝恢复谈判,也与恐怖主义问题分不开。

应当看到,南亚也存在积极的趋势,那便是地区合作和地区一体化的不断增强。早在 1985 年,南亚国家就成立了南亚地区合作组织——南盟。最初 10 年,南盟几乎毫无进展,但到了 20 世纪 90 年代中期,印度提出的"古杰拉尔主义"以及世界形势的发展为南亚地区合作创造了条件。南亚各国对地区合作和一体化态度发生改观。南盟在贸易合作方面取得初步进展,1995 年 12 月开始实行"南盟特惠贸易安排",并开展了 3 轮谈判。南亚国家也积极参与各种次地区或跨地区组织,开展国际合作,如:1997 年 3 月成立了环印度洋地区合作联盟(IOR-ARC),1997 年 4 月成立了南亚增长四角(SAGQ),1997 年 6 月成立了孟、印、斯、缅、泰经济合作组织(BISMT-EC)。进入新世纪,南盟国家还签署了南亚自由贸易协定框架公约,逐步建立起南亚自由贸易区。因此可以看出,南亚地区合作和地区一体化趋势不断

---

① 楼春豪,"反恐吸聚南亚目光",2008-08-04。http://dzrb.dzwww.com/dzzb/dzzb-gjxw/200808/t20080804_3816755.htm.

加强，这对南亚的能源合作是有利的。

综上，南亚地区层面既存在国际关系已有的障碍，也出现了新的阻力，同时还存在有利于能源合作不断增强的地区合作和一体化趋势。二者共同影响了南亚的能源合作。

3. 外部政治外交因素

当今的国际政治是高度一体化的世界政治，一个地区不可能不受国际关系格局和其他地区局势的影响。南亚能源合作涉及地区外能源的引进，能源来源地的局势也必然对南亚能源合作产生影响。

以美国查希尔克劳瑟默为主的国际关系理论家认为，"冷战后时代最显著的特点是美国成了世界上的超级大国""世界格局将是一个超级大国与几个二流强国并存的局面"。[1]此言不假，21世纪初的国际格局虽然说是"一超多强"，但就现实来说，美国一国独大的形势较强。作为世界唯一的超级大国，美国的国家利益覆盖世界，美国的势力也遍布全球，对世界各国和各地区必然产生直接或间接的影响。

美国对南亚能源合作的影响深刻。

首先，美国南亚政策对南亚能源合作具有积极促进作用。冷战后，美国对南亚政策的重点转变为防止印巴核扩散和核战争，既保持与巴基斯坦的关系，又积极发展与印度的关系，同时缓和地区局势，防止不稳定。在能源方面，美国国际开发计划署下设立南亚能源合作倡议项目，专门推进南亚能源合作。因此，美国

---

[1] 倪世雄等著，《当代国际关系理论》[M]，复旦大学出版社，2007年7月第1版，第471页。

对南亚能源合作的态度是积极的。

其次，美国对中亚、伊朗和缅甸等周边地区的外交政策对南亚能源合作产生的影响复杂。在中亚方面，中亚各国在苏联解体后独立，成为国际政治的真空地带，世界大国纷纷介入。"9·11"事件后，美国借反恐进入中亚，积极实施颜色革命，提出"大中亚计划"争夺中亚地区。"'大中亚'计划的设想是，使阿富汗成为一个'民主和繁荣'国家，并以阿富汗为中心，成为连接中亚与南亚的'桥梁'和'纽带'，推动'大中亚'地区的民主化及在政治、经济和军事等领域的对美合作"。[①]中亚与南亚能源合作也是美国设想的一部分，因此，美国的大中亚计划有利于促进南亚与中亚的能源合作，美国对 TAPI 持支持态度，对南亚与中亚能源合作更具积极意义。

但是，美国却是南亚与伊朗能源合作的主要反对者。美国之所以阻止 IPI 项目，源于美国对伊朗的敌视政策。1980 年美国与伊朗断交后，一直对伊实施经济制裁。1996 年美国制裁伊朗法案规定，任何个人或公司如果向伊朗能源部门每年投资达到 2000 万美元，将受到美国制裁。[②] 这就限制了其他国家和地区与伊朗的能源合作。美国为了阻止南亚与伊朗的合作，提出了 TAPI 作为替代方案，还与印度签订民用核协议，换取印度退出 IPI。美国对伊敌视和制裁政策对南亚与伊朗的能源合作极为不利。

---

① 王正泉：美国提出"大中亚"计划 旨在与上海合作组织抗衡，千龙网，2006－10－30。http：//news. qianlong. com/28874/2006/10/30/183 @ 3482923. htm

② 美众议院通过对伊朗制裁新法案，2009 年 12 月 17 日，http：//news. xinhuanet. com/world/2009－12/17/content ＿ 12658777. htm.

美国对缅甸也有制裁,但程度与对伊朗不同,主要对缅甸的民主、人权不满。1997年5月20日,美国总统克林顿发布第13047号行政命令,据1997年《对外业务、出口融资和相关项目拨款法》第570(b)款向国会提出,鉴于缅甸政府在1996年9月30日后对缅甸民主反对派进行大规模压制,特禁止该款所述的美国人在缅甸进行新的投资。2003年7月28日,美国总统布什又发布第13310号行政命令,就上述紧急状况采取了更多措施。根据2003年《缅甸自由和民主法》要求,禁止进口缅甸产品,禁止向缅甸输出金融服务和涉及某些被监控的缅甸人利益的财产交易。[1] 2005年,美国将缅甸列为"暴政前哨"国家,多次对缅甸制裁。2007年,美国众议院通过决议,对缅甸高品质宝石和天然气出口等对外贸易项目实施制裁,同时对缅甸政府领导人的资产实施冻结,并禁止其本人和直系亲属利用美国设在第三国的金融机构。[2] 美国对缅甸政策与对伊朗政策不同,采取的是"制裁加接触"的政策,对缅甸制裁不严,主要限制美国自身行为,因此对南亚与缅甸合作影响不大。

除了美国因素外,还有其他国家对南亚地区能源合作产生了影响。

俄罗斯是世界能源大国,基于能源政治的考虑,俄罗斯支持IPI项目,反对TAPI。

中国对南亚能源合作的影响大多是被动性的。就IPI来说,

---

[1] 新浪网,美国历次对缅甸经济制裁简介,2009年05月18日,http://finance.sina.com.cn/roll/20090518/12302846408.shtml.
[2] 新华网,美国众议院通过制裁缅甸新议案,2007年12月12日。http://news.xinhuanet.com/newscenter/2007-12/12/content_7233550.htm.

伊朗、巴基斯坦、印度都希望能够包括中国,但各自的目的不同。伊朗希望扩大天然气出口以及为管线建设融资,巴基斯坦想撇开印度直接把天然气输往中国新疆。而印度希望 IPI 管线延伸至中国而成为 IPIC,一方面可降低分担的建设成本,另一方面可牵制巴基斯坦,降低安全风险。就 MBI 来说,中国购得对缅甸近海 A-1、A-3 块区的石油天然气的采购权,间接导致 MBI 管线搁浅。

另外,德国和日本对南亚能源合作提供了技术和资金支持,有益于南亚能源合作。

三、经济因素

1. 南亚国家的经济和财政状况

南亚地区是世界上经济最落后的地区之一。2010 年世界银行发布的发展报告将阿富汗、孟加拉国和尼泊尔列为低收入国家,其他南亚国家列为中低收入国家。据此报告,2008 年南亚地区国内生产总值仅占世界国内生产总值的 2.5%;南亚总人口为 15.43 亿,占世界人口总数的 23%;人均国内生产总值低于 1000 美元,不足世界人均 GDP 的 1/9。[①]

南亚国家财政状况也不理想。南亚国家长期贸易失衡。根据世界发展报告数据,2008 年南亚地区货物、服务对外贸易均衡的赤字为 GDP 的 7%。2007 年南亚外债总额达到 3047.13 亿美

[①] The World Bank, *World Development Report* 2010, Washington DC, 2010, p. 385.

元。南亚地区资本形成总值仅占 GDP 的 36%，政府支出仅占 GDP 的 11%。①

以印巴两国为例。印度作为南亚最大经济体，建国以来对外贸易长期处于失衡状态。1949 年至 2009 年间，除了个别年份，对外贸易均为赤字，2008－2009 年度贸易逆差达到 1190.55 亿美元。在此情况下，印度外债总额不断增加，已经从 1991 年的 838.01 亿美元上升到 2008 年 12 月底的 2308.46 亿美元。利息支付成为印度政府对外支出大项，20 世纪 90 年代以来，用于利息支付的支出远远大于其国防开支，2008－2009 年度达到 25270.1 亿卢比，占预算总支出的 17%，同期国防开支仅为 9600 亿卢比。②

巴基斯坦问题更加严重。巴基斯坦对外收支长期失衡，外贸逆差严重，经常项目赤字较大。2007－2008 年度货物贸易赤字达 152.95 亿美元，虽有侨汇的弥补，2007 年 7 月至 2008 年 3 月的经常账户赤字仍达到占 GDP 的 8.4%。巴基斯坦储蓄率较低，2007－2008 年度国内储蓄仅占国内生产总值的 11.7%③。另外，自 1997－1998 年度以来，巴基斯坦政府的财政长期赤字，其中，2007－2008 年度巴基斯坦财政赤字达到 7771.69 亿卢比，占 GDP 的 7.4%；2008－2009 年度巴基斯坦财政赤字仍为 5822.51 亿卢比，占 GDP 的 4.7%。在此情况之下，巴基斯坦债

---

① The World Bank, *World Development Report* 2010, Washington DC, 2010, p. 385－387.
② The Ministry of Finance, *Economic Survey* 2008－09, Government of India, New Delhi, 2009, A81, A118, A38.
③ [巴基斯坦]法斯赫乌丁，M. 阿克拉姆斯瓦蒂 著，陈继东、晏世经等译，《巴基斯坦经济发展历程—需要新的范式》[M], 四川巴蜀书社 2010 年出版。

务不断增加，外债和外汇债务已由 2004 年 6 月底的 353 亿美元增加到 2009 年 6 月的 501 亿美元，约占巴基斯坦 GDP 的 30.2%。巴基斯坦政府支出中的利息支付也是一项重要支出项目，2009 年用于利息支付的财政支出资金为 6240 亿卢比，约为国防支出的两倍。①

南亚国家弱小的经济实力和糟糕的财政状况，限制了南亚国家对能源的投资，也限制了南亚的能源合作。为了国家发展和经济增长，南亚国家需要大量的资金投入。"为了能够满足未来 10 年间的能源需求，印度还必须在能源领域投入至少 1000 亿美元的资金"。②印度"十一五"计划能源投入为 85412.3 亿卢比，约占政府总支出的 23.4%，对印度政府财政的压力巨大。③而巴基斯坦由于财政压力而不断削减公共支出，对物质基础设施的投资从 1995—1996 年度占国内生产总值的 8%，减少到 2004—2005 年度占国内生产总值的 6.3%，随后虽有所增加，2007—2008 年度也只达到 7.2%。巴基斯坦对电力和天然气的投入变化不大，仅从 1994—1995 年度的 680 亿卢比增加到 2007—2008 年的 877 亿卢比，其中大多数年份低于 1994—1995 年度的数值，2003—2004 年度最低，仅为 253 亿卢比。④巴基斯坦在能源设施领域投资不足和有所减少，是当前巴基斯坦能源危机的原因之一。南亚

---

① The Ministry of Finance, Economic Survey 2007—2008, Government of Pakistan, Islamabad, 2009, p. 60, p. 141.
② [法] 菲利普赛比耶－洛佩兹，《石油地缘政治》[M]，社会科学文献出版社，2008 年 9 月第 1 版，281 页。
③ The Ministry of Finance, *Economic Survey* 2008—09, Government of India, New Delhi, 2009, A46.
④ [巴基斯坦] 法斯赫乌丁，M. 阿克拉姆斯瓦蒂著，陈继东、晏世经等译，《巴基斯坦经济发展历程—需要新的范式》[M]，四川巴蜀书社 2010 年出版。

其他国家也存在相似问题。虽然有些国家财政状况可能并没有这么严重，但由于经济实力太弱，对能源部门的投入也受到限制。

南亚各国经济财政状况决定了南亚国家的对外能源合作很大程度上是为了吸收外部资金，开发本国资源，而不是拿出资金与其他国家合作，或投资其他国家。这不利于南亚国家间的能源合作。

2. 南亚各国能源部门状况

在南亚的经济结构中，服务业所占比重最大，农业比重不小，工业不够发达。据2009年世界发展指标，2007年南亚GDP构成中，服务业占53%，农业占18%，工业占29%，其中制造业仅占17%。以印度为例，2007年印度农业占GDP的18%，服务业占52%，工业仅占30%。[1]以巴基斯坦为例，2008-2009年度临时数据显示，农业占巴基斯坦GDP的21.8%，服务业占53.8%，工业占24.4%，其中电力和天然气分配仅占GDP的1.5%，建筑业仅为2.1%。[2]南亚其他国家也存在类似情况。南亚第二产业无法对能源合作形成产业支持。

第二产业不发达导致南亚能源产业竞争力不强，能源部门能力较弱。南亚国家能源部门普遍存在无法有效为本国提供能源，能源浪费严重，能源利用污染严重等问题。除此之外，南亚国家能源部门也存在经营问题。以巴基斯坦电力部门为例，"由于居民和农业用电价格较低，对巴基斯坦水电发展局和卡拉奇电力供

---

[1] The World Bank, 2009 *World Development Indicators*, Washington DC, 2010, p. 209-210.

[2] The Ministry of Finance, Economic Survey 2007-2008, Government of Pakistan, Islamabad, 2009, p13.

应公司的收入和债务偿还造成严重影响。2007－2008年度巴基斯坦电厂的平均负载系数为43.7%，43.7%的负载系数对电厂是一个非常接近盈亏平衡的负载系数。再加上输送损耗，成为巴基斯坦水电发展局高运营成本和低收入的主要原因"。①

能源部门的这些问题主要是由南亚能源企业国有，能源企业承担过多社会责任，能源设施规划设计不合理，以及缺乏外部竞争等造成的。例如，印度和巴基斯坦的石油和天然气企业在国内不能按照国际价格销售油气产品，而国际石油价格又过高，国内能源税过低，政府承诺的补贴不到位，使得相关企业经营困难。因此，能源部门和能源企业能否克服技术和体制限制，改善经营也是直接影响南亚能源合作开展的重要因素。但需要指出的是，为了克服能源部门的问题，南亚国家已采取了很多对策。首先，最近几年，南亚国家较前一段时间加大了能源投入。其次，虽然能源部门大多数仍属于国有部门，但各国对能源部门进行了改革。一是将企业与政府职能剥离；二是按照功能原则组织独立的运营单位；三是实现能源部门自由化，允许私人企业进入；四是实现能源税和能源价格改革，形成机制更加市场化。这都为南亚能源部门进一步发展创造了条件，对南亚能源合作有利。

3. 南亚各国经济联系

南亚各国独立后实行了不同的对外经济政策。印度实施独立自主，进口替代的经济政策。南亚其他国家大多实行对外依赖的经济政策，主要依靠西方援助和贸易来发展国家经济。由于经济

---

① ［巴基斯坦］法斯赫乌丁，M. 阿克拉姆斯瓦蒂著，陈继东、晏世经等译，《巴基斯坦经济发展历程—需要新的范式》[M]，四川巴蜀书社2010年出版。

落后和对外经济政策差异,南亚各国间的经济联系很少,开展能源贸易缺乏贸易基础。

虽然南亚各国在冷战后调整了对外经济政策,20世纪90年代中期,南盟范围内实行了特惠贸易安排,但区内贸易联系仍不紧密。"南盟各国间贸易占其外贸总额的比重从1986年的3.12%增长为1996年的4.5%,到2006年仅为5.2%"。[1]以单个国家来说,2007－2008年度,印度从南亚进口仅占其进口总值的0.8%,印度对南亚出口仅占出口总值的5.9%。[2] 2007－2008年度巴基斯坦对南盟国家出口占出口总值的10.29%,进口占进口总值的4.81%。[3]孟加拉国在2007－2008年度从南盟国家进口占进口总值的15.32%,出口占出口总值的2.91%。[4]

此外,南亚贸易关系中存在一些阻碍能源合作的问题。

首先是印巴经贸关系正常化问题。以2007－2008年度为例,根据巴方统计,巴基斯坦向印度的出口值少于对孟加拉国的出口,与对斯里兰卡的出口相差不大。从印方统计来看,2007－2008年度,巴基斯坦对印度的出口在南亚国家中列第三位,远低于斯里兰卡和尼泊尔对印度的出口;2007－2008年度,印度对巴基斯坦的出口也低于对孟加拉国和斯里兰卡的出口。鉴于印

---

[1] 陈继东,《南亚地区内贸易发展:潜力、挑战与中国的作用》[J],《南亚研究季刊》,2009年第3期。
[2] The Ministry of Finance, *Economic Survey* 2008－09, Government of India, New Delhi, 2009, A94, A99.
[3] The Ministry of Finance, *Statistical Supplement of Economic Survey* 2007－2008, Government of Pakistan New Delhi, 2009. 此处的南盟地区没有统计不丹。
[4] Bangladesh Bureau of Statistics, *Foreign Trade Statistics of Bangladesh* 2007－08, Government of the People's Republic of Bangladesh, Dhaka, June 2009, Page XIV and XL.

巴两国地理规模和经济实力，这种状态无疑是不正常的。这也是南亚能源合作中需要克服的困难。

其次，印度与南亚其他国家普遍存在巨额贸易顺差问题，引起各国不满。2007-2008年度印度对南亚的进口为21.114亿美元，出口为96.172亿美元，顺差达75.058亿美元。[①]除不丹外，其余国家对印度的贸易皆为逆差。孟加拉国逆差最为严重，达到26.59亿美元。根据孟方数据，2007-2008年度孟加拉对印度的贸易逆差占其对南亚国家贸易逆差的92.3％，占孟加拉国对外贸易逆差总额的36.24％。[②]这就是孟加拉国在MBI项目谈判中提出印度必须降低两国贸易中的逆差的原因。

从长远看，能源合作有利于克服南亚的这些贸易问题，能源贸易是克服贸易逆差的有效手段。比如，不丹依靠对印度的电力出口，扭转了对印度的贸易结构，实现了贸易顺差。但是，这些问题是在南亚能源合作之前需要立即克服的问题。

四、其他因素

1. 南盟制度因素

南盟框架下的能源合作已经开展了10年，但实质进展不大，部分原因与南盟制度问题有关。

首先，南亚各国对南盟没有任何权力让渡，更多是要求南盟

---

① The Ministry of Finance, *Economic Survey* 2008-09, Government of India, New Delhi, 2009, A94, A99.
② Bangladesh Bureau of Statistics, *Foreign Trade Statistics of Bangladesh* 2007-08, Government of the People's Republic of Bangladesh, Dhaka, June 2009.

不要干涉国家主权和内政。比如《南盟宪章》对南盟机构原则规定如下:"1. 联盟框架内的合作应基于遵循主权平等、领土完整、政治独立、不干涉内政和互利的原则;2. 合作不是取代双边或多边的合作,而是对它们的补充;3. 合作不应与双边和多边的义务相抵触。"①这意味着南盟不是高于各国之上的超国家机构,自然也没有超国家的能源合作权力。

其次,南盟机构也没有实际施行能力。南盟的最高权力机构是南盟首脑峰会,其次是部长理事会,它们具有决策权力,但并不是实体机构,容易受南亚国家间关系影响,更不是执行机构。作为南盟常设实体机构的秘书处,南盟宪章只是说"须有个联盟秘书处",并没有给予其权力。南盟网站上称,南盟秘书处只是"协调监督南盟的活动,为南盟会议提供服务,作为南盟与其他国际组织的交流渠道。还越来越多地利用作为南亚区域合作联盟会议的地点"。②可见南盟秘书处也没有执行权力。南盟规定了拥有执行权力的两个委员会,一个是技术委员会,这在能源部门已不存在,一个是行动委员会,但不覆盖全地区。南盟由各国自愿贡献资金,南盟行动资金也不充裕,仅有两笔基金,分别只有50万美元和500万美元。因此,在组织机构上,南盟基本上不存在执行机构,也没有执行能力,相关决定仍要通过成员国执行。

最后,南盟工作准则不利于南盟达成合作方案。《南盟宪章》

---

① CHARTER OF THE SOUTH ASIAN ASSOCIATION FOR REGIONAL COOPERATION

② 南盟官方网站南盟秘书处页面,http://www.saarc-sec.org/main.php?t=13。

规定的机构工作总则是:"1. 各级的决议应在的一致基础上做出;2. 不审议双边和有争议的问题"。① 该规定虽保证各国地位平等和合作的一致性、自愿性,但不利于南亚各国尽快达成合作方案。南盟无权协调解决南亚国家普遍存在的双边问题,不利于能源合作实现。

2. 区域外组织因素

地区外组织对南亚地区能源合作的影响也不可小视。

世界银行作为全球最大的国际金融和援助组织,一直是世界上地区能源合作的推动者和鼓吹者。世界银行援助了多个地区的能源合作项目,如东南欧能源共同体、大湄公河次区域计划、非洲南部电力联营、西非电力联营等。

世界银行也在积极促进和支持南亚的能源开发和合作。世界银行贷款支持了很多南亚能源的项目,比如,2004 年世界银行贷款支持阿富汗紧急电力重建项目;2007 年支持斯里兰卡乡村经济发展可再生能源计划;2009 年 6 月贷款支持尼泊尔电力开发项目等。② 世界银行对南亚能源合作做了详细的研究,积极促进南亚能源合作,2008 年 3 月世界银行南亚能源合作计划和能源部门管理原则计划出版了 334/08 号正式报告,题目为《南亚

---

① CHARTER OF THE SOUTH ASIAN ASSOCIATION FOR REGIONAL COOPERATION

② 世界银行网站。http://web.worldbank.org/external/default/main?pagePK = 146756&piPK = 146825&theSitePK = 223547&menuPK = 158859&pagenumber=2&pagesize-20&sortby-BOARDSORTDATE&sortorder=DESC&category=advsearch&query=ALL&status=A&regioncode=4&countrycode=ALL&sector = ALL&majorsector = ALL&sectorboard = ALL&majorthemeid = ALL&themeid = ALL&network = ALL&prodline = ALL&prodlinetype = ALL&lendinstrtype = ALL&lendinstr = ALL&goalid = ALL&metathemeid = ALL&startyr=ALL&endyr=ALL&env=ALL&match=null.

地区能源贸易的潜力和前景》，对南亚能源合作做了详细研究。

亚洲发展银行也对南亚的能源合作给予了巨大的支持，亚洲发展银行也在南亚有很多能源信贷项目。如，亚洲发展银行对阿富汗风能开发的技术支持，对支阿富汗能源发展投资计划的津贴支持①，对印度跨部门生物燃料的生产和使用研究的技术援助，对阿萨姆邦电力部门提高投资计划的贷款支持②，对不丹乡村可再生能源开发项目的技术帮助，对不丹绿色电力计划发展贷款和津贴支持等。亚洲发展银行还是 TAPI 管线项目的资金保证人。南盟十二届峰会后，南盟秘书处与亚洲发展银行签署了技术援助协议，以促进南盟能源贸易的研究和南盟能源中心的能力建设。③

东盟是南盟的重要伙伴，南盟能源中心的成立在某种程度上借鉴了东盟的经验。东盟能源中心早在 1999 年便已建立，在能源合作研究方面经验较为丰富。南盟能源中心已与东盟能源中心建立了联系，两中心还打算就人员、信息交换、人力资源培训、共同研发和召开相关研讨会议展开合作。

世界银行和亚洲发展银行对南亚能源开发和合作主要体现在资金和技术的支持，而与东盟能源中心交流则可以弥补南盟能源合作经验不足。

综上，南亚能源合作主要受能源、政治、经济及制度等因素

---

① 亚发银行网站，阿富汗项目回顾网页：http：//www.adb.org/Projects/approvals.asp?ctry=AFG&year=ALL&query=&browse=1&p=ctryAFG

② 亚发银行网站，印度项目回顾网页 http：//www.adb.org/Projects/approvals.asp?ctry=ind&year=ALL&query=&browse=1&p=ctryind

③ 南盟能源中心网站，国际合作网页，http：//saarcenergy.org/web/cooperation.htm。

的影响。能源因素是影响能源合作的最基本因素，政治因素涉及南亚国家对能源合作的态度和能否为能源合作创造稳定的环境，而经济因素则是南亚能源合作资金、技术的基础，制度因素主要涉及南亚能源合作能否有效组织和执行。

但是这些因素本身是复杂的，包含很多层次和内容。这些层次和内容对南亚能源合作影响也是复杂的，并不是简单的促进和阻碍的关系。这些因素也是相互影响的，单一因素很难决定南亚地区的能源合作状况和前景。

就每个因素来说，都至少包括区内、区外两个层次，而政治和经济因素则更为细致，可以追究到国家内部层面。这些因素中每个层面对南亚能源合作影响是不同的。笔者认为，这些因素中的区内因素是最重要的因素，但却并不是决定因素。

从时间层次看，这些因素中既有历史遗留下来的对南亚能源合作阻碍因素，也有新近出现的有利于南亚能源因素和情况。后者是 21 世纪重新启动南亚能源合作的重要原因，前者则是南亚能源合作举步维艰的原因。

第五节　南亚能源合作的前景和对策

一、南亚能源合作的前景

准确预测南亚能源合作的未来是不可能的，但根据现有情况对南亚能源合作的前景做出展望却是可以的。

根据南亚能源合作影响因素可能的变化，南亚能源合作可能呈现出以下不同的前景：

1. 南亚能源合作倒退。在世界能源形势、区内国际关系发生剧烈变化的情况下，南亚地区的能源合作可能出现倒退，各国能源合作可能破裂。

2. 南亚能源合作停滞。这主要取决于南亚国际关系发展和南亚能源合作的机制化建设的进展状况。如果南亚各国不能处理好双边问题，而南亚能源合作的机制建设没有实质进步，南亚合作可能停滞不前。

3. 南亚能源合作"大跃进"。这是南亚能源合作最为理想的前景，就是在各项有利条件推动下，南亚短期内迅速克服区域内的问题和障碍，快速实现地区能源一体化，南亚能源安全问题得到圆满解决，南亚国家实现可持续发展。这一前景的要求相当苛刻。第一，世界能源安全形势要平稳、适度发展；第二，南亚地区政治、经济发展与能源合作达到良性互动；第三，外部力量的有力支持；第四，在以上有利条件的基础之上，南亚能源合作机制能够建设良好，能够保证能源合作顺利实施。

4. 渐进的南亚能源合作。南亚各国通过努力，逐步克服现有的障碍和问题，逐渐实施能源合作计划，最终花费很长时间实现能源一体化。

笔者认为，渐进是南亚能源合作最有可能出现的前景。这主要基于以下几点考虑。

缓慢推进、逐步实现合作目标是南亚地区合作的一贯特点。南亚一体化开端很早，但近10年内并无进展。到了20世纪90年代中期才开始深化经济贸易合作，又用了10年才签订自贸区协定。可见，渐进是南亚合作的特色。

冷战后南亚国际关系发展平稳。印度在南亚推出了睦邻政策，印度与南亚各国关系没有出现大的波动和倒退。印巴在1998年核试验后虽出现过紧张局面，但基于核恐怖下的平衡，使两国关系僵而不破。冷战后，南亚国家一体化进程也保障了南亚国家间关系的稳定。

利弊条件对比情况表明，南亚能源合作取得进展需要长时间的努力。就南亚能源合作影响因素来看，有利条件主要有：国际能源形势带来的适度外部压力、南亚一体化趋势、南亚经济发展、南亚各国对能源认识转变、区域外组织和国家的支持，等等。而南亚能源合作的障碍主要体现在：南亚各国关系的不稳定、南亚国家领土纠纷、南亚国家资金和技术缺乏，等等。不利条件相对有利条件更为现实、稳固，有利条件的发挥和障碍的克服都需要更长时间。

大量存在不确定和无法控制的因素。就目前来看，南亚国家无法控制区外因素。比如，美国对伊朗、缅甸的政策；伊朗、中亚、缅甸对与南亚能源合作的态度；地区外国家对南亚能源合作的倾向性等。南亚地区内的很多因素也是无法控制的。最明显的例子是阿富汗局势，阿富汗虽然是南亚国家，也是南盟成员国，但阿富汗的未来局势根本无法预测。另外，由于各种原因，根本无法预测和把握南亚地区内的恐怖主义问题、南亚能源的储量问题，等等。

综合以上因素，渐进式的南亚能源合作是最为可能的发展模式。

二、南亚加强能源合作的对策

通过分析，我们可以得出一个结论，南亚能源合作最有可能的前景是逐步推进能源合作，但是也存在倒退、停滞的危险。因为能源合作存在很多障碍和不确定、不可控因素。因此，为了加强能源合作，南亚国家和南盟还需积极努力发挥有利条件，克服现有障碍，减少不确定、不可控因素的消极影响，趋利避害，推进地区能源合作。

第一，南亚各国应继续转变对能源合作的认识和态度，做好便利合作的立法工作。

近年来，南亚各国虽然对能源安全的认识和能源合作的态度有所转变，但是仍很有限。比如：有的国家更注重寻求能源独立；有的国家坚持本国资源应先满足国内需要；还有的国家存在能源合作只会"便宜"敌国的观念；有的国家担心能源合作会使本国受制于人，等等。应当承认，各国从本国利益出发，都有自己的考虑，这本无可厚非，但南亚国家应当认识到，南亚地区能源安全形势已经非常严峻，未来还将进一步恶化。南亚国家单靠各自的力量根本无法解决能源安全问题，各国只有携手应对，展开共同的合作，才是解决能源问题的根本之策和长久之道。

为了继续转变对能源安全的认识和对能源合作的态度，南亚各国需要克服狭隘的民族主义情绪，以长远的眼光和理性的态度看待能源问题。南亚各国政府和领导人应增强对能源合作的信心和决心，努力说服国内民众和国内政治党派，达成应有的共识，提高对能源合作的承诺，做出更多努力，加快能源合作进程。

这些努力表现在国内的重要举措就是要做好能源立法工作，减少法律法规中对能源合作的不利因素，为未来的能源合作制定长久的规划，保障未来能源合作不受国内短期性、偶然性因素的影响。

第二，南亚各国应继续加大能源部门的投资和改革力度，提高能源企业的效率、效益。

南亚各国经济发展加快，增加能源投入应是题中之义。南亚国家应改变过去忽视能源投资，甚至削减能源建设资金的做法。尤其要增加能源基础设施的投入，增强能源开发、能源运输、能源分配的能力，为能源合作提供良好的基础设施。

南亚国家还应继续能源部门改革。继续将能源企业的经营与政府职能脱轨，增强能源企业经营的自主性和积极性。同时整合国内企业，将分散的能源企业和单位合并整合，按照功能重组。能源部门改革还要加强能源部门的私有化和开放程度，促进能源产业的竞争，同时吸引私人资金和海外资金的投入，解决能源投资不足的问题。

同时，南亚国家还要继续深化能源税和能源形成机制的改革。在保障国内稳定和促进国内支持能源合作的前提下，促进能源价格机制形成的市场化，尽量减少能源补贴和能源行政定价，促进能源企业效益，以增强其积极性和活力。

南亚能源设施效率低下、能源浪费严重、能源企业效益低下的原因之一是技术水平和管理方式落后。南亚国家和企业还应加大对能源技术的投入，提高能源项目规划的科学性，来促进南亚能源部门和企业效率、效益的改善。

第三，南亚各国应继续改善双边关系，增强能源合作的共识。

南亚国际关系是阻碍南亚能源合作的主要因素之一。南亚起伏的双边关系无法为南亚能源合作创造稳定的政治环境，有损各国能源合作的愿望和共识。

改善南亚国际关系的关键是印度需转变南亚地区政策。南亚唯一大国是印度，这是南亚其他国家无法改变和挑战的，对邻国的强势政策在总体上不利于印度的国家利益与快速崛起。印度需改变在与南亚邻国交往中以大压小、以强凌弱的方法，也要改变在与邻国合作中斤斤计较、睚眦必报的态度。印度是南亚能源合作的最大受益者，也应是合作的最大推动者。印度在考虑自己能源利益的同时也应考虑到他国的需求。印度作为南亚财力雄厚，能源技术发达的国家，对他国的帮助，无疑将大大加快能源合作的进度。

南亚双边关系中的现实问题也需解决。印度与巴基斯坦、尼泊尔、孟加拉国的河水分配冲突，无疑会影响南亚的水电开发和水电合作。印度与孟加拉国、斯里兰卡的领海划界冲突也会影响印孟、印斯的能源合作。另外，印巴之间的克什米尔冲突和其他杯葛，也无疑成为南亚引进外部能源的重大障碍。因此，南亚各国需要协商解决这些现实问题，一些难以解决的冲突和纠纷，需要搁置争议，共同开发。而印巴需要继续和平对话，促进和解，消除猜忌和不信任。

南亚各国对能源合作的要求不同。印度看重能源外部引进，喜马拉雅国家看重水电开发和出口，孟加拉国则希望进口电力，马尔代夫和斯里兰卡对新能源技术和石油共同进口特别感兴趣。如果南亚各国只顾各自国家利益和各自感兴趣领域，南亚范围能源合作则很难开展。从南亚各国要求中,既可以看到不同,也可以看到很多利益切合点。因此,南亚各国应互相尊重、互相理解,求同存异,努力达成共识,增强能源合作愿望,才能使能源合作朝向有利于本国利益的方向发展。

第四,南亚各国及南盟应加强能源合作机制的建设。

在南盟框架下虽然建立了很多能源合作机构,但这些机构无权力、无效率、无能力。南亚国家间的双边能源合作缺乏较为稳定的制度保障。

就多边框架下能源合作的机构建设来看,世界各地区普遍存在问题。即使是地区一体化最为发达的欧盟,能源一体化政策也受到权力让渡不足的限制。而作为南盟模仿对象的东盟,也与南盟的状况有很大不同。东盟本身一体化较为深刻,区内力量分布较为均衡,能源储量也较为丰富,可以进行有效互补性合作。对南盟来说,能源机构的建设还需依赖成员国更多的支持和权力让渡。对于南盟能源机制形式,由于南盟还处在能源合作的初级阶段,欧盟早期的煤钢联营和原子能共同体模式还是值得借鉴的。南盟还可以对各种能源形式单独规划,灵活实施各种合作模式。比如:南盟可以成立专门的能源合作机构,甚至可以跳出南盟,成立超越南亚各国的能源合作机构,获得更大的授权;能源合作方式可以借鉴北美自贸区经验,将能源贸易纳入到地区贸易一体化的框架下,以弥补能源贸易机制不足。

在能源合作的实施方面,双边能源合作应该签署相关协议作为保证,协议内容要涵盖包括能源开发规划、达成协议、执行协议的各个方面。另外,需要详细规划和建设统一能源项目评估方式、能源谈判形式、能源过境税费标准、能源合作利益分享方式、项目招标建设机制以及协议争端的解决机制等。

第五，南亚各国及南盟应调整能源合作的策略，突出重点，强调合作方案的实施。

南盟能源合作的现行路径是：成员国提出合作领域，然后在南盟相关机构进行研究，再提出合作内容和建议，提交南盟部长理事会、能源部长会议和南盟峰会做出决策。但方案的实施却没有具体措施和步骤，造成南盟能源合作领域层不断扩大，实际成果却屈指可数的窘境。

南亚各国和南盟应改变这种合作路径，应强调方案的执行和实施。因为过多的能源方案并不会促进南亚能源合作的扩展，反而会使合作陷于空谈。南盟应本着先易后难的原则，寻找南亚最易达成的方案，率先实践。当然，南盟似乎也遵循了这一原则，比如实行了阻力最小的能源节约和效率行动计划。但是这一计划无法解决南亚国家的能源需要，也无法突出合作的重要性，更不会促进南亚能源合作的发展。

所以，南亚合作还需突出重点，寻找突破口。就目前的南亚能源状况看，南亚最重要的合作是从区外引进能源，而最易实施的方案是区域内电网的相连。

从引进区外能源看，IPI 和 MBI 项目都是容易实施的。IPI 方案的 IP 段正在实施，就印度来看，只要条件和形势变化，印度重新加入该项目也是可能的。关于伊朗问题，美国既然没能阻止巴基斯坦和伊朗的合作，印度决心要参与也是不能阻挡的。对于 MBI 项目，实质性的障碍在于孟加拉国的态度，如果孟方积极支持，项目极为可行。

区内电网相连最具有可行性，因为该项目是区内合作达成最大共识的项目。印度与不丹、尼泊尔的电网连接已取得一定成绩，孟加拉国也希望加入，斯里兰卡与印度的电力合作正不断增强，在南亚东部地区的电网连接呼之欲出。对于南亚西部来说，TAPI 项目也有电力输送方案，随着阿富汗国内局势的稳定，从中亚进口电力的计划也是很有可能实现的。

南亚国家新能源开发的合作也具有可操作性，但是新能源合作实践更多体现在各国国内的新能源开发及某些新能源技术的转移，无法体现地区合作的整体性和重要性。

之所以要突出南亚合作的重点，是为了使南亚国家可以从能源合作受益。之所以强调能源合作的实践性，是为了突出这些合作的示范效应，使南亚国家增强对合作的信心，从而才能进一步扩展能源合作内容、范围和深度。

第六，南亚应积极开展与区域外力量的合作，努力获取资金和技术援助，降低能源合作的忧虑和合作的风险。

南亚需要引进区外能源，区内资金和技术的不足以及区内各国普遍存在的不信任等原因，使南亚能源合作有必要引入外部力量，共同推动能源合作。

南盟应加强与世界银行、亚洲发展银行以及东盟进行合作，积极开展与其他国际组织和地区组织的合作。南亚国家应适应世界银行和亚洲发展银行的项目规划需要，积极提出项目规划方案，以便吸引更多的资金和技术支持。南亚国家还应积极参考和借鉴东盟能源合作的经验和教训，少走弯路。另外，南亚国家还应积极利用国际规则，以获取对本地区能源合作的有利帮助。例如，南盟提出的利用《京都议定书》规则，实施碳排放交易以获取新能源开发和环保的资金和技术的提议，就很有建设意义。

南盟和南亚国家还应积极发展与区域外国家的关系。南亚需要处理好与伊朗的关系,尤其是印度更应处理好与伊朗的关系,伊朗未来会是南亚地区最重要的能源进口来源。南亚还应处理好与中亚国家以及上合组织的关系,这也是南亚获取中亚能源的保障。南亚还要发展与缅甸和东盟的关系,防止与东盟在缅甸能源方面的不必要竞争。南盟在中亚和缅甸还需与中国协调关系。另外,南盟还应该积极利用本身组织框架,积极发展与南盟其他观察员国,如美国、日本、欧盟、韩国的关系,也可将与缅甸的能源合作,完全纳入南盟框架内。

总之,南亚能源安全存在的问题和所具有的能源潜力是南亚能源合作的基础。在世界能源形势不断严峻,尤其是2003年以来由石油价格高企带来的全球能源危机的压力下,南亚本身的能源安全问题促使南亚国家寻求地区范围内的能源合作。而南亚地区能源潜力和周边能源富足为能源合作提供了合作的空间。

新世纪开始的南亚能源合作既是过去南亚双边能源合作的复苏和继续,也开创了南亚能源合作的新局面。南亚地区过去的能源合作多是双边能源合作,极为有限,除少数成功案例外,已经没有更大的合作空间。而2000年开始的在南盟框架下的多边能源框架合作,成为南亚国家在南亚范围内进行能源合作的主要选择。在短短的十年内,南盟能源合作取得很大成就,南亚范围内多边、多范围、多层次能源合作正开展起来,这是无法否认的事实。

应该看到,由于南盟能源合作仍属于开创探索阶段,仍存在很多问题,现在的能源合作还无法解决南亚国家切身的能源问题。很多因素共同促成了南亚能源合作现在的局面，能源、政治、经济以及制度方面的因素是主要因素。这些因素本身构成复杂，对南亚能源合作的影响也是多样的。影响南亚能源合作的因素的复杂性，决定了南亚能源合作未来只能逐步推进。

第六章　南亚区域合作的机制建设

南亚区域合作发展过程中经历了功能主义实践以规避政治分歧，取得一系列成果和进展，但也表现出明显的局限性。南亚区域合作的进一步发展，必须在机制建设上有较大转变和突破，本章拟对此进行分析。

第一节　南亚区域合作中的功能主义：实践及其局限

南亚区域合作和其他区域合作组织一样，成员国间存在着各种复杂的矛盾，区域合作难有高起点和宽领域，在初始阶段只能从部分政治敏感度较低、技术性较强的功能性领域着手，以期通过"功能外溢"逐步扩展合作领域和提升合作层次。南盟在农业与粮食、防灾减灾、疾病预防与控制、能源、反恐、消除贫困等领域取得了一些成果，但除非印巴像欧洲的法德两国那样实现历史性和解,否则南盟功能领域合作无法逾越政治障碍,使南亚区域合作向更高层次发展。

一、功能主义与新功能主义理论的缘起

功能主义理论家戴维·米特兰尼(David Mitrany)在他的著作《有效的和平体制》(1943)中指出了区域一体化的路径:"20世纪世界的特征是技术问题日益增加,而这些问题只有通过跨国合作才能解决。"国家之间或国家内部的技术性问题最好依靠受过高等教育的专家而非缺乏技术能力的政客来解决。米特兰尼相信,技术问题的解决需要精深的知识和专门的技术。解决这些问题需要技术专家们不涉及政治或冲突内容的合作,因为技术专家们会选择与政治、军事这些国家间的"高级政治"无关的解决方案。[1]米特兰尼认为,解决这些技术性问题无须借助政治化的意识形态和政治化的民族主义,可以根据具体的需要或功能,通过加强合作找到解决的方案。米特兰尼提出的"扩展"(ramification)是功能主义的核心概念,即,区域一体化可先从政治敏感度低,冲突性较小的具体功能性部门着手,通过部分功能领域的合作,让参与各方建立信任,认知合作带来的利益,从而将合作从有限的功能领域扩展到更广泛的经济领域乃至政治领域,在更大的范围内进行更深层次的合作。

区域一体化最成功的典范——欧盟从20世纪50年代就开启

---

[1] 詹姆斯·多尔蒂,小罗伯特·普法尔茨格拉夫著,阎学通、陈寒溪等译,《争论中的国际关系理论》[M],世界知识出版社,2002年,第550页。

了其一体化进程，但由于西欧各国间几百年来因为对领土、资源等的争夺发生了频繁而血腥的战争，特别是两次世界大战从欧洲爆发，各主要国家间可以说是世代仇恨，二战结束后依然处于高度的互不信任中，要在西欧开展区域一体化性质的合作谈何容易。但西欧的精英们率先从煤和钢铁以及原子能这两个功能性领域着手，建立了欧洲煤钢共同体和欧洲原子能共同体。后来，新功能主义通过研究欧盟的一体化进程，对功能主义的一体化理论假设进行了检验，其代表人物厄恩斯特·哈斯（Ernst B. Hass）在米特兰尼"扩展原理"的基础上提出了"外溢"（spillover）这个新功能主义的核心概念。他考察欧洲煤钢共同体后发现，与煤炭和钢铁行业紧密相关的欧洲精英们很少有人是一开始就坚决支持欧洲煤钢共同体，直到欧洲煤钢共同体运行了几年之后，大多数工会和政党领导人才成为这一共同体的积极支持者。由于这些团体从欧洲煤钢共同体中得到了实惠，他们开始努力推进欧洲其他领域的一体化，包括成立欧洲共同市场，并成为一体化进程的领导力量。[①]后来，西欧的一体化成为世界各地区一体化最成功的范例，其发展进程和模式也为其他地区一体化组织所效仿。

二、功能主义在南亚区域合作的实践

在国际区域一体化的大潮中，南亚地区也在20世纪80年代开始探讨本地区的合作。但和西欧一样，南亚国家间因为领土争

[①] 詹姆斯·多尔蒂，小罗伯特·普法尔茨格拉夫著，阎学通，陈寒溪等译，《争论中的国际关系理论》[M]，世界知识出版社，2002年，第552页。

端、宗教冲突、水资源分配、内陆国出海、跨境民族等原因，存在着广泛而复杂的矛盾。印度和巴基斯坦就是因为建国理念的根本对立，从英国殖民统治独立时实行了分治，独立后两国因克什米尔领土争端先后发生了三次大规模的战争，近三十多年来时有零星冲突，互视对方为头号敌人和最大的安全威胁。孟加拉国本来是在印度的支持下从巴基斯坦分立出来的，但却因为印度在恒河水资源分配的霸道行为而产生不信任感，并因跨境难民问题发生过小规模武装冲突。由于印度凭借其在南亚的超级大国地位，通过不平等条约规定尼泊尔和不丹对外关系接受印度指导，向印度以外的国家购买军备须经印度批准，曾因尼泊尔向中国购买军备而对其实施过境封锁，虽然最后迫使尼方就范，但尼对印度的不信任感却愈发强烈。由于隔海相望，斯里兰卡与印度关系相对较好，但斯政府与北部泰米尔人的冲突引起了印度南部泰米尔人的高度关切，要求印度政府调解和制止斯政府对泰米尔分裂组织的镇压，这给印度和斯里兰卡两国关系制造了不少的麻烦。

正是因为南亚国家间存在着复杂的矛盾，在 1980 年孟加拉国总统齐亚·拉赫曼倡导组建南亚区域合作组织时，印巴两国反应较为冷淡。在功能主义理论的影响下，倡议提出首先在各国分歧较小的技术性功能领域开展合作，包括：农业与粮食、气象及减灾救灾、疾病预防与控制、教育及文化交流、电信和交通运输、旅游和科学技术等，以建立信任，感知利益，然后再逐步将合作扩展到经济和商业领域。南盟通过建立一系列地区中心（Regional Center）来具体组织实施功能领域合作，如南盟农业中心、气象研究中心、灾害管理中心、传染病预防与控制中心、能源中心以及人力资源开发中心等等。

农业与粮食合作。南亚各国人口众多，农村人口占总人口的绝大部分，农业生产水平低下，加之自然灾害频繁，造成粮食供应不足，很多人常处于饥饿之中。因此，在南盟成立时把粮食合作作为一个重要工作。"南盟农业中心"建立于 1985 年 12 月，1989 年正式开展工作，是南盟首个地区中心，设在孟加拉国首都达卡。其主要任务是通过成员国的合作研究、开发和创新，为本地区农业提供全面、及时和实用的农业技术与信息，促进地区农业的可持续发展和消除贫困。[①] 来自成员国的科学家们确定了在水稻、小麦、蔬菜及水果、鱼类饲料、森林、农业技术、牲畜繁殖、冷冻精液及疫苗、农业机械和器具、农业经济和政策等领域的共同合作。1987 年第三届南盟首脑峰会上成员国达成的《南盟粮食安全储备协定》规定，南盟成员国共计提供 20 万吨粮食形成南盟粮食安全储备，其中：印度 15.32 万吨，尼泊尔 3.6 万吨，孟加拉国 2.11 万吨，巴基斯坦 1.91 万吨，斯里兰卡 0.28 万吨，不丹 180 吨，马尔代夫 20 吨。粮食储备由来自各成员国代表组成的南盟粮食储备安全委员会负责管理，成员国一旦遇到粮食方面的紧急情况，便可向委员会提出申请，从储备中提取粮食应急。20 万吨粮食对于当时 10 亿人口的南亚来说显然微不足道，但毕竟是一个良好开端。2007 年新德里南盟高峰又签署"南盟粮食银行"协定，确保成员国在紧急情况下可以提取粮食应急。该项协定对于南盟内承受灾害能力较弱、且缺乏外汇从国际市场购买粮食的小国尤其有利。

防灾救灾合作。南亚是各类自然灾害频发地区，海啸、龙卷

---

① The SAARC Agriculture Centre，ht ，Generated：27 October，2008。

风、洪水、地震和干旱等自然灾害每年都造成了大量的人员伤亡和财产损失。成员国认识到气象没有地理和政治边界，同时南亚各国农业基础设施非常落后，基本上属于靠天吃饭。因此，南盟先后建立了"南盟气象中心"（1995）、"南盟灾害管理中心"（2006）等地区中心，汇集南盟各国的科技人员、设备和资金合作建立南亚自然灾害监测和预报系统，通过发布及时、准确、可靠的气象预报减少自然灾害对人员和财产的损失。1970年孟加拉国发生的热带气旋造成了50万人死亡，1990年吞噬了13.8万人的生命，2007年不亚于前两次的气旋造成的死亡人数被控制到3406人。[①]南盟在地区救灾方面也发挥了重要作用，在2004年南亚海啸期间，印度政府向斯里兰卡提供了人员和资金援助；2005年10月巴基斯坦大地震后，印度政府第一时间与巴方沟通，先后用飞机、火车等向巴基斯坦地震灾区提供了食品、药品、帐篷、毛毯床单等大批救灾物资，印方还在实控制线印方已侧开放三个救援站点，用来方便巴方地震灾民寻求医疗救助和探访亲友。[②]平时难以想象的事情在灾难时刻很容易就实现了。这也充分说明尽管国家间存在矛盾，但在功能技术和人道主义方面仍可以互相合作与帮助。

疾病预防与控制。考虑到南亚地区人口稠密，卫生条件差，是世界传染病高发地区，传染病在本地区的长期蔓延不但危及人民的生命健康，更阻碍了经济社会发展和消除贫困。传染病无国界，因此，南盟成立之初便把预防和控制传染病作为区域合作的

---

① SDMC NEWSLETTER，ww，April 2008 Vol. II NO. 2。
② 张保平，新华网新德里2005年10月17日电。

重要内容。为控制肺结核和艾滋病这两种对南亚各国民众健康危害最大的传染病，专门成立了"南盟肺结核与艾滋病中心"（Kathmandu，1992），协调成员国力量共同控制和预防肺结核和艾滋病在本地区的传播。其主要作用有几个方面，一是与媒体以及其他非政府组织合作，通过与学校、医院和工厂等在各成员国广泛宣传预防和控制肺结核与艾滋病知识，提高公众防病意识，每年定期发布地区传染病发生、传播、防治等的研究报告；二是汇集各成员国的医疗科技人员联合开展医疗技术和药物研究，向成员国特别是落后地区和私立医疗机制提供技术指导，制订传染病预防和治疗技术标准、为成员国培训疫苗和抗病药物管理的专业技术人员；三是帮助成员国政府制定传染病防治相关的政策和具体执行纲要；四是通过该中心组织本地区医疗科技人员与其他国家和国际组织进行技术交流与合作。

能源合作。南亚是世界能源最为短缺的地区，也是世界上目前还没有探明有大规模石油和天然气贮藏的地区，以其占世界20%的人口拥有世界0.6%的探明石油贮藏量，广大农村的偏远地区主要依靠木材、农作物秸秆以及煤炭等为燃料，很多地方至今没有通电。近些年来，随着经济增长加速，南亚地区对进口能源的依赖度不断加深，而区内的能源合作相对滞后。最具讽刺意味的是新加坡和阿联酋是印度最大的两个成品油出口目的国，却是巴基斯坦和孟加拉国的成品油最大进口来源国。唯一的合作亮点是印度和不丹的水电合作，不丹的经济可开发水能超过16000兆瓦，但直到1988年不丹还需要从印度进口电力，后来与印度合作建起了几座水电站，除满足国内消耗外还出口印度，目前电力出口已经成为不丹财政收入的最大来源。[1]在国际能源竞争加剧大环境下，南盟各国逐渐认识到地区能源合作的必要性和巨大潜力，2004年南盟第十二届高峰会决定成立工作组研究南盟能源合作，并于2006年3月在巴基斯坦伊斯兰堡正式建立了"南盟能源中心"，负责研究协调南盟国家的各类能源合作。南盟能源中心正式确定了现阶段南亚能源合作的几个重要内容。首先是合作建设天然气管道，一条是从伊朗和土库曼斯坦到巴基斯坦和印度，另一条是从缅甸和孟加拉国引到印度；其次是共同出资开发尼泊尔和不丹的水电资源，通过建立统一的南亚电网，把电力输送到印度、孟加拉国和巴基斯坦；还要帮助岛国斯里兰卡和马尔代夫开发风能和太阳能。

地区反恐合作。由于贫困、宗教信仰、领土争端和种族矛盾等原因，南亚地区恐怖活动较为频繁，反对恐怖主义成为南亚区域合作的一个重要内容。在1987年11月，在加德满都举行的南亚区域合作联盟第三次高峰会上，成员国首脑签署了《南盟反恐公约》，1988年经成员国国会批准后正式生效。公约共11条，将政治问题与犯罪的恐怖活动严格区分开来，要求成员国共同对恐怖活动进行打击。2004年1月6日，在南盟第十二届高峰会上，针对世界和地区反恐的新形势和新情况，成员国制定了《南盟反恐附加议定书》，目的是要采取必要措施加强南亚地区反恐合作，特别是联合预防和打击恐怖组织的资金取得和积聚。[2] 但

---

[1] Toufiq Siddiqi: Special report "*Developing Integrated Energy Policies in South Asia*", No. 1, March 2008. SAARC Energy Centre. ww.

[2] Additional Protocol to the Saarc Regional Convention on Supression of Terrorism, 06/01/2004, Islamabad.

由于成员国对于恐怖主义的定义存在较大分歧，联合反恐没有实质性成果，仅停留在预防恐怖主义的层面上。

除上述领域外，南盟还在旅游往来、增进人员往来、打击跨国犯罪、交通和通信等方面取得了一定进展，最近的两届南盟高峰会还提出要增加南盟发展基金、在新德里筹建南亚大学。相对于缓慢而曲折贸易自由化进程而言，南盟在功能领域算得上是取得了明显而可喜的成绩，为在成员国间增信释疑，促进地区社会发展、理解和学习区域合作奠定了重要基础。

三、功能主义在南亚区域合作中的局限性

时至今日，南盟依然是世界上区域一体化发展最缓慢，一体化水平最低的区域一体化组织。以南盟确定的2016年实现自由贸易时0%—5%的关税为例，届时可能会因WTO多边和众多双边自由贸易安排的关税水平比其更低而变得毫无意义。2020年建立"南亚关税同盟"及"南亚经济联盟"的目标更看不到丝毫迹象。尽管南盟选择了和欧盟一样的发展路径，南亚区域合作却没有因为功能领域的进展而实现突破。功能主义在南亚遭遇了与欧洲截然不同的境遇。

首先，印巴关系没能像欧洲的法国和德国那样实现历史性和解。西欧一体化的成功是以其成员国尤其是法国和德国的历史性和解为前提的，法国和德国几百年来围绕领土、资源等的争夺战争不断，并在两次世界大战中血腥厮杀，给人民的生命、心灵和财产造成空前浩劫，法德领导人和人民认识到只有合作才能够实现国家和人民的生存和发展问题，特别是德国在领土边界问题上

做出了较大让步，使欧洲国家从无休止的争斗中解脱出来。而南亚的印度与巴基斯坦在南盟成立之前先后发生了三次大规模战争，双方在克什米尔领土争端中谁也不愿意让步，并互视对方为自己最大的安全威胁和头号敌人。两国间连正常的国家间关系都不能保持，人民间的正常交往和经济往来都无法保证，印巴双边关系还经常阻碍南盟多边合作进程的推进，导致多次高峰会被推迟或取消。相比印巴矛盾的复杂和深刻，双方利益的重大分歧，南盟功能合作带来的利益显得微不足道。因此南盟功能领域合作根本无法对解决印巴矛盾产生实质性影响，也就无法实质性推动南亚区域合作的发展。

其次，南亚国家功能专业集团和经济界对政府影响力较弱。由于南亚各国经济落后，市场不发达，政府在国家经济生活中起着支配性作用，特别是像印度那样长期实行市场与计划相结合的混合经济制度，即便是经济自由化改革后，政府仍然在国家经济生活中起着决定性作用，专业功能集团还不足以左右政府决策。巴基斯坦军人政权与民选政府交替执政，且政局长期动荡，国家安全和领土完整是国家的首要核心任务，发展往往处于次要地位，社会其他力量对政府参与区域合作意愿的影响更加微弱。南亚其他国家政府对区域合作倒是充满热情，希望通过区域合作一定程度上促进本国经济的发展，但区域合作却反被印度和巴基斯坦两大国所拖累。

最后，政治、经济、社会功能性事务难以截然分开，功能领域合作很大程度上受益或受制于国家间的政治关系。正像哈斯（Enerst Haas）批判功能主义所指出："政治权力和经济福利是难以分割的，任何经济福利活动的承诺，都产生于基于权力的考虑基础之上政治决定范围。特定的功能层次不能离开普遍的关注，总体的经济决策必然先于功能主义者描述的任何具体功能部门的演进。政治与技术、政治家与专家之间的截然区分并不存在，因为事务性决策是建立在先前的政治决策基础之上的。"①虽然功能领域合作成为令人沮丧的南亚区域合作进程中为数不多的亮点，但区域合作的进一步发展却受制于成员国间的政治障碍，而"功能外溢"不足以使南盟逾越这一障碍。因此，南盟要在区域合作中取得更大的进步，南盟成员国必须在政治和经济、社会发展中找到平衡，用实际行动展示出推动区域合作的真正的政治意愿，摒弃政治分歧，在功能合作的基础上为区域合作注入新的动力。

第二节 南盟与观察员国的相互关系

进入新时期的南盟，吸收了阿富汗为新成员国，接纳了中国、美国、欧盟、韩国、日本、伊朗、毛里求斯、澳大利亚和缅甸成为观察国。更加开放的南盟地理上覆盖了全球五大洲，显得更有活力，更有影响力。

南亚区域合作由封闭转变为开放后，南盟与观察员国的关系成为南盟机制建设中的重要内容，关系到如何发挥各观察员国对促进南亚区域合作的作用，从而对南亚区域合作的发展前景影响很大。

---

① Enerst Haas, Beyond the Nation-state, 1964, p. 23.

一、南盟对观察员地位作用的定位

在2007年12月7日举行的南盟部长理事会上，决定接受毛里求斯为南盟观察员。虽然澳大利亚也正式提出申请成为观察员，但与会国家表示需要进一步考虑，决定由2008年4月在科伦坡举行部长理事会时就此做出决定。与会国家认为，应制定吸纳观察员的标准（CRITERIA），并就此进行讨论，但未做出最终决定。各国还认为，现有观察员国应更积极地参与南盟合作，为此应修订观察员参与南盟合作的方式（MODALITY）。例如，观察员如何对南盟合作提供资金支持、参与南盟合作的优先领域、参加南盟有关会议等。但各国仅对此进行了相关探讨，并未做出任何决定。2008年，澳大利亚也正式成为观察员。

从2007年开始，南亚区域外的观察员国开始参加南盟首脑会议，但迄今观察员出席南盟会议，既缺少实质性参与的机制，也难以推动合作方式的改进，这在某种程度上制约了观察员发挥更大作用。

之所以如此，与某些南盟国家对大国参与南盟事务的戒备心理直接相关。因此，虽然人们对观察员国参与南盟活动和推动南盟发展报以积极和乐观的展望，但实际情况却是，目前南盟观察员国与南盟的关系还停留在"观察"的状态，所能发挥的作用极为有限。

二、南盟成员国在扩大问题上的分歧

鉴于观察员在南盟中的作用受到限制，未能如预料的那样成为推动南盟加快发展的动力来源，部分南盟成员国提出南盟扩大成员国的提议，但遭到另外一些成员国的反对，使有关提议未能列入 2010 年首脑峰会的议事日程。

在 2010 年的南盟第十六届首脑峰会前夕，尼泊尔提议，把中国在南盟的地位由观察员升格为永久性成员。这一提议得到另外两个成员国巴基斯坦和孟加拉国的支持。但不丹、阿富汗和马尔代夫表示反对，使该提议最终未能列入此次首脑会议议程。这些国家提出，中国获得观察员身份刚 5 年，现在就给予永久性成员地位为时过早。而印度外交秘书拉奥琪在 2010 年 4 月 23 日就南盟新成员加入问题表态时称，南盟就是 8 个成员国，不会有新成员加入，断然排除了接收新成员的可能性。

除中国外，巴基斯坦和孟加拉国还支持伊朗加入南盟，南盟成员国在南盟是否增加正式成员国一事上分歧已经表面化，形成了赞成和反对的两大阵营，表明在事关南盟领导权的问题上，今后还会有持续的博弈。

总体看，今后的南亚是一个有包容性，多元化和快速发展的地区，对世界经济发展与和平的依赖也会不断增强。在未来的岁月，南盟必将学着与区域外的伙伴开展合作，改进合作方式，找到妥善处理与观察员关系的途径，从而更加自信地对世界开放。就目前的情况看，南盟要理顺与观察员的关系，还需要一些时间。

第七章　南亚区域合作的发展前景及面临的主要问题

南盟8国，人口超过14亿，GDP总值达万亿美元，市场潜力巨大。虽面临诸多挑战和掣肘因素，总体前景被看好。

第一节　南亚区域合作前景与面临的主要问题

尽管影响南盟发展的各种矛盾和问题仍然存在，进入新世纪后，受经济全球化和区域经济合作大趋势推动，把南盟建成有活力的区域合作组织成为各成员国共识，区域合作取得新进展。印巴关系逐步改善，使开展经济合作的政治环境向有利方向转变。

一、南亚区域合作前景

南亚区域合作发展前景总体被看好，主要表现为以下方面。
1. 成员国间的合作潜力巨大

印度经济近几年步入高速发展阶段，经济结构逐步变化，与南亚各国的经济互补性随之增加，增大了区域合作发展潜力。

一是南亚本身是一个相对独立的经济区，各国间存在自然分工，印度市场对尼泊尔、不丹和马尔代夫这些小国来说尤其重要。尽管总体互补性差，印巴之间毕竟还有许多可贸易的物资和商品。例如，印纺织工业需要巴产棉花做原料，巴从印就近进口许多物资，可显著降低交易成本。保守估计，印巴间贸易潜力约60亿美元，目前官方贸易约10亿美元，包括黑市贸易，总额不过20亿美元，贸易潜力有待发掘。

二是区域内技术转让、投资合作潜力大。其一，南亚各国间兴办合资企业和进行技术转让比与西方跨国公司打交道更有利和节省开支。因技术对路、规模适中、较符合资源禀赋、能较好利用当地条件和原料，这些合资企业可较少依赖资本货物和原料进口，花费外汇较少。同时，还可促进和补充各国间贸易，尤其是那种有返销安排协议的合资企业，可对改善东道国因可出口商品有限而造成的经常性贸易失衡起积极作用。其二，印度是南亚唯一对各国有能力提供少量技术转让、援助和出资兴办合资企业的国家，无论是为满足当地的需要或是为了扩大出口，印度的技术，特别是"中间技术"较适合其他南亚国家的国情，这些国家也希望从印得到适用于本国的技术、资本货物和经济援助。其三，由于语言、文化、社会环境和行政结构的相似和接近，南亚各国建立合资企业有很大优越性。过去十多年里，印在孟、尼和斯已经建立多个合资企业，为促进各国多样化生产的发展起到重要作用。

2. 增强南盟活力，观察员大有可为

南盟对外开放使南亚合作脱离区域封闭状态，域外大国参与，有利于增强南盟活力。南盟 8 国中只有印度具有较强的经济实力，而中、日、美、韩、欧盟等观察员国的经济、技术实力远高于南盟各成员国。在开放状态下，观察员国对南盟成员国发挥重大影响是不可阻挡的必然趋势。

增强南盟活力，观察员可发挥重要作用的领域主要是：其一，可有效扩大南盟与外部市场的贸易往来；其二，可增加来自观察员的投资和技术合作；其三，可增强南盟协调地区局势的能力。

总体看，各成员国的努力加上区外观察员国的强有力影响，南亚区域合作大有可为。但是，要使这种发展潜力转变为现实，还需切实应对南亚区域合作所面临的问题和困难。

二、南亚区域合作面临的主要问题

南亚区域合作仍存在不少困扰其发展的问题，需要加以逐步解决，才能促进区域合作取得实际成效。

1. "信任赤字"仍困扰区域合作

突出表现为印巴之间信任不足，和平进程仍很脆弱，各国在考虑区域合作问题时难以做到真心诚意。

2. 自贸区建设并不顺畅

一是巴拒绝给予印"惠国待遇"和南盟自贸协定项下的关税减免，印巴就此问题发生争执，迄无结果。二是南盟各国提出的"敏感产品目录"很长，印度有 800 种，其他国家在 1000 种以上，均为本国大宗外贸商品，不利于扩大各成员国之间的相互贸易。

3. 南盟区域内贸易比重低的状况短期难以改变

南盟各国主要与区域外国家贸易,这种情况在吸收中、日、美、韩和欧盟为观察员国后,南盟各国与这些观察员国的贸易可能进一步扩大,对扩大各成员国之间贸易会产生牵制影响。

4. 落实工作有待进一步加强

南盟首脑会议、部长理事会、常设委员会及一系列专门和临时的委员会和机构形成大量文件、宣言,但并未落实。常设秘书处职能和权威有限,经费紧张,一年预算仅 150 多万美元。南盟第十三届峰会提出,未来 10 年的工作重点之一是注重落实工作。

总体看,过去影响南盟较快发展的各种矛盾和问题仍然存在,造成这种局面的原因错综复杂,南盟发展还有很长的路要走。但南盟各国经济发展增速,产业结构变化加快,加之吸收区域外国家和组织成为观察员,使南亚合作脱离区域封闭状态,进入开放状态下发展的新阶段,其发展潜力进一步增大,以动态、发展眼光观之,前景看好。

第二节 促进南亚区域经贸合作发展的对策

推动并加强南亚地区的经济一体化,其基本原则必定是以"经济互惠为基础、政治互信为前提、安全外交互动为条件、科技文化互往为保障"。这里针对前文对南亚区域合作发展中所存在问题的分析,提出了以下一些促进南亚区域合作发展的可行性对策。

一、奉行开放的地区主义,加强与区域外国家和地区的联系

开放的地区主义是对内开放与对外开放的有机结合。开放的地区主义因其对外开放的特性可以被视为通向经济全球化的重要途径之一。经济合作与发展组织在其题为《未来论坛:世界经济的长期展望》的报告中指出:"开放的地区主义的拥护者认为,在目前存在的妨碍全球范围内多边协商的障碍不断增加,并且将来也不可能完全消灭的情况下,开放的地区经济合作是全球经济自由化的最佳途径。"[1] 这表明,地区组织维持对区外成员的开放是至关重要的,这将有助于地区化和全球化之间形成互相推动而不是互相掣肘的关系。开放的地区主义具有开放性、非制度性和软约束性。历史也证明,成功的区域组织往往都成长于开放的经济全球化过程之中。南亚地区实行开放的地区主义不仅有助于其更好地融入经济全球化自由化的进程,而且有助于维持南亚地区的稳定,促进南亚地区的发展。

加强与中国的联系非常重要,南盟将从中国提供的巨大市场中获益,而印度无疑将是最大的受益者。一些印度人担心让中国进入南盟将使中国的政治经济影响力跨越喜马拉雅山挑战到印度在南亚半岛的领导地位,而将防止中国在南亚地区扩大影响力作为印度长期的战略目标。但是要将世界第三大经济体的势力完全

---

[1] OECD, *Forums for the Future — Longterm Prospects for the World Economy*, Outlook, Main Issues and Summary of Discussions, Paris, 1992, P. 18.

排除在南亚地区之外，尤其当它又与南亚比邻时，这样的想法并不现实。同时，南盟与中国关系的加强有助于印中关系的发展。中国与印度的经贸交往近年来飞速发展，2005年双方结成战略伙伴关系，两国间的贸易额从十年前的数亿美元发展到2007年已经近400亿美元，年均增速达到34%。在印中经济联系日益紧密的情况下，印度没有理由阻止南盟发展与中国的关系。

南盟加强与中国的关系，将中国纳入南亚地区的经济发展中也有助于南亚各国克服政治上的阻碍因素，更好更快地推动南亚地区的经济一体化进程。中国在很多影响南亚地区民生的领域都起着关键的作用。比如在水利方面，南盟和中国就有着广泛的合作空间。南亚地区多数主要的河流都起源于中国西藏，加强与中国在水利方面的合作将有效地预防并减少南亚东部地区的水涝灾害。针对雅鲁藏布江每年在印度东部和孟加拉国发生的洪涝灾害，印度和中国已经开始每年交换水文资料进行合作，而现在这样的合作应该更加深入更加广泛。此外，在当今全球粮食供应紧张、价格大幅波动的形势下，南盟与中国的农业合作也有着极为重要的现实意义。

此外，要鼓励南亚各国与区域外国家和地区开展广泛的双边和多边合作。南亚各国与区域外国家和地区建立了多个区域、次区域以及双边合作安排，如"孟印缅斯泰经济合作组织""环印度洋经济合作组织""恒河－湄公河合作组织"等。这些区域和双边合作虽然有可能在一定程度上降低了各国参与南亚区域一体化的热情，但是应该看到，这种形式的合作毕竟有利于各国的经济发展，只要南亚各国的经济得到发展，对外交往增多，经济实力和需求增强，反过来就会促进本地区的一体化合作。因此，促进南亚地区各国相互依赖关系增强的关键,就是在不阻碍各国区外联系的情况下推动区域内贸易的发展。南盟应该允许并鼓励成员国参与各种形式的地区经济合作,将同区域外国家和地区的合作作为南亚区域合作的补充,并且保持区域合作的开放性,不要刻意排斥某个国家和地区。

在2004年第十二届南盟领导人峰会通过的《伊斯兰堡宣言》中,南亚各国领导同意与区域外其他对南盟发展有兴趣的地区和国家建立对话伙伴关系。2005年11月,在第十三届南盟领导人峰会上,南盟通过了吸收阿富汗为新成员国,同时接纳中国和日本成为观察国的议题。2007年4月召开的南盟第十四届首脑会议中,中国、日本、韩国、美国以及欧盟均首次以观察员身份出席,会议接受了伊朗为新的观察员。而在2008年召开的第十五届首脑会议中,缅甸和澳大利亚被接纳为观察员国。至此,南盟观察员国已经包括了中国、美国、欧盟、韩国、日本、伊朗、毛里求斯,以及澳大利亚和缅甸,共9个国家和组织,地理上覆盖了全球五大洲。这充分表明世界各地正以更高的热情与南亚地区建立联系,同时也反映了南亚各国更加自信更加开放的心态。更加开放的南盟显得更有活力,更有影响力,南盟也应采取更多实际份额行动,强化同观察员间的互利合作。

二、以政府为主导,搁置争议,集中力量推动区域合作发展

以印度为代表的南亚各国,经济发展主要由国内大大小小的私营企业推动。南亚各国的民众以及私有企业都认为,各国间社会、经济等方面的合作应该独立于政治上的冲突，印巴克什米尔的争端与印巴两国的社会、经济发展以及人民的生活福祉没有一点关系。而相反，在过去 60 多年里，印巴两国将大量的资源和精力浪费在克什米尔问题的争端上，却并没有取得皆大欢喜的结局。如果将社会、经济发展与政治问题脱离开来，将会有大量的资源能够投入到社会经济一体化建设和推动贸易自由化中。而社会、经济一体化的发展，将有助于缓解国家间政治上的分歧，增进国家间的了解，促进政治争端的解决。此外，对于争端问题的解决，南亚各国间应该建立一个争端解决机制，当国家间出现争端时，各国可以通过多方位的协商和考虑，选择能够使各方都满意的解决方案，尽量减少或避免各方经济利益的损失。

由于南亚地区的经济发展水平较低，市场力量在各国经济发展中所能起到的作用是相当有限的，由市场力量为主来推动南亚区域合作的发展前景并不乐观，因此由国家为主导、从政府层面来推动南亚经济合作显得非常必要，也更适合于南亚地区。虽然南亚各国的政府职能并不完善，但是在制定推进区域合作的政策法规和推动本地区的经济独立上，还是能够发挥重要的作用。另外，南亚地区复杂的政治、宗教、民族矛盾也需要各国政府之间通过加强合作，进而做到搁置争议，集中力量推动经济发展，促进区域合作，提高人民福祉。南亚各国必须停止将人力和财力浪费在毫无生产性的诸如扩充军备的项目中，而应该利用其丰富的资源来推动社会经济发展，壮大经济力量。同时，降低军备开支也能够吸引到更多的国外援助与合作。

在政府主导下，南亚各国间经常性的贸易代表团互访交流不仅有利于增进相互间的了解，消除分歧，同时也提供了商品展示的舞台,有利于促进贸易与商业往来的发展。2003年,在巴基斯坦工商业联合会的组织下,巴基斯坦和印度先后有5批贸易代表团进行了互访,经过双方多次的接触与会面,两国间很多产品的贸易都有所增长。巴基斯坦工商业联合会组织巴基斯坦商品展览,在印度成功举行,通过展览,印度民众广泛了解了巴基斯坦商品。同样,通过印度茶业代表团对巴基斯坦的访问,2004年巴基斯坦茶叶对印度的出口增长了20%。①因此,在南亚国家间积极举行各种类型的商品展览,有助于各国间增进了解,进而促进相互间贸易的发展。

三、改善经济环境,推动经贸合作发展

首先,建立南亚发展基金为区域合作提供资金支持。南亚多数国家外债负担沉重,外汇储备紧张,发展资金短缺,它们每年都要从世界银行和一些发达国家获得援助和贷款,因而进行经济合作特别是工业和金融领域的合作困难很大。没有适当的金融安排,南亚区域内贸易难以进一步扩大。因此,建立南亚发展基金,从金融上对南亚地区的发展提供支持就显得非常必要。南亚发展基金的设立并不是对亚洲开发银行或世界银行目前在南亚地区所发挥的作用的复制。除去对区域内基础设施建设、环境保护工程等纯粹的工程项目进行资金支持外,南亚发展基金还要将重

---

① Dr. Khalid Amin, "South Asia Regional Integration, Pakistan Country Note; Promoting Greater Regional Integration in South Asia; Opportunities for and Role of the Private Sector in Pakistan", The World Bank/ International Monetary Fund 2004 Annual Meetings, Program of Seminars, October 1. 2004, Washington, D. C.

点放在对削减贫困项目、人力资源发展项目的支持,对区域内跨国企业的支持,对区域内和区域外贸易提供信贷支持,以及对现有区域合作机构的资金支持等。南盟各国如果在结算安排和信贷安排上能够扩大合作,如将结算期延长,或者通过其他机制,对贸易赤字较大的成员国提供长期信贷支持,则可促使区域内贸易扩大。南亚发展基金的资金可以来源于南盟各国的资助,也可以广泛地吸收区域外国家的资金。早在1993年,日本政府就捐赠50万美元用以设立南亚发展基金,如今日本也表明将提供政府官方发展援助(ODA)的20%作为南盟发展基金。[1]南亚国家同样也可以从美国、德国、石油输出国组织国家以及其他一些美元国家那里争取到一定份额的政府官方发展援助,来充实南亚发展基金。毫无疑问,南亚发展基金的设立将大大增强对区域合作项目的支持并且大大增强南亚各国的相互依赖。在2007年第十四届南盟领导人峰会上,各国已经达成共识,同意建立一个总额为3亿美元的南亚发展基金,其中印度愿意捐助1亿美元,开了个好头。

其次,改善本地区的基础条件和商业环境。任何南亚国家的商品如果要想在南亚市场站住脚,该商品就必须在本国具有竞争性。这就要求该国具有良好的商业环境与合理的交易成本。南亚各国政府需要改善各国的商业环境,减少商业风险、减少从事商业活动的成本、改善基础设施和通信条件,提升商品的竞争力,让有更多的商品能够在南亚市场上流通。同时,这就需要各国将

---

[1] Kishore C. Dash, *The Political Economy of Regional Cooperation in South Asia*, Pacific Affairs Vol 69, 1996. East−West Center, Honolulu.

更多的财政预算从非生产性的支出中投入到以上这些建设项目中来。另外,应尽可能开放南亚地区的所有运输方式与线路,使贸易货物与人力的运输更为便利,节省时间,减少成本。南亚地区连接了石油资源丰富的中亚、西亚地区和经济发展充满活力的东亚、东南亚地区,南亚各国加强合作建设好便利的交通运输条件将能够大大地利用这一地缘优势,提升本地区的贸易水平。有专家指出,印度的进出口贸易经过科伦坡和新加坡中转,流失了大量宝贵的外汇,倘若能对现有港口从数量上和质量上进行重大改造,引进竞争机制,允许私有企业参与港口建设,印度的港口完全可能成为南亚地区首屈一指的枢纽港口。专家认为,在未来15年至20年内,印度各个海岸至少应该拥有一个年最佳处理能力在7000万至1亿吨之间的超级大港,这样才能适应国际贸易增长的需要。

再次,建立关税协调机制。南亚各国间关税结构的显著差别是南亚自由贸易协定实施的主要障碍之一。南盟各国的平均关税虽然随着区域合作的开展有了大幅降低,但是目前在世界上仍然属于较高的水平,各国的关税水平也有较大的差异,其中印度和孟加拉国在南亚地区拥有最高的关税税率。如果南亚各国能够统一关税并且各国能够平等实施统一关税,那么贸易商品或劳务就不会因为不公平的关税而丧失竞争性,这样也将大大促进南亚区域内贸易的发展。

第四,发挥私营部门在经济一体化中的积极作用。私营部门是国家经济发展和区域经济一体化的重要推动力量。南亚国家的私营部门应该在经济政策的制定与实施中发挥更大的作用。更多的商人应该被吸收进入政策制定机构,这样他们可以在政策制定与立法工作中改变官僚政府的独断局面，发挥积极的实效作用，使政府制定的政策能够促进本地和区域的贸易与商业发展。南亚各国代表私营部门利益的各国工商业联合会也应该经常性的就当前经济政策及经济形势进行沟通协调，为区域各国双边贸易的发展以及区域一体化的发展创造良好的条件。

此外，建立完善的签证制度也将有利于南亚地区人员，尤其是商人的往来交流，对促进区域合作的发展也有很好的帮助作用。

四、完善贸易便利化措施，推动区域贸易发展

促进区域贸易增长，倘若单纯依靠改善基础设施，订立相互之间的贸易协定而不实行过境贸易的便利化，尤其是陆地边界过境贸易的便利化是无济于事的。实现公路对接是必要的前提，但是还远远不够，需要建立一整套与之相匹配的辅助设施。应当仿效国际边境口岸通常的做法，在边境沿线设立足够的、有办事效率的海关检查站和移民局机构。单个的口岸和对边民采取限制进出的办法只会阻碍贸易的增长。另外，建立过境贸易便利化措施也非常重要。过分强调象征正规化的规定条例极易导致手续烦琐，形式复杂并经常延误，造成运输车船回航所需时日延长、费用高以及贪污贿赂现象，甚至会引发违反法律的走私和不正规交易活动。因此，领事手续应当简化，多次进出签证和短期签证在边境口岸都应视为有效。东盟已经先行了一步，过境程序井然有序，南盟应当摒弃旧制，奋起直追。

另外，南盟各国在报关程序、贸易仲裁、双重征税、市场信

息与法律信息的获得、促进无纸贸易的电子信息的交换等方面也要加强合作，进行协调安排，这样有助于减少交易成本，促进区域内贸易向更有效率、更繁荣的方向发展。南盟在尼泊尔建立的旨在搜集、沟通和交换成员国之间的各方面信息，协调电子信息和印刷版信息之间关系的南盟信息中心如能发挥好"信息银行"的作用，将有利地促进区域贸易的发展。

五、完善南盟的建设，更为有效地发挥其领导作用

首先，为南亚区域合作的发展制定切实可行的目标有助于目标的具体落实。南亚区域合作开展 20 多年来，先后召开了十五届领导人峰会，每次峰会都通过了未来一段时间南亚区域合作的发展目标，有些目标可以说是相当的宏大。但是由于对困难估计的不足以及目标的不切实际，很多目标都没有得到实现。因此，南亚区域合作发展的目标制定应该充分结合南亚地区的国情，并且分阶段地制定具体阶段性目标。另外，南亚区域合作发展目标的制定还应与联合国发展计划以及亚洲开发银行协商，广泛吸收国际经济组织的建议。这样，在具体实行过程中可以得到联合国或亚洲开发银行的资金或技术支持，有助于具体目标的实现。

其次，完善南亚区域合作联盟的机构，使它的领导作用更有效的得到发挥。南亚区域合作联盟成立于 1985 年，建立了较为完善的领导机构，然而在南盟秘书处的领导下，很多机构如南亚工商业联合会在推动南亚区域合作中仅能发挥有限的作用。而如今，南亚区域合作进入了一个新的时期，南亚自由贸易区的建设进入实质阶段，南盟领导机构也有必要进行改革，使之更有力更

有效。对南盟领导机构的改革主要应包括以下一些方面：将南盟组织机构建设得更加专业化，南盟的领导人应该具有优秀的经济管理能力；强化南盟董事会，要建立南盟董事会的日常会议机制，通过针对不同议题的日常会议制定具体的区域合作发展目标并检验往期目标的实行情况；为南盟的发展制定具体阶段性目标，并且通过董事会进行监督执行；完善南盟官方网站，使其能够成为南亚地区各国贸易、投资、工业、旅游以及政策法规信息的平台，为各国间的信息交流创造便利等。

六、拓展新的合作领域

当前，国际社会面临着粮食和石油价格上涨、通货膨胀给经济发展带来的巨大压力。南盟各国除了加强同国际社会的交流与沟通之外，各国还要通力合作，充分挖掘潜力，加强地区间的粮食流动，并积极挖掘各国潜力，利用风能、太阳能等替代能源减轻油价上涨带来的压力，并开拓更多的新的合作领域。

能源的短缺是南亚各国目前经济发展的一大障碍。虽然南亚地区的资源丰富且多样，但南亚地区内的能源贸易却很少。在能源合作方面，南盟地区还有很大的潜力，并且南亚地区能源合作的发展也将有利于整个地区人民福祉的改善。（1）在水电方面，尼泊尔和不丹的潜在发电量分别为 43000 兆瓦和 30000 兆瓦，这些电力不仅可以用于本国的发展，也可以用于出口。印度和不丹在楚卡水电工程上的合作就是一个好的典范，可以为南盟其他国家间的水电合作所借鉴。2002 年 10 月，澳大利亚雪山能源公司（Snowy Mountains Engineering Corporation－SMEC）与尼泊尔政府签署协议，在尼泊尔最贫穷的地区建立了一座发电量为 750 兆瓦的 West Seti 水利工程，并且优先向印度出口电力。然而到目前为止，南亚地区只有 11% 的水电潜力得到了开发和利用。(2) 天然气资源方面，南亚地区只能进口液化天然气或者从区外铺设管道进口天然气，南亚地区面临着严重的天然气短缺。孟加拉国拥有较大的天然气储量，但是由于运输基础条件的缺乏，天然气的贸易无法得到充分的开展。而印巴之间的分歧也使印度从中亚地区铺设经过巴基斯坦的管道进口天然气的计划面临一定的困难。南亚各国政治上的分歧使天然气资源至今无法得到充分的开采与利用。因此，南盟各国应该通过合作建立贯穿整个区域的输气管道，各国分担建设和维护费用，共享资源。并且加强南盟与 ECO 在能源方面的合作。(3) 非传统能源方面，印度已经探明具有 900 兆瓦的风能发电潜力，仅次于美国。这是一个可以与区内其他国家分享的资源。巴基斯坦信德省可以与印度合作对风能的开发进行合作。(4) 热能方面，热能是南亚地区最主要的能源来源，孟加拉国 92%，印度 73%，巴基斯坦 69% 的能源都来自于热能。印度具有较多的煤储量，达到 2060 亿吨，占世界煤储量的 7%。因此，孟加拉国和印度，巴基斯坦和印度在火电方面都有着宽广的合作空间。[①] 随着经济的发展，南亚各国对能源的需求都在不断上升，各国为了共同的利益应当加强合作。2006 年 3 月在巴基斯坦伊斯兰堡建立的"南盟能源中心"，就是主要

---

① Sonu Jain, "South Asia Regional Integration, India Country Note, South Asia Regional Economic Cooperation: Private Sector Perspectives", The World Bank/International Monetary Fund 2004 Annual Meetings, Program of Seminars, October 1, 2004, Washington, D. C.

负责研究协调南盟国家的各类能源合作。目前其主要工作内容主要包括合作建设天然气管道，一条是从伊朗和土库曼斯坦到巴基斯坦和印度，另一条是从缅甸和孟加拉国引到印度；还有共同出资开发尼泊尔和不丹的水电资源，通过建立统一的南亚电网，把电力输送到印度、孟加拉国和巴基斯坦；以及帮助斯里兰卡和马尔代夫开发风能和太阳能。

在粮食安全问题上，南盟8国首脑在2008年第十五届首脑会议中，专门就粮食问题发表了《科伦坡粮食安全宣言》。为应对粮食供应短缺和食品价格上升等问题，南盟将召开农业部长特别会议，商讨中短期地区性战略，目标是增加粮食产量、加大农业投入、加强农业研究、促进农业技术共享及应对气候变化和病虫害对农业的影响，并且要求将酝酿多时的"南盟粮食银行"投入运作，增加地区粮食储备，同时加强南盟同国际社会的合作，确保南亚地区粮食安全。因此，粮食生产方面的合作也应成为南盟合作的新领域。

南亚地区拥有得天独厚的生态环境，历史悠久的文化遗产和丰富多彩的自然景观、人文景观，它的巨大旅游资源潜力还远远未被开发出来。旅游业是世界上最有发展前途、劳动力就业面最广泛的朝阳产业，全球每年旅游人数达到6亿人次，除机票外的花费达4500亿美元，但南盟只在其中占了极其微不足道的一部分。新加坡和马来西亚每年接待旅游者750万人次，而印度每年只有250万人次。马尔代夫和尼泊尔要稍好一些，而不丹由于担心旅游业对生态环境和文化遗产造成过大压力，奉行比较谨慎的限制旅游者人数入境的政策。总之，南亚地区的旅游业还有巨大的发展空间，如果能够将南盟地区作为一个整体进行旅游促销，会有不可抵挡的诱惑力。如印度、尼泊尔、不丹的佛教圣殿就能吸引大批的东亚和东南亚的旅游者,更不用说在世界上独一无二的巍峨壮观的喜马拉雅—喀喇昆仑山脉景观了。各国在这方面的合作还有很大的潜力,如简化入境报关手续,使各国的旅游公司能够承包访问整个南亚地区或多个国家的一揽子旅游,这将会吸引到更多的西方和区域内的旅游者。亚洲开发银行已经将旅游业作为了 SASEC 计划的优先项目,到 2002 年,亚洲银行已经提供了 300 万美元的技术援助和每年约 200 万美元的贷款来支持南亚地区的旅游业合作与发展。

另外,在打击恐怖主义方面,南盟各国也需要通过情报共享和司法合作等多种形式加强地区性合作。南盟 8 国深受恐怖主义危害,其中印度在第十五届首脑会议前不久还遭到爆炸袭击,除造成人员伤亡外,还给地区间合作氛围带来消极影响。第十五届首脑会议召开的同时,东道国斯里兰卡的政府军正在与反政府武装泰米尔伊拉姆猛虎解放组织激战。印度总理辛格、阿富汗总统卡尔扎伊以及斯里兰卡总统拉贾帕克萨均表示,恐怖主义已经给南亚地区的和平与稳定造成巨大威胁和影响。为此,南盟第十五届首脑会议中各国外长签署了旨在推动地区间司法合作、共同打击恐怖主义的《刑事司法互助协议》。

七、在区域合作中加强对自然资源的保护与合理利用

多年来,南亚各国由于滥用自然资源导致的环境破坏与环境污染使南亚国家遭受了巨大的损失。因此,为了更好地满足南亚

各国对能源的长期需求以及减少南亚人民的健康风险，有效合理地利用自然与环境资源在南亚区域合作中应该被置于首要的关键地位。这就需要南亚各国政府之间加强相互协调与磋商，并且从政府层面到各基层都要一直贯彻实施。另外，有关环境保护、资源有效利用的法规建设工作，面向广大民众的教育工作等在南亚地区还有很长的路要走，还有许多工作需要完善。

南盟无疑是世界上人口稠密度最高而且成员国疆域相连的地区性组织。印度的广阔市场为周边弱小国家提供了经济发展的机会，除此之外，它们也可以利用印度强大的技术优势壮大自己。一旦今后南亚自由贸易区全面启动，它就能迅速成为一支真正的世界重视的力量。

从前文的分析可以看到，南亚区域合作开展 25 年来，在核心领域经贸合作方面所取得的成果是相当有限的，无论是在区域内贸易，抑或是区域投资方面都没有取得重大的进展。在 2005 年 11 月召开的第十三届南盟首脑会议上，各国领导人对南盟成立 20 年来的发展历程进行了反思，坦率地承认了南盟成立以来提出的多个目标均未实现，但同时也决定努力确保南盟自由贸易区协议在 2006 年 1 月 1 日生效，各国领导人表达了把今后 10 年作为南盟"落实的 10 年"的决心。

进入新时期的南盟，吸收了阿富汗成为新成员国，接纳了中国、美国、欧盟、韩国、日本、伊朗、毛里求斯、澳大利亚和缅甸成为观察国。更加开放的南盟地理上覆盖了全球五大洲，显得更有活力，更有影响力。本文中所分析的南亚区域经济合作过去 25 年中所存在的问题，在新的时期能够以怎样的方式得到缓解，尚需拭目以待。

第八章 中国与南亚：区域合作态势、进程、对策

近年来，我国与南亚经贸往来发展很快，也存在一些值得注意的问题。作为南盟的观察员国，我国如何定位与南盟的关系，对参与南亚区域合作持何立场和奉行什么政策，是需要思考的问题，本章就此进行探讨。

第一节 近年来中国与南盟贸易发展态势

近年来，中国与南盟贸易发展很快，标志中国与南亚经济合作取得新进展，但呈现出的一些特点却值得注意。

一、中国与南盟贸易发展总体态势喜人[①]

近年来,中国与南盟贸易往来发展很快,主要表现为以下方面。

一是贸易总额扩大。2004年中国与南盟八国的货物贸易总额为195.83亿美元,2005年扩大为266.89亿美元,2006年为348.31亿美元,2007年为506.29亿美元,2008年为657.01亿美元,比五年前增长2.36倍。

二是出口增长强劲。2004年中国对南盟的货物出口总额为112.22亿美元,2005年扩大为159.62亿美元,2006年为233.93亿美元,2007年为347.14亿美元,2008年为442.13亿美元,比五年前增长近2.94倍。

三是进口持续增长。2004年中国从南盟的货物进口总额为83.61亿美元,2005年扩大为107.27亿美元,2006年为114.38亿美元,2007年为159.15亿美元,2008年为214.88亿美元,比五年前增长1.57倍。

四是中方顺差扩大显著。2004年中国对南盟的贸易顺差为28.61亿美元,2005年扩大为52.35亿美元,2006年为119.55亿美元,2007年为187.99亿美元,2008年为227.25亿美元,比五年前增长近6.94倍。

2009年,受全球金融危机影响,中国与南盟的货物贸易总

[①] 本节资料根据中国海关公布的外贸易统计资料整理,见中国商务部网站http://yzs.Mofom.gov.cn/date.html。

额下降为 570.51 亿美元，对南盟的出口总额下降为 418.59 亿美元，从南盟的进口总额下降为 152.399 亿美元，但中方贸易顺差却继续增加，达 266.19 亿美元，再创历史新高。[①]

二、中国与印度的贸易扩大迅猛[②]

印度是南亚第一大国，中国与南亚的贸易往来以印度为主。近年来中国与印度的贸易发展很快，从相关主要指标可以看出这一趋势。

一是从贸易总额看。2004 年中国与印度的货物贸易总额为 136.04 亿美元，2005 年扩大为 187.03 亿美元，2006 年为 248.60 亿美元，2007 年为 386.47 亿美元，2008 年为 517.8 亿美元，比五年前增长 2.81 倍。

二是从中国对印度出口看。2004 年中国对印度的货物出口总额为 59.27 亿美元，2005 年扩大为 89.35 亿美元，2006 年为 145.82 亿美元，2007 年为 240.16 亿美元，2008 年为 314.997 亿美元，比五年前增长 4.31 倍。

三是从中国从印度进口看。2004 年中国从印度的货物进口总额为 76.77 亿美元，2005 年扩大为 97.68 亿美元，2006 年为 102.78 亿美元，2007 年为 146.31 亿美元，2008 年为 202.81 亿美元，比五年前增长 1.64 倍。

---

① 海关统计资讯网，统计数据，海关统计快讯，海关统计月报，2009 年 12 月（表 2）。http: //www. chinacustomsstat. com/aspx/1/NewData/Record_class. aspx? guid=1378

② 本节资料根据中国海关公布的外贸统计资料整理，见中国商务部网站 http: //yzs. Mofom. gov. cn/date. html。

四是从贸易平衡看。2004年印度对中国的贸易顺差为17.50亿美元,2005年为8.33亿美元,2006年转变为中国对印度贸易顺差43.04亿美元,2007年中国对印度贸易顺差为93.85亿美元,2008年中国对印度贸易顺差为112.19亿美元。

2009年,受全球金融危机影响,中国与印度的货物贸易总额下降为433.81亿美元,对印度的出口总额下降为296.67亿美元,从印度的进口总额下降为137.14亿美元,但中方贸易顺差不降反升,达159.53亿美元,创历史新高。[①]

三、中国与巴基斯坦、孟加拉国、斯里兰卡的贸易续有发展

巴基斯坦、孟加拉国、斯里兰卡三国是中国在南亚的重要贸易伙伴,近年来中国与这三国的贸易续有发展。

1. 中国与巴基斯坦贸易发展[②]

2004年中国与巴基斯坦的货物贸易总额为30.61亿美元,2005年扩大为42.61亿美元,2006年为52.47亿美元,2007年为65.39亿美元,2008年为69.81亿美元,比五年前增长1.28倍。

2004年中国对巴基斯坦的货物出口总额为24.66亿美元,2005年扩大为34.28亿美元,2006年为42.40亿美元,2007年

[①] 海关统计资讯网,统计数据,海关统计快讯,海关统计月报,2009年12月(表2)。http://www.chinacustomsstat.com/aspx/1/NewData/Record_class.aspx?guid=1378。

[②] 根据中国海关公布的外贸易统计资料整理,见中国商务部网站http://yzs.Mofom.gov.cn/date.html。

为54.33亿美元,2008年为59.75亿美元,比五年前增长1.42倍。

2004年中国从巴基斯坦的货物进口总额为5.95亿美元,2005年扩大为8.33亿美元,2006年为10.07亿美元,2007年为11.05亿美元,2008年为10.06亿美元,比五年前增长约70%。

2004年中国对巴基斯坦的贸易顺差为18.71亿美元,2005年扩大为25.95亿美元,2006年为32.33亿美元,2007年为43.28亿美元,2008年为49.69亿美元,比五年前增长1.66倍。

2009年,中国与巴基斯坦的货物贸易总额下降为67.75亿美元,对巴基斯坦的出口总额下降为55.15亿美元,从巴基斯坦的进口总额增加为12.60亿美元,中国贸易顺差为42.55亿美元。[1]

2. 中国与孟加拉国贸易发展[2]

2004年中国与孟加拉国的货物贸易总额为19.63亿美元,2005年扩大为24.81亿美元,2006年为31.89亿美元,2007年为34.40亿美元,2008年为46.8亿美元,比五年前增长1.38倍。

2004年中国对孟加拉国的货物出口总额为19.06亿美元,2005年扩大为24.03亿美元,2006年为30.90亿美元,2007年为33.26亿美元,2008年为45.48亿美元,比五年前增长

---

[1] 海关统计资讯网,统计数据,海关统计快讯,海关统计月报,2009年12月(表2)。http://www.chinacustomsstat.com/aspx/1/NewData/Record_class.aspx? guid=1378。

[2] 根据中国海关公布的外贸易统计资料整理,见中国商务部网站http://yzs.Mofom.gov.cn/date.html。

1.39倍。

2004年中国从孟加拉国的货物进口总额为0.57亿美元，2005年扩大为0.79亿美元，2006年为0.99亿美元，2007年为1.14亿美元，2008年为1.32亿美元，比五年前增长1.32倍。

2004年中国对孟加拉国的贸易顺差为18.49亿美元，2005年扩大为23.24亿美元，2006年为29.91亿美元，2007年为32.12亿美元，2008年为44.17亿美元，比五年前增长1.39倍。

2009年，中国与孟加拉国的货物贸易总额下降为45.82亿美元，对孟加拉国的出口总额下降为44.41亿美元，从孟加拉国的进口总额增加为1.41亿美元，贸易顺差减少为43.0亿美元。[1]

3. 中国与斯里兰卡贸易发展[2]

2004年中国与斯里兰卡的货物贸易总额为7.18亿美元，2005年扩大为9.77亿美元，2006年为11.41亿美元，2007年为14.02亿美元，2008年为16.83亿美元，比五年前增长1.34倍。

2004年中国对斯里兰卡的货物出口总额为6.95亿美元，2005年扩大为9.40亿美元，2006年为11.06亿美元，2007年为13.54亿美元，2008年为16.23亿美元，比五年前增长1.34倍。

2004年中国从斯里兰卡的货物进口总额为0.23亿美元，

---

[1] 海关统计资讯网，统计数据，海关统计快讯，海关统计月报，2009年12月（表2）。http://www.chinacustomsstat.com/aspx/1/NewData/Record_class.aspx?guid=1378。

[2] 根据中国海关公布的外贸易统计资料整理，见中国商务部网站 http://yzs.Mofom.gov.cn/date.html。

2005年扩大为0.37亿美元，2006年为0.35亿美元，2007年为0.48亿美元，2008年为0.59亿美元，比五年前增长1.57倍。

2004年中国对斯里兰卡的贸易顺差为6.72亿美元，2005年扩大为9.03亿美元，2006年为10.72亿美元，2007年为13.06亿美元，2008年为15.64亿美元，比五年前增长1.33倍。

2009年，中国与斯里兰卡的货物贸易总额略降为16.396亿美元，对斯里兰卡的出口总额下降为15.69亿美元，从斯里兰卡的进口总额增加为0.70亿美元，贸易顺差减少为14.99亿美元。[1]

四、中国与其他四个南盟国家的贸易略有扩大[2]

1. 中国与尼泊尔贸易发展

2004年中国与尼泊尔的货物贸易总额为1.71亿美元，2005年扩大为1.96亿美元，2006年为2.68亿美元，2007年为4.01亿美元，2008年为3.81亿美元，比五年前增长1.23倍。

2004年中国对尼泊尔的货物出口总额为1.63亿美元，2005年扩大为1.88亿美元，2006年为2.60亿美元，2007年为3.86亿美元，2008年为3.75亿美元，比五年前增长1.30倍。

2004年中国从尼泊尔的货物进口总额为0.08亿美元，2005年为0.08亿美元，2006年为0.08亿美元，2007年为0.15亿美

---

[1] 海关统计资讯网，统计数据，海关统计快讯，海关统计月报，2009年12月（表2）。http://www.chinacustomsstat.com/aspx/1/NewData/Record_class.aspx? guid=1378。

[2] 根据中国海关公布的外贸易统计资料整理，见中国商务部网站http://yzs.Mofom.gov.cn/date.html。

元，2008年为0.06亿美元，比2007年有所增长，但低于2004—2006年的平均水平。

2004年中国对尼泊尔的贸易顺差为1.55亿美元，2005年扩大为1.80亿美元，2006年为2.52亿美元，2007年为3.71亿美元，2008年为3.69亿美元，比五年前增长1.38倍。

2009年，中国与尼泊尔的货物贸易额为4.14亿美元，同比增长8.66%，对尼泊尔的出口额为4.09亿美元，同比增长9.1%，从尼泊尔的进口额下降为0.53亿美元，贸易顺差减少为3.56亿美元。[1]

2. 中国与不丹贸易发展[2]

2004年到2006年，中国与不丹的货物贸易额微乎其微。2007年中国与不丹贸易总额为500万美元，主要是中国对不丹出口，从不丹进口为零，中国贸易顺差为500万美元。2008年中国对不丹出口额为846.3万美元，从不丹进口为零，中国贸易顺差为846.3万美元。2009年，中国与不丹的货物贸易总额为416.9万美元，对不丹出口总额为411.6万美元，从不丹进口5.3万美元，中国贸易顺差406.3万美元。[3]

3. 中国与马尔代夫贸易发展[4]

---

[1] 海关统计资讯网，统计数据，海关统计快讯，海关统计月报，2009年12月（表2）。http://www.chinacustomsstat.com/aspx/1/NewData/Record_class.aspx?guid=1378。

[2] 根据中国海关公布的外贸易统计资料整理，见中国商务部网站http://yzs.Mofom.gov.cn/date.html。

[3] 海关统计资讯网，统计数据，海关统计快讯，海关统计月报，2009年12月（表2）。http://www.chinacustomsstat.com/aspx/1/NewData/Record_class.aspx?guid=1378。

[4] 根据中国海关公布的外贸易统计资料整理，见中国商务部网站http://yzs.Mofom.gov.cn/date.html。

2004年中国与马尔代夫的货物贸易总额为800万美元，2005年扩大为1700万美元，2006年为1600万美元，2007年为2500万美元，2008年为3252万美元，比五年前增长3.07倍。

2004年中国对马尔代夫的货物出口额为800万美元，2005年扩大为1700万美元，2006年为1500万美元，2007年为2500万美元，2008年为3109.8万美元，比五年前增长2.89倍。

中国从马尔代夫的货物进口很少，仅在2006年达100万美元，2008年为142.3万美元。

2004年中国对马尔代夫的贸易顺差为800万美元，2005年扩大为1700万美元，2006年为1400万美元，2007年为2500万美元，2008年为2967.5万美元，比五年前增长2.71倍。

2009年，中国与马尔代夫的货物贸易总额为4079万美元，同比增长25.43%，对马尔代夫的出口额为4066.2万美元，同比增长30.75%，从马尔代夫的进口额为12.8万美元，贸易顺差为4053.4万美元。[①]

4. 中国与阿富汗贸易发展[②]

2004年中国与阿富汗的货物贸易总额为5800万美元，2005年为5300万美元，2006年为1亿美元，2007年为1.71亿美元，2008年为1.54亿美元，比五年前增长1.66倍。

2004年中国对阿富汗的货物出口额为5700万美元，2005年为5100万美元，2006年为1亿美元，2007年为1.69亿美元，

[①] 海关统计资讯网，统计数据，海关统计快讯，海关统计月报，2009年12月（表2）。http://www.chinacustomsstat.com/aspx/1/NewData/Record_class.aspx?guid=1378.

[②] 根据中国海关公布的外贸易统计资料整理，见中国商务部网站 http://yzs.Mofom.gov.cn/date.html。

2008年为1.52亿美元，比五年前增长1.67倍。

2004年中国从阿富汗的货物进口额为100万美元，2005年扩大为200万美元，2007年仍为200万美元，2008年为269.4万美元，比五年前增长1.69倍。

2004年中国对阿富汗的贸易顺差为5600万美元，2005年为4900万美元，2006年为1亿美元，2007年为1.67亿美元，2008年为1.49亿美元，比五年前增长1.66倍。

2009年，中国与阿富汗的货物贸易额增加为2.147亿美元，对阿富汗的出口额增加为2.13亿美元，从阿富汗进口额下降为137.6万美元，贸易顺差为2.12亿美元。①

五、中国与南盟各国贸易特点和需注意的问题

从上述可以看出，中国与南盟各国贸易有以下特点。

1. 对印度贸易占主要部分

在中国对南盟各国的贸易中，对印度的贸易始终占据主要部分，虽然印度所占比重近年来经历了一个先升后降的过程，但仍居高不下。

从贸易总额看。2004年，对印度贸易额占中国对南盟贸易总额的比重为69.47%，2005年上升为70.08%，2006年为71.38%，2007年为76.33%，2008年为78.81%，2009年为76.04%。与此相关，其他南盟国家占中国对南盟贸易总额的比

---

① 海关统计资讯网，统计数据，海关统计快讯，海关统计月报，2009年12月（表2）。http://www.chinacustomsstat.com/aspx/1/NewData/Record_class.aspx?guid=1378。

重则先降后升,但升幅有限。例如,2004年,巴基斯坦占中国对南盟贸易总额的比重为15.63%,2005年略升为15.96%,2006年降为15.06%,2007年为12.92%,2008年为10.63%,2009年为11.88%。孟加拉国占中国对南盟贸易总额的比重也不断下降,2004年为10.02%,2005年降为9.296%,2006年降为9.16%,2007年为6.795%,2008年为7.12%,2009年为8.03%。[①]

从出口额看。2004年,对印度出口额占中国对南盟出口总额的比重为52.82%,2005年上升为55.98%,2006年为62.34%,2007年为69.18%,2008年71.25%,2009年为70.87%。与此相反,其他南盟国家占中国对南盟出口总额的比重则不断下降。例如,2004年,巴基斯坦占中国对南盟出口总额的比重为21.96%,2005年降为21.48%,2006年降为18.13%,2007年为15.65%,2008年为13.51%,2009年为13.18%。孟加拉国占中国对南盟出口总额的比重也不断下降,2004年为16.99%,2005年降为15.06%,2006年降为13.21%,2007年为9.58%,2008年为10.29%,2009年为10.61%。[②]

从进口额看。2004年,从印度进口额占中国从南盟进口总额的比重为91.82%,2005年略降为91.06%,2006年为89.86%,2007年为91.93%,2008年为94.38%,2009年为

[①] 根据中国海关公布的外贸易统计资料整理,见中国商务部网站 http://yzs.Mofom.gov.cn/date.html。

[②] 根据中国海关公布的外贸易统计资料整理,见中国商务部网站 http://yzs.Mofom.gov.cn/date.html。

89.99%。与此相反,其他南盟国家占中国从南盟进口总额的比重则不断下降,2009年有所变化。例如,2004年,巴基斯坦占中国从南盟进口总额的比重为7.12%,2005年略升为7.77%,2006年为8.80%,2007年降为6.94%,2008年为4.68%,2009年为8.27%。孟加拉国占中国从南盟进口总额的比重近几年来略有上升,2004年为0.68%,2005年为0.74%,2006年为0.87%,2007年为0.72%,2008年为0.61%,2009年为0.93%。[1]

2. 对南盟贸易增长速度快于全国外贸增长速度

2005年,中国对南亚贸易总额比上年增长36.29%,2006年增长30.51%,2007年增长达45.36%,同期中国外贸总额增速为23.15%、23.81%和23.42%,对南亚贸易增长明显快于整个外贸增长。2005年,中国对南亚出口总额比上年增长42.24%,2006年增长46.55%,2007年增长达48.39%,同期中国出口增速为28.42%、27.18%和25.61%,对南亚出口增长明显快于整个出口增长。2005年,中国从南亚进口总额比上年增长28.30%,2006年增长6.63%,2007年增长39.14%,同期中国进口增速为17.58%、19.92%和20.74%,从南亚进口增长三年平均也明显快于整个进口增长。[2]

3. 在中国对外贸易中所占比重增大

因对南亚贸易增速快于中国外贸增速,与南亚贸易在中国外

---

[1] 根据中国海关公布的外贸易统计资料整理,见中国商务部网站 http://yzs.Mofom.gov.cn/date.html。

[2] 根据中国海关公布的外贸易统计资料整理,见中国商务部网站 http://yzs.Mofom.gov.cn/date.html。

贸中所占比重近几年来呈上升趋势,其占中国外贸总额的比重,从2004年的1.7%,2005年上升为1.88%,2006年为1.98%,2007年为2.33%,2008年为2.56%,2009年为2.58%。其占中国出口总额的比重,从2004年的1.89%,上升为2005年的2.1%,2006年为2.41%,2007年为2.85%,2008年为3.09%,2009年为3.48%。其占中国进口总额的比重,从2004年的1.49%,上升为2005年的1.6%,2006年为1.44%,2007年为1.66%,2008年为1.9%,2009年为1.52%。[①]

4. 中方贸易顺差越来越大

中方在对南亚贸易中一直保持贸易顺差,数额越来越大,占贸易额的比重也越来越高,这种态势不利于中国对南亚贸易的长期健康持续发展。2008年和2009年的资料显示,这种态势正出现一些转变。

从顺差数额看。中方对南亚的贸易顺差从2004年的28.61亿美元,扩大为2005年的52.38亿美元,2006年为119.55亿美元,2007年为187.99亿美元,2008年为227.25亿美元,2009年为266.19亿美元,总体呈增大态势。

从顺差占贸易额的比重看。中方对南亚的贸易顺差占当年对南亚贸易总额的比重,2004年为14.61%,2005年为19.63%,2006年为34.32%,2007年为37.14%,2008年为34.59%,2009年为46.66%。

从顺差占出口额的比重看。中方对南亚的贸易顺差占当年对

---

① 根据中国海关公布的外贸易统计资料整理,见中国商务部网站http://yzs.Mofom.gov.cn/date.html。

南亚出口总额的比重，2004年为25.50％，2005年为32.82％，2006年为51.11％，2007年为54.15％，2008年为51.4％，2009年为63.59％。①

总体看，近几年来中国与南盟各国贸易发展迅猛，快于全国外贸增速，表明与南亚贸易潜力巨大，扩大与南亚经贸合作前景广阔。但国别结构的不平衡和贸易顺差问题却值得注意，需采取相应措施予以缓解，否则会对今后的发展造成负面影响。

第二节　中国与南盟多边合作的机制与进程

中国成为南盟观察员，标志着中国与南亚国家间关系开始由传统的双边模式向多边模式扩展。但南盟内部多边合作机制存在结构性功能障碍，合作成效低下；南盟与观察员国家的多边合作机制尚不健全，无力推动与区外国家的多边合作。作为观察员中唯一与南盟相邻的大国，中国应根据不同层次的事务构建相应的合作机制，确定适当的合作进程。本节拟对此进行分析。

进入新世纪，南亚经济快速发展，但由于恐怖主义、大规模杀伤性武器扩散、能源安全、气候变化等全球性问题与地区传统矛盾相互交织，使南亚在战略地位提高的同时形势更加复杂。另一方面，尽管困难重重，南亚国家仍在努力推进区域合作进程，共同应对全球化和区域经济一体化的挑战。作为近邻，南亚对中

---

① 根据中国海关公布的外贸易统计资料整理，见中国商务部网站http：//yzs.Mofom.gov.cn/date.html。

国的重要性不言而喻，在坚持双边友好关系的基础上，中国还须通过南亚区域合作联盟这个地区多边机制拓展与南亚国家的友好合作关系。

一、中国与南亚关系向多边扩展

从传统上讲，中国与南亚国家的交往局限于双边模式，具体是中国和南亚各国分别以"一对一"的模式互动，把阿富汗并归入南亚范围后，体现为八个"1+1"的关系。中印政治关系互信度较低，经贸规模最大；中巴政治关系高度互信，但经贸规模相对较小；中国与孟加拉国、尼泊尔、斯里兰卡等国政治关系较印度和谐，经济往来也较为密切。在当今地区共同事务日益增多、区域一体化加速发展的形势下，双边模式已无法涵盖中国与南亚关系的全貌，必须建立多边机制来处理共同性地区事务。就中国而言，为维护西南部边疆地区的稳定与繁荣，发展睦邻友好的周边关系，也有必要通过多边机制加强与南亚国家的关系。特别是随着中国经济实力进一步增强，巴基斯坦、孟加拉国、尼泊尔和斯里兰卡等南亚国家认为"中国的参与将会提升南盟的重要性和影响力，促进南亚地区经济的增长和争议的解决"，[①]迫切希望通过南盟，加强与中国的关系，甚至邀请中国作为正式成员加入南盟。

印度与中国经济贸易关系最为紧密，但在南盟已经做出与区

[①] *Pakistan Wants China's Entry into SAARC*. http：//www. expressindia. com

外国家或组织建立对话合作关系的背景下，印度仍然不情愿中国参与南盟事务，可又找不到多少站得住脚的反对理由，转以拖延战术予以阻滞。①在 2005 年 11 月举行南盟第十三届首脑峰会期间，印度外交国务秘书萨兰（Shyam Saran）坚持"南盟应该与中国签署谅解备忘录后再讨论接纳中国为观察员"，并建议把此议题推迟到下一年度召开的南盟常设部长理事会讨论，试图通过程序性的技术手段，延缓中国成为南盟观察员的进程。②印度这一意图遭到了巴基斯坦、尼泊尔和孟加拉国的强力反制。由于印度在此次峰会的最大目标是确保阿富汗加入南盟，巴基斯坦等国就转而反对他们本已同意的阿富汗入盟，除非印度接受中国成为南盟观察员。③为避免峰会无果而终，对立双方最后达成妥协，巴基斯坦和尼泊尔等国同意阿富汗成为南盟第八个正式成员，印度则同时接受中国和日本为南盟观察员。2006 年 4 月南盟部长级会议正式批准中国为观察员，这标志着中国正式参与南亚地区多边主义机制，与南亚各国关系开始向多边扩展。

巴基斯坦和尼泊尔支持中国成为南盟观察员，得到了孟加拉国、斯里兰卡和马尔代夫的支持；印度阻止中国成为南盟观察员，仅得到了不丹的支持（不丹自身并不反对）。两相对立，最终迫使印度妥协。这在印度国内引起了很大的震动，印度著名战略家拉贾·莫汉发表评论认为"中国撕碎了印度的门罗主义，中

---

① Qudssia Akhlaque, *India Opposes China Entry into SAARC*, The Dawn, Nov. 12, 2005.
② Siddharth Srivastava, *Delhi Knocked Out over China*, Asia Times, Nov. 16, 2005.
③ Mohan Malik, *China's Strategy of Containing India*. http：//www.pinr.com

国没有参会却掌控了会议议程",[①]印度还有学者认为"这是'中国遏制印度战略'意图的又一体现"。[②]事实上，中国并无分化南亚、拉拢一方去孤立另一方的意图。中国希望在多边机制下一方面发展与南亚所有国家的友好合作关系，另一方面也尽可能消除印度对中国与南亚其他国家发展友好关系的抵触心理。这要求中国必须正确分析南亚各国对中国参与南盟的态度和意图，充分认识南盟内部的矛盾和地区多边机制存在的障碍，理性选择多边合作的方式与参与程度。

二、南亚地区多边合作机制的功能障碍与缺失

南亚地区多边机制包括两个层次，一是南亚地区内部建立的多边合作机制，即南亚区域合作联盟；二是南亚国家以南盟作为平台，与区外国家的多边对话合作机制。但南亚内部的多边机制运行困难重重，也尚未建立健全观察员参与南盟的有效和可行的多边合作机制。

1. 南亚国家间的政治矛盾造成区内多边合作机制功能障碍

南盟八国中，印度在地理上处于中心位置，其余七国环拱周边，除巴基斯坦与阿富汗外均互不接壤。印度不管是领土面积、人口、经济总量还是军事实力都在南亚处于绝对优势，这决定了南亚国际关系格局为印度"一超对多弱"的结构。南亚其他国家在历史、文化、种族方面与印度有着密切的联系：巴

[①] C. Raja Mohan, *SAARC Reality Check：China Just Tore up India's Monroe Doctrine*, The Indian Express, Nov. 14, 2005.

[②] Mohan Malik, *China's Strategy of Containing India*.

基斯坦和孟加拉国都曾是英属印度的一部分；尼泊尔本身就是一个印度教国家；斯里兰卡北部泰米尔人与印度南部泰米尔人同属一个民族；不丹的外交至今依然接受印度的"指导"。因此，印度把南亚次大陆看成自己的势力范围，试图控制和支配其他小国，这让印度与其南亚邻国都存在较大矛盾。其中以克什米尔归属争端为核心的印巴矛盾最为尖锐，印巴之间每一次关系紧张都直接导致南亚区域合作的停滞和倒退。同时，印度担心南盟成为其他成员国对抗自己的平台，其他成员国也担心南盟成为印度控制整个南亚的工具，加之印巴双边关系长期尖锐对立，南盟宪章规定不在南盟多边架构下讨论双边问题，但恰恰正是双边矛盾严重地阻碍了地区多边合作的发展，连南盟宪章规定的每年一度的峰会也常常被推迟或取消，25 年间只开了 16 次。南亚内部的矛盾不但使区内的多边合作没有取得预期成果，与区外国家的多边合作也长期受到阻碍，使南盟在国际政治经济舞台上无足轻重。

2. 区内经济合作效率低下迫使南盟走向开放

由于地区经济总体发展水平落后，产业结构相似，外贸以出口初级产品和进口制成品为主，《南亚特惠贸易安排（协定）》(SAPTA) 和《南亚自由贸易协定》(SAFTA) 两个贸易自由化措施都没能得到切实执行，加上政治矛盾的干扰，南盟自建立以来，区内贸易比重从未超过 5%，相比之下，东盟区内贸易比重一直保持在 20% 以上的水平。最具讽刺意味的是，新加坡和阿联酋是印度最大的两个成品油出口目的国，却是巴基斯坦和孟加拉国最大的成品油进口来源国。① 即使南盟成员国间的关税能在2016年削减到《南亚自由贸易协定》规定的0%~5%的水平，也会因WTO多边贸易关税届时可能削减至更低水平而失去意义。②

南亚国家认识到，南盟已不可能继续作为封闭式区域合作组织，也很难从低效的区内经济合作中实现发展。南盟还必须与其他发达的或快速增长的经济体建立起密切联系，才能从区域经济一体化和经济全球化进程中获益。南盟第十二届首脑峰会决定，与其他国际和地区组织发展互利合作，与区外感兴趣的国家或实体建立对话伙伴关系。③

3. 务虚性观察高峰会不足以推动中国与南盟的多边合作

迄今为止，南盟吸纳了中国、日本、美国、欧盟、俄罗斯、韩国、毛里求斯、伊朗、澳大利亚、缅甸等9个观察员，但南盟还没有就观察员如何参与其多边架构做出机制性安排，也没有确定具体的合作领域。由于南盟发展绩效不佳，部分观察员国家对南盟兴趣原本不浓，很大程度上是因为中国成为观察员后才跟进，南盟与观察员的关系仅仅表现在观察员派层级较低的官员出席其峰会的形式上。同时，南盟峰会通常都是谈意义、画蓝图、发表内容大同小异的宣言，务虚大于务实，实际作用并不大，近似"国际官僚主义"，中国在此平台上很难有大的作为。而中国

---

① Nitya Nanda, *Energy Cooperation and Connectivity*, in Sameer Suryakant Patil, Aparajita Mazumdar and Kamala Kanta Dash eds., "SAARC: Towards Greater Connectivity," p. 16. http://www.ipcs.org/pdf_file/issue/860963938 ConferenceReport-SAARC.pdf

② Muchkund Dubey, *SAARC and South Asian Economic Integration*, Economic and Political Weekly, April 7, 2007.

③ Twelfth SAARC Summit, *Islambad Declaration*, January 4-6, 2004.

是观察员中唯一与南盟相邻的大国，与南盟有更广泛的地区共同事务和利益，其地位与作用为所有南盟成员国所重视，这注定了中国不能只停留在形式上的参与，而必须在南盟多边架构下探寻现实可行的互动机制，推动有效可行的实质性合作。

4. 推动中国成为南盟正式成员不现实

巴基斯坦、孟加拉国和尼泊尔等都在积极推动中国加入南盟，成为南盟正式成员国。①

但印度不想让中国加入南盟。在第十六届南盟（南亚区域合作联盟）首脑会议于 2010 年 4 月 28 日召开前，尼泊尔提议，把中国在南盟的地位由观察员升格为永久性成员。这一提议得到巴基斯坦和孟加拉国的支持。但该提议最终未能列入此次首脑会议议程，原因是在印度的压力下，不丹、阿富汗和马尔代夫 3 个成员国表示反对。这些国家提出，中国获得观察员身份刚 5 年，现在就给予永久性成员地位为时过早。除中国外，巴基斯坦和孟加拉国还支持伊朗加入南盟，以使南盟成为一个有活力的组织。

南盟是南亚地区唯一的地区一体化机构。在经贸方面，中国有特长，能够促进南亚发展，可谓动机、用心良好。一旦中国加入南盟，必然出现中印共同领导地区进程的局面，对小国来说，两个大国领导可以利用的机遇多且舒服度高，但大国的不舒服度就增加了。中国现在不急于加入南盟，本着向前看的积极姿态，愿意参与南盟问题的讨论。

很明显，要求中国加入南盟除了对中国的友好和信任外，这

---

① *Pak to Push for Full Membership of China in SAARC*, Press Trust of India, Nov. 15, 2005.

些国家的主要目的是拉中国平衡印度对南盟的影响，摆脱印度在南盟内一家独大的局面，而这种状况正是印度所竭力避免发生的。印度有学者认为："中国无论在地理、历史和文化上都属于东亚而非南亚，中国的领土面积比南亚各国领土总面积的两倍还大，中国加入会把南盟变成一个不以南亚为中心的跨区域组织，那将意味着打开'潘多拉的盒子'，成为中国从各个方面在南亚次大陆遏制印度战略的一部分。如果中国作为一个规则制定者获得这个新舞台，那将改变南盟内部均势，印度在南盟的领导地位和主动权将被稀释，两国无休止的竞争将会延缓南盟实现其既定目标。"[1]

若中国在巴基斯坦等国的推动下谋求成为南盟正式成员，则肯定会遭到印度的反对而成为不可能。即便是勉强加入也会因印度的猜忌与不合作，难以有所作为，甚至可能卷入南盟内部的纷争与对抗，反而有损南盟的发展和中国与南盟关系。另一方面，如前所述，南盟区域合作本身乏善可陈，中国加入的实际作用也不大，相反以务实的态度推动实质性合作更有意义。

三、中国与南盟互动机制的构建与合作进程

从国际区域合作组织发展的实践和理论看，地区多边组织建立初期，成员国间由于主权观念的束缚，加之各种各样的矛盾和分歧，相互间防备和猜忌，合作进程缓慢。但成员国在一

---

[1] Bhartendu Kumar Singh, *SAARC Expansion and China*. http://www.ipcs.org

些共同的事务性与功能性领域合作分歧较小，政治敏感度低，合作利益却可以迅速直接地显现。因此，地区多边合作多先从功能性领域着手，通过功能性领域的合作探索合作机制，逐步建立信任，感知合作利益，从而为更高层次和更宽领域的合作打下基础，也就是产生了所谓的功能外溢或扩展。南盟在二十多年的实践中，也曾提出不少激动人心的目标和口号，制定了宏大的发展计划，但最后大都不了了之。相反，在诸如疾病防治、农业和粮食合作、消除贫困和打击跨国犯罪等领域还是取得了一些成果，呈现出高端务虚，低端务实的景象。中国与南盟的多边合作也可循此路径，优先拓展在功能性领域的合作，努力扩大经贸合作，适时涉及政治安全议题。因此，应从低端的功能性与技术性层面、中端的经济层面和高端的政治安全层面来分别构建中国与南盟八国的"8+1"合作机制，确定相应的合作内容和进程。

1. 加入南盟功能性合作机构，构建功能性"8+1"机制

南盟建立了一系列地区中心，具体组织实施与协调成员国在功能领域的合作。由于功能领域政治敏感度低，南盟成员国分歧较小，也有加强合作的必要性，中国加入这些地区中心现实可行。具体说，中国派遣事务性官员参加这些地区中心的工作，还可以让专家学者加入南盟所属的非政府组织，共同协调中国与南盟在功能领域的合作。

农业和粮食合作。南盟成员国中，印度是世界第二人口大国，巴基斯坦和孟加拉国虽然国土面积不大，但均是世界级的人口大国。同中国一样，农业生产和粮食安全对这些国家有着特殊的重要性。因此，南盟成立之初便把农业和粮食合作列为优先的

合作领域。在当今全球粮食供应紧张、价格大幅波动的情势下，南盟与中国的农业合作有着极为重要的现实意义。具体而言，一方面，中国可以通过加入南盟的农业发展合作机构，发挥中国农业科技的优势，向南盟各国提供农业技术援助，开展各项农业技术合作；另一方面，中国自身粮食供应充足，可以考虑向南盟粮食储备计划提供一定数量的粮食捐助。

环境、气象和自然灾害防治合作。中国与南亚山水相连，也都是自然灾害频发的地区，但南亚大多数国家经济发展水平低，科学技术不发达，基础设施落后，应对自然灾害的能力较低。因此，中国加入南盟在这些领域的合作机构，发挥各自优势，实现情报互通、数据共享，加强技术交流与合作。跨国河流的治理应列为优先合作项目，如雅鲁藏布江（布拉马普特拉河）上游在中国西藏，中游在印度，下游经孟加拉国入海，这条河流一直水患不断，流域三国应建立联动合作机制，交换水文信息，就水患防治、水资源分配和共同开发等进行合作，让河流造福沿岸人民。

中国与南盟应加强在疾病特别是传染病防治、打击跨国犯罪方面进行信息互通、人员培训及技术合作。作为世界人口最稠密也是世界贫困人口最集中的地区，中国与南盟也需要在人口增长控制、人力资源开发和消除贫困等方面分享经验与吸取教训；中国政府应申请加入南盟发展银行；还可以设立南盟"中国基金"以资助中国与南盟各国学者间的交流，就南盟及中国与南盟关系的发展开展学术研究，推动地区教育交流与合作；向筹建中的南亚大学提供适当捐助。

2. 扩大经济领域合作，构建经济"8+1"机制中国负责经贸事务的代表参与南盟讨论经济合作的部长级会议，加上各方专家学者和企业界人士，"一轨""二轨"共进构建经济"8+1"机制，探讨扩大中国与南盟间区域经济合作和贸易自由化问题。南盟成员国迫切希望从与中国的经济合作中谋求更大的利益。有南亚学者指出："南盟欢迎中国参与，纯粹是出于促进南盟经济增长的考量，而与政治没有丝毫关系，南盟也把经济合作列为其最优先的步骤。"①

近些年来中国与南盟贸易高速增长，随着南亚自由贸易区的逐步推进，中国与南盟的区域经济合作应朝着建立"中国—南盟自由贸易区"的方向过渡。中巴已经签署以建立自由贸易区为目标的《早期收获协定》，印度、孟加拉国、斯里兰卡和中国都是亚洲多边优惠贸易安排《曼谷协定》的成员，中印贸易关系安排正在谈判当中。这些安排表明中国和南盟在双边和多边贸易自由化合作机制方面已经具备良好基础。南盟商会主席塔里奇·萨义德（Tariq Sayeed）就曾正式建议建立"中国—南亚自由贸易区"。②考虑到中国经济发展水平较南亚高，中国可考虑给予南盟最不发达成员国单方面的贸易优惠待遇。③既可以帮助这些国家的经济发展，又体现了中国的友好和大国责任，还可以提升中国与南盟最不发达成员的双边关系，符合中国在南亚的长远利益。

方便和快捷的交通是加强中国与南盟经济合作的前提。中国

---

① Afzaal Mahmood, *China's Interest in SAARC*. http：//www. dawn. com
② *President SAARC Chamber Proposes FTA between China and SAARC Countries*. http：//www. app. com. pk
③ 根据联合国的标准，在南盟成员国中孟加拉国、尼泊尔和不丹为最不发达国家。

与南亚陆地交通仅有少许山口可供通行,且时常遭遇大雪阻隔,大宗商品贸易必须绕道南中国海经马六甲海峡进入印度洋。因此,有关国家政府和学者提出了不少加强中国与南亚交通联系的方案。首先,由"孟中印缅"次区域合作论坛提出的"重开史迪威公路",在泛亚铁路计划中也提出建设从中国云南到印度东北部的铁路规划。其次,青藏铁路开通后,中国政府计划将其继续从拉萨延伸至靠近尼泊尔、印度和不丹的藏南重镇日喀则,尼泊尔表示希望将这条铁路延伸到加德满都,若印度愿意合作,这条铁路线最终将与印度铁路网汇合。再次,在扩大中巴喀喇昆仑公路运输能力的基础上,随着中国南疆铁路继续向南延伸,规划建设中巴铁路,这条铁路连通巴基斯坦铁路网后将直达卡拉奇和瓜达尔港,直至与伊朗铁路相连。中巴铁路不但有助于促进中国与巴基斯坦和阿富汗的贸易,而且将为中国商品进入中东地区提供一条便捷通道。

能源合作也是区域经济合作的重要内容。南亚地区经济增长迅速,其石油进口依存度不断升高,南盟已把能源列为重点合作领域,并组成了南盟能源部长会议机制,讨论地区能源合作。中国与南盟的能源合作主要有以下几方面的内容:首先,中国可以与南盟成员国合作开发石油来源渠道,保卫能源运输通道安全;其次,发挥巴基斯坦的枢纽作用,把海湾和中亚的石油天然气引入南亚与中国的西部;再次,合作开发南盟各国的水能资源,发挥中国在发电设备制造和电站建设领域的优势,促进南亚电站电网建设,将尼泊尔和不丹丰富的水电资源输送到电力紧缺的印度和孟加拉国。

中国与南盟经济"8+1"机制在推动地区贸易、交通和能源以及旅游、通信合作和科学技术合作的基础上,还应积极协调立场与对策,以集体力量参与国际经济谈判,增强与发达国家讨价还价的能力。

3. 提高出席南盟峰会官员级别,逐步形成"8+1"峰会机制

在南盟峰会期间举行南盟八国与中国政府"8+1"峰会,逐步形成多边政治安全对话机制。各国首脑可以主要就地区及双边问题展开对话,为区域合作建立信任、确立原则和把握方向,也为中国与南盟在功能性领域和经济领域合作创造良好的宏观环境,还可以就某些重大国际问题协调立场,发出共同的声音。

双边层面,在成员国双边关系出现较大矛盾、沟通困难时,充分利用南盟多边平台,弥补双边外交的不足。对中国来讲,可以借以激活中国与不丹的双边关系。中国作为在南亚有重要影响的大国和南盟观察员,却与其成员国没有正式外交关系,这不能不说是一大缺憾。中国外交部长或政府首脑通过出席南盟峰会的场合,建立起与不丹领导人的高层定期会晤机制,增进交流与理解,为建立正式外交关系营造良好气氛。

地区层面,南盟多边机制一方面可以协调成员国间的争端,避免矛盾恶化引发动荡。另一方面,预防和打击恐怖主义应是中国与南盟政治安全"8+1"机制协调的优先领域。南亚是恐怖主义活动的高发区,各国都不同程度地受到恐怖主义危害。因此,南盟各国在1987年便签署了《南盟打击恐怖主义地区协定》,规定了成员国在反恐领域的合作。根据国际反恐的新形势,2004年南盟各国又签署了《南盟打击恐怖主义附加议定书》。尽管对恐怖主义的认识有差异,中国也应推动把"反对一切形式的恐怖

主义"作为各方的共同原则，争取加入《南亚反恐公约》，签署南亚反恐附加议定书，通过建立地区反恐机制，预防和打击可能的恐怖活动。

全球层面，由于中国和南盟成员国都属发展中国家，对许多重大国际问题有着相同或相似的看法，"中国—南盟峰会"完全可以在全球气候变暖、世界贸易组织谈判、消除贫困等问题上发出共同声音，在防止大规模杀伤性武器扩散、联合国改革、打击恐怖主义等问题上协调立场。

总之，随着中国成为南盟观察员，中国与南亚国家关系开始向多边扩展，但目前南盟还没有制定出观察员参与其区域合作进程的具体模式与机制。而中国是与南盟相邻的大国，南盟大多数国家要求中国发挥积极作用，因此中国在南盟应较其他观察员更具进取心，推动建立"8+1"互动合作机制是现阶段发展中国与南盟关系的必要步骤，并本着先易后难的原则，渐进地拓展地区多边合作。优先通过功能性事务合作夯实多边合作基础，积极推动经济合作与贸易自由化让成员国获得更大的经济利益，在条件成熟的情况下逐步涉及可能的政治与安全领域。鉴于南盟自身存在着诸多短期难以克服的内在矛盾，中国可以展示主动积极的参与态度，但需要对存在的困难和可能的反复有清醒的认识，对短期合作成果不宜寄望过高。

第三节 中国与南亚自贸区的关系

一、中国应高度重视南亚自贸区

区域经济合作通常在地理上邻近的国家中开展,它的优势在于:贸易伙伴相对固定,条件优惠,市场稳定,目前区域经济合作已成为国家间开展经济往来的重要方式。中国把推动区域经济合作作为周边外交政策的重要组成部分。近年来,中国明确提出"睦邻、安邻、富邻"的政策,目的在于营建一个和平稳定的周边环境,解除后顾之忧,专心致力于国内经济建设,与周边国家分享地区稳定和发展所带来的利益,实现双赢和共赢。中国应从战略高度出发,重视南亚自贸区。中国与南亚国家发展关系,经济领域难度相对较小。即便如此,印度仍为主要障碍,它担心中国商品大规模进入南亚市场,其在南亚的主导地位会受到削弱。印度除采取反倾销等手段阻碍中国商品大规模进入本国市场外,还怂恿其他小国抵制中国商品进入南亚。对此,中国对印度应多做增信释疑工作。中国和南盟成员国在发展经济、合作反恐、地区安全等方面有共同的利益,中国以适当方式参与南盟活动,将有利于南盟本身的壮大,也为中印开展交流与合作提供新的平台,更有益于促进南盟成员国之间关系的发展。南亚自贸区作为新平台,有利于中国商品进入南亚市场,应引起中国有关部门的高度重视。中国成为南盟观察员后,应将外交工作的重点放在了解和参与南亚自贸区进程上,国内亦应组织相关的学者和专家加强研究，探讨建立连接中亚、南亚和中国西部、西南部的交通运输和能源网络的可行性，为中国企业"走出去"和西部大开发创造良好的外部环境。

二、平衡参与南亚次区域合作进程

在南盟内部，由于巴基斯坦的强硬态度，对印度形成一定的掣肘，印度转而对以印度为主导的南亚和东南亚次区域经济合作组织更为关注，如印孟尼不（丹）经济增长四角、"环孟倡议"等。中国应从整体战略考虑，把国内的区域发展规划同南亚地区的次区域合作有机地结合起来，同时推动与印度和巴基斯坦的自由贸易区谈判，既鼓励中国西南地区省份积极推动和参与中印缅孟次区域经济合作，也应推动新疆等省区加强与巴基斯坦的经贸合作，积极参与相关的合作项目，积极探讨建立中巴阿（富汗）、中尼（泊尔）印三角区域合作，为建立中国—南亚自由贸易区创造条件，探讨建立"8+1"（南盟8国加中国）机制，推动中国同南亚地区的整体合作。

三、努力解决贸易顺差问题

中国与南亚各国双边贸易存在不同程度的贸易顺差问题。一些南亚国家的利益集团和专家惊呼，中国要将南亚作为其商品的倾销市场，呼吁政府采取相应对策。考虑到同南亚地区经贸合作的长远发展，中国政府十分关注贸易顺差问题，并采取多种措施，扩大从南亚地区的进口。例如，为促进中国从巴基斯坦更多地进口商品，中巴已签订了优惠贸易安排协定，中国对巴基斯坦近 1000 种商品实行优惠税率，整体优惠幅度达 18.5%。两国 2006 年签署的双边自由贸易协议已于 2007 年 7 月 1 日正式生效，双方将共同努力实现双边贸易额 150 亿美元的目标。中国在 2006 年 1 月对孟加拉国生产的 81 种产品开始免征关税。

四、中国与南亚各国应给予一定的政策扶持

中国需同南亚各国共同推行和贯彻优惠政策，完善金融市场，创造良好的投资环境，共同促进南亚自贸区进展。如进一步发挥巴基斯坦的卡拉奇、印度的加尔各答和孟买等金融中心的作用，使其成为名副其实的资金集散市场，满足经济发展对资金的需求。中国和南亚各国应建立协调机构，相互协作，及时解决和化解贸易纠纷，避免不良竞争，简化出入境手续。

五、促进深层次经济领域的合作

中国应以南亚自贸区为契机，抓住机遇，鼓励国内企业到南亚地区投资创业，从长远促进和稳固中国与南亚经贸合作。就目前而言，中国与南亚国家相互投资规模不大，尚处于起步阶段。此外，中国在南亚地区经济技术合作以承包工程为主，而咨询以及技术服务金额小，高技术人才输出少。截止到 2006 年 9 月底，中国企业在南亚地区完成的经济技术合作合同额达 140 亿美元。巴基斯坦政府正在制定一项建立中国工业特区的计划，邀请中国企业投资建厂。印度已建成具有世界先进水平的微电子、IT 等

高科技产业，并具有相当强的开发和管理能力。中印两国可在这些领域进行广泛的合作。

总之，中国作为南亚地区的最大邻国，历来高度重视发展同南亚各国的关系，关注南亚局势的变化和发展，希望同南亚各国和睦相处、平等相待、友好合作。中国也愿意与南亚各国一道，以南亚自贸区为新的合作平台，共同发展，维持长久和平，实现共同的稳定与繁荣。

第四节　对中国参与南亚区域合作相关问题的思考

一、中国参与南盟的重大战略利益

中国之所以要参与南盟的多边合作，是因为中国在南亚地区有重大国家利益，加入南盟将有助于中国与南亚国家的友好合作，更好地维护国家利益。

1. 经济方面

中国与南亚各国经贸关系发展迅猛，并继续保持高速增长势头。南亚目前是继东亚后经济增长最快的地区，未来南亚将成为中国重要的贸易伙伴，在更广领域和更高层次上开展合作正面临重要历史机遇。交通方面，印度洋是中国的重要贸易通道，我国从海湾进口石油都需经过印度洋。巴基斯坦的瓜达尔港和孟加拉国的科克斯巴扎尔港具有今后分别成为我国西北和西南重要出海口或海运中转港的远景发展潜力。青藏铁路建成通车后，随着西藏拉萨至日喀则铁路建设，尼泊尔成为中国西南与印度陆路贸易走廊的前景值得关注。

2. 政治方面

中国与除印度外的南亚国家保持长期良好关系，在国际政治外交舞台，南亚各国在西藏、台湾和人权等涉及我核心国家利益问题上给予宝贵的支持。中印关系不断改善，两国在很多重大国际问题上有着相近立场，相互合作正在增多。加强与南盟合作，意义深远、重大。

3. 在安全问题方面

我国在南亚也有重大利益。恐怖主义是中国与南亚各国面对的共同威胁，"东突""藏独"与南亚恐怖组织、分裂势力有密切联系，其活动场所分布在南亚部分国家。我国必须加强与南亚各国的反恐、反分裂合作，才能有效打击"三股势力"，保障我国西南、西北边疆地区的安定，确保西部大开发战略的实施，维护祖国统一。

因此，中国与南盟开展合作绝不仅仅是经贸问题，不能只算经济账，应从外交全局和国家安全的战略高度考虑相关问题，决定立场和对策。

二、中国参与南盟合作正当时

目前，中国参与南亚区域合作正面临较为有利的环境和条件，主要表现为以下方面。

1. 南盟将成为中国与南亚国家多边对话合作的平台

近几年中国政府更加重视周边外交，提出了"与邻为善，以邻为伴""睦邻、安邻、富邻"的周边外交政策。中国与东盟国家合作建立中国－东盟自由贸易区，与俄罗斯和中亚国家建立了上海合作组织，而与南亚各国间只有双边的合作对话机制，迄今为止还没有多边合作机制。

中国与南亚各国双边合作总体发展良好，但长期无多边合作机制，成为南盟观察员是中国周边外交的又一重大成果，为我国与南亚各国及地区的友好合作创建新的对话平台。今后，这一平台有可能演化成南盟与中国的"8+1"模式，促进中国与南亚关系的全面发展，也有助于南盟向更务实和更高层次合作推进。

南亚各国与中国比邻而居，是中国传统经贸合作伙伴。近年来，中国与南亚国家经贸关系快速发展，合作领域不断扩大。中国与南亚8国都是发展中国家，共同拥有26亿人口的大市场，合作潜力不可估量。中国与南亚经济互补性强，完全可以实现优势互补，共同发展。中国应进一步推进与南亚各国的双边关系水平，为经贸合作提供更加良好的政治环境，并推进经贸合作多样化，开展投资、工程承包等多种形式的合作，探讨在经贸、能源、旅游、基础设施、扶贫等重点领域的合作，利用现有南盟、上海合作组织、东亚峰会等区域、次区域合作机制，进一步拓宽合作渠道。

但中国和南亚国家间有许多合作领域需要通过多边的形式进行，如中国与南亚的经贸合作、地区通道建设、能源合作等。同时，南亚本地区以及中国和南亚所面临的很多共同威胁，也必须通过多边合作加以解决，如反对恐怖主义、打击跨国犯罪、应对自然灾害和传染性疾病等。

三、对参与南盟合作的思考和建议

2005年11月12—13日在达卡召开的南盟第十三届首脑会议原则同意中国为南盟观察员,是中国的南亚外交的一大成果:它反映了中国和平发展对南盟产生重大示范作用,南亚各国愿与中国扩大合作、共同发展;这也是中国的南亚外交战略布局的重要进展,使中国在发展双边关系的同时,增添与南亚发展总体性合作关系新的平台,提升了中国的外交资源。同时,中国的参与对南盟本身发展亦有重要意义。

鉴于南盟宪章和议事规程中对观察员和对话伙伴关系并无明确界定,也未规定有关的具体要求和程序,因此必须首先完成对议事规程的修改。目前南盟秘书处正在起草有关文件,并提交政府间项目委员会(司局级)进行磋商,随后召开南盟常委会(外秘级)特别会议讨论,最后由部长理事会(外长级)审议通过,并据此对观察员国与南盟建立关系的具体方式做出决定。目前阶段对形成新的议事规则十分重要。

从当前南盟实际情况出发,近期中国可考虑采取由虚到实、逐步推进策略。

一是与南盟开展合作研讨、人员培训往来,既让南亚各国了解并认同中国的和平发展对南盟发展的积极意义,又使中国找准与南盟合作的切入点,以此为基础,逐步向建立中国-南盟合作论坛方向推进。

二是与南盟秘书处建立沟通机制,形成双方合作的制度安排,在"磨合"过程中扩大合作。

三是在条件成熟时倡导建立中国-南盟合作基金，为合作项目的实施提供资金来源。

四是开展多层次、宽领域交流，在人口、生态环境、教育与人力资源开发等非敏感领域取得突破。

鉴于印度同意中国成为观察员的背景复杂和南盟的发展现状，总体考虑中印关系的实际态势和地区局势发展，目前不宜高调参与南盟合作，持积极而又顺其自然态度，更有利于中国稳步推进南亚外交战略、开拓周边外交新局面。

主要应关注以下方面：

1. 印度的心态应予考虑

印度在南盟居主导地位，是南盟合作的核心，历来把南亚视为自家"后院"，阻止区外大国涉足是其地区外交政策核心所在，南亚其他各国则有依赖区外力量以平衡印度压力的谋略。在南盟峰会讨论中国参与南盟事宜时出现分歧，说明中印关系的改善尚不足以消除印度抵触中国扩大在本地区影响、防范南亚其他国家借重中国与之抗衡的疑虑心态，凸显南盟的"信任缺陷"。印方之所以愿意妥协，一是看重把阿富汗纳入南盟；二是同时接纳日本即可平衡中国进入后的影响；三是接纳了阿富汗后，在讨论观察员具体安排时，印度还有回旋的余地；四是印度不愿强行背离各国要求而承担使会议"不欢而散"的责任；五是印度也有从长远战略利益看待与中国合作前景的务实考虑。

鉴此，中国在参与南盟合作时，应注意避免加重印度对中国参加南盟合作的疑虑，工作重点是要让其接受而不是抵触中国的参与。如果加重印度担心其核心国家利益受侵害的心态，既有损于中印双边关系的进一步改善，又无助于实现我国积极、稳妥推进与南盟扩大实质性合作的长远战略目标。

2. 需探索新的与南盟合作模式

南盟未形成共同对外政治目标，内聚力很弱，中国与之合作不能照搬东盟"10＋1""10＋3"模式，需在开展合作过程中形成可行的运行模式。

目前中国参与南盟合作，优先领域是社会、经济领域。因为该领域是南盟重点合作领域，且成员国间不存在争议。一方面，当前南盟合作本身缺乏好的项目，中方可研究与南盟潜在合作领域，确定一些好的项目进行合作。另一方面，南盟已有一些确定的合作项目，中方可从中甄选，参与某些合适项目，如南盟大学等。在南盟发展基金的运作模式确定后，可考虑通过参与该基金，支持南盟合作项目。同时，中方可积极与南盟其他成员国及秘书处沟通，听取各方意见。

3. 对与南盟经贸合作的预期不能过高

南盟成立至今举步维艰，20年里只开了13次峰会，有近三分之一的峰会"流产"。做出了上百个决定、签署了几十个协议、提出了许多草案，总体上是"议而无果"。十年前南盟区内贸易占各国外贸总额的比重约为2％，到目前也仅上升为约4％。对照欧盟的63％、东盟的38％和北美自贸区的37％，作为一个地区经济合作组织，南盟的贸易合作至今仍有名无实。尽管在2006年1月如期实施《自由贸易协定》，"原产地法则""敏感类商品清单"和"最不发达国家补偿机制"等三个关键性问题达成协议，在区内贸易占各国外贸总额比重很低的条件下，由于各国会在"敏感类商品清单"中保留对本国影响最大的贸易商品，《自由贸易协定》即使生效，在相当时期内其作用也极为有限。

目前，南亚其他国家更愿与中国而不是与印度扩大贸易，如巴基斯坦对华贸易占其外贸总额的比重已达10%，而印度与中国的贸易额也超过其外贸总额的4%，远高于其与南亚各国的贸易比重。导致这种局面的原因是多方面和综合性的，短期内难有根本性转变。这既表明南盟的合作潜力巨大、前景广阔，也说明其发展程度还很低，近期内中国对与之合作不能抱过高预期。鉴于借中国参与来强劲推动南盟合作仅是南亚其他国家的愿望，印度并不完全认同，可以预见，在相当一段时期，中国与南亚各国的经贸往来仍将以扩大双边贸易为主，与南盟的经贸往来还需经历逐步培育的漫长过程。因此，中国参与南盟合作的经济意义短期内并不明显。

4. 应当防止日本成为平衡中国在南盟扩大影响的"牌"

日本早就与南盟签了"谅解备忘录"，但态度并不积极，重点放在与南亚国家发展双边合作。日本是在南盟首脑峰会上出于平衡中国影响的考虑被"拉"入南盟，打"日本牌"的意图明显。应当看到，在与南盟合作问题上，我国与日本无重大利益冲突，日本所关切的是南亚核问题，与我国相关立场有契合之处。中国可考虑以适当方式主动与日方沟通，探讨如何发挥南盟观察员作用，在共同促进南盟发展、扩大与南盟往来方面进行合作。

图书在版编目（CIP）数据

南亚区域合作发展前景研究/陈继东、晏世经等著.—成都：巴蜀书社，2018.6
ISBN 978-7-5531-0958-9

Ⅰ.①南… Ⅱ.①陈… ②晏… Ⅲ.①区域经济合作－国际合作－中国、南亚 Ⅳ.①F125.533.7 ②F133.505.4

中国版本图书馆 CIP 数据核字（2018）第 058474 号

南亚区域合作发展前景研究
NANYAQUYUHEZUO FAZHANQIANJING YANJIU

陈继东　晏世经等著

责任编辑	童际鹏　白亚辉
封面设计	张　科
出版发行	巴蜀书社
	成都市槐树街2号　邮编 610031
	总编室电话：(028) 86259397
网　　址	www.bsbook.com.cn
发　　行	巴蜀书社
	发行科电话：(028) 86259422　86259423
经　　销	新华书店
照　　排	四川胜翔数码印务设计有限公司
印　　刷	成都国图广告印务有限公司
版　　次	2018年6月第1版
印　　次	2018年6月第1次印刷
成品尺寸	140mm×203mm
印　　张	9
字　　数	250千
书　　号	ISBN 978-7-5531-0958-9
定　　价	45.00元

本书如有印装质量问题，请与本社发行科调换